**www.daejanggan.org**

만일 누군가가
요더를 피해갈 수 있다면,
그는 무심한 사람이다.
뻔뻔한 사람이거나…
대장간 편집부

**존 하워드 요더** John Howard Yoder

1927. 12. 29~1997. 12. 30

요더 총서 **9**
## 희생의 종말

**지은이**    존 하워드 요더 John H. Yoder
**옮긴이**    이 영 훈
**초판발행**    2014년 1월 20일

**펴낸이**    배용하
**책임편집**    배용하
**등록**    제364-2008-000013호
**펴낸곳**    **도서출판 대장간**
    www.daejanggan.org
**등록한곳**    대전광역시 동구 우암로 75-21(삼성동 285-16)
**편집부**    전화 (042) 673-7424
**영업부**    전화 (042) 673-7424  전송 (042) 623-1424

**ISBN**    978-89-7071-316-8  04230
    978-89-7071-315-1  04230(세트)

이 책의 한국어판 저작권은 Herald Press와 독점 계약한 대장간에 있습니다.
기록된 형태의 허락 없이는 무단 전재와 복제를 금합니다.

 **값 16,000원**

# 희생의 종말

## 사형을 말하다

존 하워드 요더 지음

이 영 훈 옮김

# The End of Sacrifice

The Capital Punishment Writings

John Howard Yoder

# 차례

# 일러두기

이 책의 여러 장은 저널과 단행본 형식으로 앞서 출판된 것이다. 다른 장들은 비공식적으로 온라인으로 출판되었거나 출판되지 않고 회람되던 것들이다. 편집자와 발행인은 이 책을 빌려 존 하워드 요더의 딸, 마사 요더 마우스트Martha Yoder Maust에 감사를 표하는 바이다. 아울러 이 책에서 저작을 모으고 다시 증정할 수 있도록 허락해 준 여러 발행인을 아래와 같이 표시한다.

이 단편들에 대한 상세한 편집적 작업의 설명을 위해서는 "편집상의 관심"27쪽을 보라.

1장, "사형과 성서"는 앞서 *Christianity Today* 4(February 1960): 3-6에서 출판되었다.

2장, "그리스도인과 사형"은 팸플릿 형식으로 이전에 Faith and Life Press, Newton, Kan., 1961로 출판되었다.

3장, "사형제도와 정부에 대한 우리의 증언"은 이미 다음의 책에서 출판되었다. *The Mennonite* 78, no. 24(June 1963): 390-94.

4장, "사형제도에 반대하며"는 앞서 다음의 책으로 출판된 바 있다. H. Wayne House and John H. Yoder, *The Death Penalty Debate: Two Opposing Views of Capital Punishment.*

Dallas, Tex.: Word Books, 1991.

5장, "당신이 초래한 인과응보: 선한 징벌"은 앞서 온라인으로 다음과 같이 출판되었다. *"You Have It Coming: The Cultural Role of Punishment, An Exploratory Essay."* Shalom Desktop Publications, 1995. http:// theology.nd.edu/ people/ research/ yoder-john/ [Jan 1, 2011에 조회됨].

부록 "하나님의 진노와 하나님의 사랑"은 원래 다음의 강의를 위해 요더가 준비했던 미출간 강연이었다. *The Historical Peace Churches and International Fellowship of Reconciliation Conference*, Beatrice Webb House, England, Sept. 11-14. Basel: Mennonite Central Committee, 1956.

# 서문

    요더가 처음 쓴 책은 『국가에 대한 기독교의 증언』*The Christian Witness to the State*(대장간 역간)이었다. 하지만, 요더는 사람들이 이 사실을 모른 채 종종 자신을 비판한다는 것에 여러 차례나 좌절감을 표현했었다. 요더 자신이 생각하기에, 이 책은 메노나이트 신도로서 그가 "종파적"이었으며 그리하여 사회 질서에 대해서 관심이 없다는 고정관념에 도전해야만 했다. 내가 생각하기에는 요더가 종파적인 사람으로서 호탕하게 일축되어 버렸다는 사실이 2011년도에는 그리 공감을 얻지 못했다. 하지만, 당연하게도, 여전히 많은 사람은 요더가 사회 질서와의 관계에 신학적인 반영을 시도했다는 것과 요더가 구체적인 사회적 이슈들을 다루었다는 것을 모르고 있다.

    그리스도인과 교회가 사회 질서와의 관계를 맺는다는 주제는 요더가 그의 활동 내내 하던 일이었다. 그 주제는 또한 그가 직면하고자 했던 초기 여러 가지 이슈들 가운데 하나이기도 했다. 1950년대 중반에서 1960년대 초반에 이르기까지, 요더는 사회 질서에 대한 기독교적 증언에 대한 진지한 연구를 수행하고 있었다. 1955년 3월에 그가 쓴 27페이지짜리 글은 '국가에 대한 기독교적 증언의 신학적 기반*The Theological Basis of the Christian Witness to the State*' 이다. 1957년에 요더는 비슷한 분량으로 다음의 세 가지 강의를 했다. '신약의 국가*The State in* the New Testament', '정치적 책임의 형태로서 그리스도를 따르기 Following Christ as a Form of Political Responsibility', 그리고 '메시아의 정치학The Politics of the Messiah' 1957년 여름, 요더는 서유럽에서 8년을 보내고 나서 미국으로 돌아왔다. 1958-59년에 그는 메노나이트 연구기관이 후원한 연구과제에 참여하게 된다. 이 시기 동안 자문그룹과 함께 요더는 연구를 계속하여 그의 초기 자료 가운데 일부를 다시 집필했다. 이 저작 가운데 가장 분명한 산물은 앞서 언급한 1964년의 책, '국가에 대한 기독교적 증언의 신학적 기반The Theological Basis of the Christian Witness to the State' 이다.

요더는 1958-59년의 그의 연구과제를 통해서 주로 초점을 맞췄던 사형제도가 구체적 사회 이슈가 되어야 한다고 분명히 결심했다. 1959년에 그는 사형에 관한 그의 연구에 대해 세 개의 다른 보고서를 썼다. 이 책을 통해 보면, 요더가 1950년대 후반의 미국에서 사형과 관련된 신학적이고 실용적 이슈들뿐만 아니라 가장 관련된 성서 본문들에 대해 진지한 연구를 했다는 것은 분명하다. 이 책의 처음 세 장은 원래 이 글의 작품들이었다.

공교롭게도, 난 막연히 하우스H. Wayne House와의 논쟁 부분에서 요더가 했던 연구 가운데 일부를 관련시켰다. 그것은 1980년대 후반에 했던 연구이며 이 책의 4장이 되었다. 1989년 가을, 내가 인디애나폴리스에서 학생으로 있었을 때, 요더는 심각한 교통사고를 당했으며 인디애나폴리스에서 여러 주 병원 신세를 졌다. 병원생활을 하면서도 요더는 계속 연구를 계속했기 때문에, 난 우리 도서관에서 그를 위해 몇몇 연구들을 할 수 있었다. 1997년 12월 30일 요더가 세상을 떠난 후, 난 그의 아내 애니를 여러 차례 방문하였는데, 처음 몇 차례는 그들 부부가 수많은 세월을 함께 보낸 집에서였다. 난 연구자료들을 저장해 둔 요더의 파일 캐비닛 숫자를 보고 굉장히 놀랐었다. 특별히 사형에 관한 몇 인치짜리 파일들의 숫자를 포함하여, 그가 연구해온 주제들에 대해 그가 모아 온 수많은 자료가 있음을 알게 되었다.

요더에게 사형과 같은 이슈는 중요한 성서 본문들이 함께 하는 주요한 신학적인 주제였다. 그것은 이 책에 모인 글들을 통해서도 분명히 알 수 있다. 하지만, 사형에 대한 반영을 위해 그가 지라르를 실험적으로 사용함과 더불어 통계학에 대한 언급들은 또한 이 진지한 이슈에 관계된 넓은 범위의 자료들을 다루고자 하는 요더의 시도이다. 존 뉴젠트 John Nugent는 그리하여 요더의 미출간 저작들 가운데 일부특별히 지라르 자료들를 정리해 주고 아울러 한 권으로 사형에 관한 그의 저작들을 모아줌으로 우리에게 큰 혜택을 남겨 주었다. 게다가, 이 책이 요더의 저작들을 읽는 독자들에게, 요더의 글을 읽는 가장 지혜롭고 기민한 해석자들에게 간결한 서론 역할을 할 수 있다는 것에 나는 감사하고 있다. 근간 '야웨의 정치학*The Politics of Yahweh*'을 포함하여 요더에 대한 뉴젠트의 다른 저작들에도 관심을 부탁하는 바이다.

마크 디센 네이션Mark Thiessen Nation
-버지니아 주 해리슨버그 이스턴 메노나이트 신학교 신학교수

# 편집자 서문과 감사의 글

　내가 처음 그리스도를 영접했을 때, 난 희생의 종말이 의미하는 것을 안다고 생각했다. 난 예수가 죽었기에 인류가 그들의 죄 때문에 고통받지 않아도 된다고 배웠다. 예수는 우리를 위해 스스로 고난을 받았다. 사형에 관한 요더의 글들을 읽으면서, 난 예수의 고난이 인류의 죄 때문에 다른 사람들을 희생시키는 것을 끝내는 것을 또한 의미한다는 것을 배웠다. 나중에 밝혀진 것처럼, 예수는 그들을 위해 돌아가셨다. 따라서 유일하게 남아 있는 희생은 남을 위해 우리의 생명을 부어주는 것으로서 우리가 드리는 "자기희생"이라는 것은 솔깃한 생각이다. 하지만, 일찍이 롤린 람사란Rollin Ramsaran 교수가 나에게 가르쳤듯이, "자기-자기=0"이기 때문에 이런 희생의 개념은 잘못된 것이다. 그리스도는 우리가 아무것도 아닌 것이 되도록 돌아가신 것이 아니라 우리가 풍성한 삶을 살도록 돌아가신 것이다. 우리가 서로 사랑하고 섬기는 것으로서 그리스도인들이 하는 것은 "자기희생적인self-giving" 것으로 잘 이해되고 있다. 그리스도의 사례를 따르며, 우리는 자유로이 우리 자신을 드리며 하나님은 결코 밑천이 드러나지 않는 당신의 풍성한 은혜를 우리에게 다시 채워 주신다.

　이것이 무엇을 의미하는지를 여전히 난 배우고 있으며, 내가 일할 수 있도록 기꺼이 시간과 에너지와 자료를 나에게 베풀어 주는 친구들과 가족들로부터도 계속 배우고 있다. 마크 티센 네이션과 같은 교수는 내가 이 프로젝트를 하도록 독려해 준 사람인데, 요더의 에세이들 대부분을 전자파일로 수집하고 요더의 생애의 환경 속에 이 저작들을 위치시키는 서문을 써주었다. 내 글과 요더의 글을 꼼꼼히 읽어서 더 훌륭한 저자, 편집자, 사상가가 되도록 도와준 프랜슨 팔러Branson Parler와 테드 트록셀Ted Troxell에게도 많은 것을 배웠다. 존 글리슨John Gleason과 조엘 이크스Joel Ickes는 또한 헤더 번스Heather Bunce와 더불어 많은 시간을 할애하여 목차부터 각주까지를 세심히 읽어주고 내가 하지 않아도 되도록 오류들을 잡아 줌으로 큰 도움을 주었다. 하지만, 기꺼이 자신을 준다는 의미를 가르쳐준 사람은 내 아내 베스Beth이다. 그녀와 내 딸들알렉시아, 시에라, 앨리사은 그들의 시간을 나와 함께 보내주었을 뿐 아니라, 일하고 쉬고 노는 시간 속에서도 내게 계속해서 기쁨을 가져다주었다.

존 뉴젠트John C Nugent

Great Lakes Christian College 구약교수, Delta Communite 가정교회 리더

# 서 론

## 희생의 종말

존 하워드 요더는 자신의 집필활동 내내 사형capital punishment이라는 주제를 다뤘다. 그는 1959년에 사형에 관한 첫 출판을 시작했으며, 1997년 세상을 떠날 때까지 끊임없이 그 문제를 탐구하고 자신의 견해를 표명했다.[1] 놀랍게도 40년이 넘도록 그의 견해에는 큰 변화가 없었다. 대신, 우리는 요더가 자신의 주장을 심화시키고, 그 범위를 넓히는 것을 지켜 볼 수 있었다. 성경적으로나 문화적으로, 고대 사회에서 오늘날에 이르기까지, 사형은 내재적으로 종교나 의식의 실행이라는 신념이 바로 그의 주장의 핵심이다.[2] 집행자가 종교 전문가든 공무원이든, 사형제도는 희생이며 신성한 의식의 수행이다.[3] 이런 이해는 요더의 핵심적 논지에서 중요하다. 예수의 죽음이 죄를 대속할 결정적 종말을 가져왔기 때문에 기독교인은 사형의 폐지를 선언해야 하며, 사형을

---

1) 첫 번째로 출판된 요더의 글은 다음과 같다. "The Death Penalty", *The Mennonite*(Nov. 1959): 724-25. 요더의 마지막 단편은 1997년의 출판되지 않은 부록으로, 샬롬 데스크탑출판을 통해 온라인으로 출판된 작품이다. 제목은 "당신이 초래한 인과응보: 선한 처벌. 처벌 행위의 사회적 기능(1995)"으로, 이 모음집의 5장에 속한다.

2) 처벌의 문화적 기능의 참여(5장), 사형에 관한 요더의 마지막 저작이 단순히 요더의 기획과는 별로 관계가 없는 이유가 이것이다. 사형을 공적으로 실천하는 것에 대한 희생적 요소의 가면을 벗김으로, 요더는 그리스도인으로 하여금 핵심적인 신학적 위임을 속죄를 위한 그리스도의 희생의 궁극성에 두도록 한다.

3) "종교 전문가" 혹은 "전문적 종교인"이라는 용어는 모든 문화가 그들의 성스러운 의식을 수행하도록 임명한 사람들을 사회학적으로 묘사하는 요더의 방식이다. 다음을 참고하라. 『그리스도의 충만함』*The Fullness of Christ: Paul's Vision of Universal Ministry*, 대장간 역간, 2012, 19~32쪽

옹호하는 것은 더 이상 성경적 타당성을 얻지 못한다. 요더에 의하면,

> 구약의 의식적 요구사항이 그리스도의 고귀한 제사장적 희생으로
> 성취의 의미에서나 종결의 의미에서나 종말을 맞는다는 것은 신약,
> 그중에서도 특히 히브리서의 분명한 증언이다. "단번에"once for all는
> 기쁜 소식이다. 소와 염소, 멧비둘기, 그리고 전병의 희생이 끝난 것
> 뿐만이 아니다. 사형을 집행하는 사람이 예루살렘에 있는 사제든 다
> 른 곳에 있는 사형집행인이든 간에, 그리스도가 우리의 죄를 위해
> 죽으셨고, 단번에, 의로운 이가 불신앙의 사람들을 위해 죽으셨다는
> 사실히9:26-28; 벤전3:18은 이런 속죄체계 전체에 종지부를 찍는다.4)

이 모음집의 제목, 『희생의 종말』은 요더가 이 인용구 속에서 나타
내고 있는 이중적 의미에서 나왔다. 예수는 목적론적 의미와 연대기적
의미에서 희생의 "종말"이다. 목적론적으로, 예수의 죽음은 사형제도
가 우선 기여하는 궁극적 목적telos, 혹은 종말을 성취한다. 그것은 하나님
의 형상으로 창조된창9:6 인간의 생명을 앗아가는 "우주적, 의식적, 종
교적 악"을 속죄하는 것이다.5) 연대기적으로, 예수의 죽음은 죄의 속
죄를 위한 미래의 모든 피흘림을 금하는 것이며, 그렇기에 그것을 종결
짓는 것이다. 히9:26-28, 6)

---

4) "Against the Death Penalty" 102쪽 후반부. 하우스와 요더 저, 『사형제도논쟁: 사형제도에
관한 두 가지 견해』, 128.
5) "Against the Death Penalty" 98쪽 후반부.
6) 논문발표 시에, 난 리처드 마오(Richard Mouw)가 요더에게는 속죄의 신학이 없다-십자
가가 인간의 죄를 다루었다는 아무런 언급이 없었다-고 언급하는 것을 들었다. 요더를
잘 알면서도 모우가 이렇게 추측한 이유는 요더의 많은 글이 속죄보다는 그리스도의
죽음이 의미하는 것을 보여주는 것(예를 들면 유대인과 이방인 사이의 적대감을 종결
시키며 세상의 권력과 국가에 대한 승리를 의미함)에 더 관심을 쏟았기 때문이다. 이것
은 신학이 도외시한 문제들에 집중하는 전형적인 요더의 모습이다. 이 모음집을 통해
요더에게는 속죄의 신학이 없다는 생각을 잠재워야 한다.

요더가 처음부터 그리스도의 죽음이 사형의 실행을 암시한다고 주장한 것 같지는 않다. 그는 칼 바르트가 유사한 정서를 표출했다고 믿었다.[7] 그럼에도 요더는, 신선한 시각을 일깨우고 오랫동안 견지해 온 견해에 대해서 의혹을 불러일으키는 이런 주제에 학제간의 관심, 해석학적 교양, 그리고 비판적 분석의 관점을 가져 온다. 요더는 또한 자신의 메노나이트 유산에 확고한 헌신을 가져온다. 이것은 그가 단순히 자신의 전통을 정당화했다는 것이 아니라, 자신의 전통 속에 자리한 문제 있는 경향들에 도전할 수 있는 예리한 시각을 가지고 자신의 사례를 다뤘다는 뜻이다. 이런 목적을 위해, 요더는 신앙을 바탕으로 한 견해를 표명하는 것과 세계 통치의 영역을 향해 적절하게 발언하는 것 사이의 그릇된 선택을 하는 것을 거부했다. 그는 그리스도인을 위한 공식적 관점을 옹호하지 않았으며, 그리하여 교회에서의 지도를 받지 않으면서, 그것을 그리스도인의 견해를 마련할 신앙심 없는 공적 권위에 맡겨 두었다. 반면, 그는 그리스도의 주권에 복종하는 것과 상관없이 모든 사람이 그리스도의 심판 아래 있기 때문에, 모든 사람에게 그리스도의 주권과 그 영향을 선언하는 것이 교회의 책임이라고 주장했다. 요더에게는, 희생의 종말이 오직 신자와 신앙 공동체에게만 한정된 진실이 아니었다. 그것은 우주적 진실이며 모든 통치자와 권위, 권력 그리고 국가에 구속력이 있다.

위에서 정리한 것 외에도, 이 서론은 사형에 관해 요더가 생각하는 모든 다양한 줄기를 함께 엮으려는 것은 아니다. 요더 자신이 이 단편집 제2장에서 이미 그렇게 했기 때문에 그런 시도는 불필요하다.[8] 대

---

7) 다음을 참조할 것. 103페이지 후반부, n.27.
8) 하지만, 나는 2011년에 열린 크리스천 스콜라 컨퍼런스에서 요더의 주장에 대한 간략한 개요를 발표해 달라고 요청받은 적이 있다. 다음 웹사이트에서 조회할 수 있다. www.walkandword.com/writings/ cat = 1& id = 1.

신, 그것은 사형제도에 대한 요더의 저작들의 유포와 수신을 조사함으로 요더의 글들을 더 잘 이해하게 해 줄 것인데, 여기에 실린 글들의 본질을 소개하며 내용을 미리 짚어보고, 현재의 모음집 너머에 있는 편집적 결정의 배경을 설명하며, 쉽게 이해할 수 없는 그의 몇몇 주장 외에 성서에 대한 요더의 기본적 접근을 소개한다.

### 유포와 수신

사형제도에 대한 요더의 저작은 널리 유포되었다. 이 저작들은 메노나이트 잡지, 컨퍼런스 소책자, 그리고 소책자 시리즈의 글로 아나뱁티스트 사이에서 유포되었다.[9] 요더의 저작은 유명한 기독교잡지기사, 기독교윤리교재, 그리고 잘 알려진 복음주의신학자 웨인 하우스H. Wayne House와의 논쟁으로 출판되어 광범위한 복음주의적 전통 속으로 들어가게 되었다.[10] 그것은 기독교적 범주를 뛰어넘어 휴고 애덤 비도 Hugo Adam Bedau의 『미국의 사형제도』 선집의 두 가지 판에 들어갔다.[11] 만약 이것으로 충분하지 않다면, 요더의 최근 저작은 지난 1995년부터 원하는 독자들에게 노트르담 대학교 웹사이트에서 웹기반으로 한 컴퓨터출판으로 살펴보도록 제공된다.[12]

이렇게 모든 것을 공개하면, 사람들은 요더가 최소한 기독교인 사이에서 사형에 관한 최근의 대화들을 선도하는 사람들 가운데 한 명이라

---

9) "The Death Penalty" *The Mennonite*(Nov. 1959):724-25; "Capital Punishment and Our Witness to Government," *The Mennonite* 78, no.24 (June 1963):390-94; "사형: 기독교적 입장" Capital Punishment Study Guide, 44-49; 및 The Christian and Capital Punishment 소책자 시리즈.

10) "사형과 성서" *Christianity Today* 4 (Feb. 1960): 3-6; "노아언약과 징벌의 목적" *Reading in Christian Ethics Issues and Application* 클라크(David K Clark)와 레이크스트로(Robert V. Rakestraw) 편저, 471-81; *The Death Penalty Debate: Tow Opposing Views of Capital Punishment.*

11) Hugo Adam Bedau, ed. *The Death Penalty in America: Current Controversies.*

12) 요더, "You Have It Coming: 처벌의 문화적 역할, 탐구적 에세이." (샬롬 데스크탑 출판, 1995), http://theology.nd.edu/people/research/yoder-john/

고 생각할 것이다. 하지만, 그렇지 않다. 몇몇 글이 간략하게 그의 저작들을 인용하긴 하지만, 실질적으로 그것을 다루는 것은 거의 없으며, 이런 주제에 관한 그의 저작들이 넓은 범위에 걸쳐 있다는 것도 잘 알려져 있지 않다.[13] 이것은 대부분 요더의 잘못이다. 많은 글을 썼어도 요더는 자신의 저서가 그의 전문적인 분야의 연구들에 쉽게 접근하도록 하지 않았다. 메노나이트 신자들에게 유포되었던 그의 유용한 소책자와 웹출판은 별로 세련되지 않았으며, 요더는 자신의 다양한 저작의 시각을 쉽게 접근할 수 있는 한 권의 책으로 모아두지도 않았다. 그 결과 요더의 저작을 아는 학자들은 거의 없고, 심지어 이런 주제에 대한 요더의 폭넓음에 접근할 수 있는 사람들은 더욱 없다.[14]

## 이 모음집의 성격

사형에 대한 요더의 저작모음집은 완전하지 않다. 몇몇 에세이들은

---

13) 스탠리 하우어워스(Stanley Hauerwas)는 다음의 글에서 가장 일관된 참여를 제공했다. "그리스도인들을 벌하기: 사형의 이슈에 대한 평화주의적 접근" *Religion and the Death Penalty: a Call for Reckoning* 오웬(Erik C. Owen), 칼슨(John D. Carlson), 그리고 엘쉬타인(Eric P. Elshtain) 편저, 57-72. 이 분야에서 그의 업적을 인정하는 최근의 글은 다음의 자료를 포함한다. 베로우세크(Darrin W. Snyder Belousek), "사형제도, 언약정의, 그리고 그리스도의 십자가: 예수의 삶과 죽음에 나타난 사형제도", *Mennonite Quarterly Review* 83, 3권(2009):375-402; 밀라드 린트(Millard Lind), 순수한 침묵의 검과 살인하는 국가" *The Death Penalty and the Bible*, 141-44; 스타센(Glen H. Stassen), "사형제도에 대한 성서적 가르침", *Review and Expositor* 93(1996): 485-96; 그리고 웨스트모어랜드 화이트(Michael L. Westmoreland-White)와 스타센, "사형제도에 관한 성서적 입장", *Religion and the Death Penalty*, 123-38. 하지만, 대부분의 글은 전적으로 그를 무시한다. 예를 들면 종교와 사형제도 내의 대부분의 글들을 보라; 스타센 공저, 『사형제도: 독자(*Capital Punishment: A Reader*』; 아울러 요더가 표현하는 주장을 진지하게 받아들이지 않는 최근 두 권의 책: 글리슨(Ron Gleason), 『재판에서의 사형제도』, 『생명을 생명으로 취하기』 그리고 오도노반(Oliver O' Donovan) 『저 심판의 방식』(*The ways of Judgement*). 창9:6에서 롬13장으로 뛰어 넘는 글리슨의 주석적 도약은 요더가 사형제도에 대해 그의 글들 곳곳에 보여주는 숙련되지 않은 해석학적 손재주의 전통적 예이다. 조금 더 숙련되었다고 해도, 오도노반의 접근은 요더가 그리스도의 통치가 삶의 모든 영역에 연관되었다고 주장하지만, 그럼에도 기독교적 진술이 선지자적 진술을 거스르는 것으로서 그리스도가 가르쳤던 것과 정반대로 할 것을 명한다는 사고방식 영역의 분할과 함께 계속 작용한다.
14) 요더색인기획은 요더의 저작들에 더 접근하기 쉽도록 할 것이다: www.yoderindex.com

새로운 컨텍스트에 맞도록 오래된 자료들을 다른 모습으로 내어 놓아야 하는 이유로 의도적으로 생략되었다.[15] 그럼에도, 여전히 많은 부분이 겹쳐진다. 제4장에 모든 자료가 있으므로, 불필요한 중복을 피하고자 하는 독자들은 제2장을 건너뛰기 바란다. 전자는 이 모음집에 그대로 남아 있는데, 요더의 사상에 대한 빈틈없고 상대적으로 간결한 서론을 제공하기 때문이다. 요더의 견해를 빠르게 복습하고자 하면 제2장이 가장 좋다.

글들은 연대순으로 배열되었다. 이렇게 배열함으로써 얻을 수 있는 것은, 제3장을 제외하고, 각각의 연속적 에세이가 그것에 앞선 에세이들보다 더 길고 더 상세하다는 것이다. 현재의 순서로 글을 읽는 사람들은 연속적 에세이에서 더 상세히 설명되어 연결되는 핵심적 견해를 보게 될 것이다.

이 모음집은 상대적으로 단순한 단편, "사형제도와 성서"*Capital Punishment and the Bible*로 시작한다. 이 단편은 1960년에 「크리스차니티 투데이」지에서 출판되었다. 기본적 주장이 이후의 에세이에서 반복되기는 하지만, 이 단편은 요더가 어떻게 사형에 대한 성서의 가르침을 분별하는 데 내포된 해석학적 도전의 틀을 잡는지를 보여준다. 그렇게 이 단편은 이상적으로 다음에 따라오는 장들을 위한 무대를 마련해 놓는다.

---

15) 예를 들면, 요더의 최초이자 가장 짧은 글인 "사형제도"(*The Mennonite*)는 그리스도인과 사형제도 팜플렛(1961)의 처음 두 섹션을 중복한 것이다. 비록 요더의 팜플렛이 그 글 이후 2년이 지나서 출판되었지만, 후자가 "사형제도의 주제에 관한 확장적 연구에서"(724) 나온 주석을 서문으로 하기 때문에, 그것은 사전에 어떤 형식으로 존재한 것 같다. 요더의 짧은 글 "사형제도: 기독교적 시각"(The Interpreter[Jan. 1979])은 기독교인과 사형제도 팜플렛의 압축판이다. 그것은 곧바로 『사형제도연구가이드』(44-49)와 베더(Bedau)의 세 번째 판 『미국의 사형제도』(370-75)로 재출판되었다. 이와 같이 베더의 선집 1997년판에 대한 요더의 기여는 하우스(H. Wayne House)와의 『사형제도논쟁』의 2장과 4장과 같은 것이다. 2장은 또한 『기독교 윤리학 읽기』 471-81에서 재출판 된다. 이런 장들은 이 책의 제4장에서 다시 만들어진다. 77-152쪽을 보라.

모음집은 "그리스도인과 사형제도"*The Christian and Capital Punishment* 제2장으로 이어진다. 이 소책자는 30년간1961-1991 초기 요더의 견해를 가장 완전하게 표현한 것이었다. 그 속에는 사형폐지를 위한 요더의 실천적이고 사회학적인 사례뿐 아니라 그의 성서적 논증이 나타난다.

제3장, "사형제도와 정부에 대한 우리의 증언"*Capital Punishment and Our Witness to Government*은 1963년 요더와 베델 칼리지에서 했던 실시간 인터뷰를 글로 옮긴 것이다. 요더는 위의 소책자에 이미 접근했던 내부의 청중을 사로잡았기 때문에, 문답형식으로 금세 자신의 견해를 요약했으며 수많은 질문을 처리했다. 그러므로 상대적으로 간단한 이 단편은, 다른 글에서 문제를 제기했지만, 필수적으로 답변하지 않았던 질문들에 요더가 어떻게 대답했는지 비공식적 어조와 통찰력 있는 어조로 표현했다는 점에서 독특성을 갖는다.

제4장, "사형에 반대하며"*Against the Death Penalty*는 이미 출판된 하우스H. Wayne House와의 대화록 가운데 요더의 분량에 해당하는 절반부분을 엮은 것이다. 비록 요더가 1961년의 소책자 대부분을 1991년의 저작에서는 다르게 선보였지만, 그 저작은 또한 30년간 추가된 연구와 반영의 표시이기도 하다. 세부적이면서 주석적이고 사회학적 분석으로 구성된 9개의 장이 책에서는 "부(part)"로 부른다이 그 결과이다. 그것은 사형제도에 관한 그의 생각을 가장 잘 완성한 단일 요약본으로서 요더의 소책자를 능가한다.

제5장, "당신이 초래한 인과응보: 선한 처벌"*You Have It Coming: Good Punishment*은 가장 한정적이고, 기술적이며 선구적인 요더의 분석이다. 이 최근의 저작에서, 요더는 우리 세계의 사회적 구조의 처벌적 특성을 분석하고 고대 사회와 오늘날의 의식적, 제의적 처벌기능을 드러내려고 르네 지라르Rene Girard의 사상에 동참하며 확장시킨다. 이 13부분으

로 된 연구는 1995년 이후 온라인에서 조회할 수 있지만, 요더는 결코 그것을 공식적으로 출판하려고 다듬지는 않았다.[16) 그 이후, 사람들은 현재 주제에 대한 지라르의 연구 영향을 탐구하기 시작했지만, 요더의 공헌은 망각했다.[17) 이 저서 역시 이 모음집에서 두드러지는 이유는 요더가 자의적으로 기독교적 관점이 아니라 인문과학적 관점에서 작업했기 때문이다. 그의 1997년 부록은 요더가 그렇게 하지 않은 것이 기독교적 관점을 포기했기 때문이 아니라 그만의 방식대로 그의 대화 상대들소크라테스, 안티스테네스, 마르쿠스 아우렐리우스, 뒤르켐, 그리고 지라르를 포함하여과 대화하기 위해서였음을 분명히 드러낸다.[18) 이 부록은 기독교 신앙이 그런 분석을 가져온다고 요더가 믿었던 관점을 보여준다.

사형에 관한 것은 아니지만, 이 모음집의 부록은 요더가 쓴 또 하나의 글을 포함한다. "하나님의 진노와 하나님의 사랑"*The Wrath of God and the Love of God*은 신성한 사랑, 진노, 인간의 자유와 지옥과 같은 중요한 신학적 주제들에 대한 요더의 탐구를 소개한다. 이 글은 1956년

---

16) 그러므로 이 저서는 출판된 저서로 기대할 수 있는 일관성과 개선의 모든 표시를 창출하지는 않는다. 요더는 그의 서문에서 이것을 "이질적이고 미완성적인" 것으로 묘사했지만, 그럼에도 "비평을 위해 순환될만한 가치가 있는 것"이다(153).

17) 다음을 참조하라. 맥브라이드(James McBride), "Capital Punishment as the Unconstitutional Establishment of Religion" 263-87; 스미스(Brian K. Smith) "Captial Punishment and Human Sacrifice" 3-25; 그리고 레비(Sandra M. Levy, "Primitive Symbolic Consciousness and the Death Penalty in American Culture", 717-34.

18) 요더는 어떻게, 그리고 왜 긍정적인 변화를 주장하는 사람들에게 무비판적으로 공감하는 것이 필요하다는 신념을 벗어나서 사형제도가 사회에서 중요한 역할을 수행하는지를 이해하고자 했다(5장, 즉 이 책의 5번째 부분을 보라). 중요한 것은, 요더는 이 연구에서 불신앙의 사회에서 여전히 작용하는 그 "선한" 기능은 가장 고대의 기능과 비슷하다고 결론을 내린다: "여기서 내가 반복하는 것은… 벌하는 것에 대한 우리 사회의 가장 현대적이고 실용적인 관심은 무고한 희생이 우주의 도덕적 요구라는 신적 질서의 고대적 개념과에 대한 어떤 종류의 강한 유추를 대신한다는 것이다"(186). 요더에게 이것이 중요한 이유는 그가 그리스도의 죽음이 단 번에 그런 질서의 요구를 만족시켰다고 믿기 때문이다. 그러므로 그리스도를 거부하는 사람들은 다른 만족의 수단을 찾을 것이며, 그래서 비신자들이 억제로서의 사형제도의 효율성에 대조되는 모든 증거에 맞서 사형 제도를 계속 옹호할 때 그리스도인은 놀라서는 안 된다(227쪽 아래, 요더는 1990년대 사형제도의 부활을 인정하고 있었다). 그들의 핵심적 요구는 그러므로 계몽이 아니라 화해이다(228).

에 출판되지 않은 중요한 에세이를 확보하고, 요더의 폭넓은 신학적 기획에 그리 익숙하지 않은 독자로 하여금 그의 사상과의 기본적인 일면식을 갖게 하려고 출판되었다. 이 모음집 각 장의 배경과 기원에 대한 더 깊은 정보는 각 장의 첫 번째 각주에 제공될 것이다.

이 모음집은 다양한 독자의 필요를 충족시키려고 기획되었다. 사형제도에 관한 다양한 기독교적 관점을 탐구하는 데 관심 있는 사람들은 그들의 이해를 풍요롭게 하는 튼튼하고 일관된 태도를 발견할 수 있을 것이다. 교회와 국가의 관계에 관한 거시적 문제들과의 씨름은 그들의 사회적 암시에 관해 침묵하지 않고, 자신들의 신앙적 신념에 꿋꿋하게 서도록 할 도전적인 견해를 발견하게 될 것이다. 요더의 신학을 더 잘 이해하려는 이런 추구는 속죄, 국가의 기원, 성경적 본문의 다양성에 대한 주석, 그것을 이어받지 않고 경험적 증거를 말하는 방법, 신적인 진노, 지옥의 본성, 원시적 모계사회, 그리고 인간의 자유에 대한 하나님의 본성 등 다른 곳에서는 잘 언급되지 않는 주제들에 대한 확장된 심사숙고를 찾게 될 것이다. 요더의 신학이 시간이 흐를수록 진화되었는지를 분별하기 위한 그런 추구는 그의 사상의 일관성을 평가하기 위한 완벽한 시험적 사례로 주어지게 될 것이다.

## 편집상의 관심

이 모음집은 요더만의 독특한 목소리와 집필방식을 보존할 목적으로 편집되었다. 대부분의 장에서, 우리는 "요더를 더 돋보이는 작가로 만들" 유혹을 이겨냈지만, 명확성을 위해서 길고 다루기 힘든 문장들을 다듬고, 도움이 되지 못하는 불필요한 부분들을 제거하는 것이 종종 필요했다. 대개는 단순히 구두점과 대등접속사들을 고쳐서 이 작업을 이루어낼 수 있었다. 가끔 긴 문장을 쪼개는 것이 필요할 때도 있었다.

명확한 뜻을 나타내도록 단어를 바꿀 수밖에 없는 부분에서는 그런 중재를 표시하려고 괄호를 삽입하였다. 헤럴드 출판사의 출판기준을 따르려면 특정한 변화와 첨가 역시 필요했다. 요더의 생애 후반부 성향에 따라, 그의 에세이들은 하나님과 관련된 부분들을 제외하고 성 중립 gender neutrality을 따랐다. 요더 자신이 직접 제공한 때가 아니라면 성서 인용과 성서번역이 첨가되었다. 각주의 참조들은 가능한 한 기입해 넣었으며, 가끔은 아무런 사전 지식 없이 생성되는 때도 있었다. 단순히 요더의 작품을 채워 넣는 수준을 넘어서는 편집자 주는 요더의 주석과 확실히 구분되도록 괄호를 넣었다. 대문자를 쓰는 것이 독자에게 큰 도움이 될 때 외에는, 수많은 단어"국가", "세계", "교회" 그리고 하나님을 언급하는 대명사를 포함하여는 대문자표기를 하지 않았다.

이 모음집 속에 있는 두 가지 큰 저작에 대해 특별히 언급할 필요가 있겠다. 위에서 말한 것처럼, 제4장 "사형제도에 대항하여"는 원래 하우스H. Wayne House와 공저한 책의 한 부분이었다.[19] 하우스의 주장에 대한 요더의 12쪽짜리 반응을 제외하고, 요더의 장들이 이 책에 포함되었다. 우리가 이 장들을 이 책에서 "부"part라고 부르는 이유는, "장" chapter으로서 『희생의 종말』을 구성하는 구별된 저작들을 식별하기 위해서이다. 또 다른 큰 저작은 제5장으로, 가장 편집적 관심을 필요로 하는 부분이다. 요더가 "당신이 초래한 인과응보: 선한 처벌"의 서문에 적은 것처럼, 이 저작은 공식적으로 책을 출판하기 위한 것이 아니었고, 비판적 참여를 위해 순회할 가치가 있는 주제의 일관된 꾸러미였다.[20] 그처럼, 그것은 무거운 편집을 필요로 하지는 않는다. 각주는 적절한 인용출처로 만들어졌다. 가끔 나오는 불필요한 부분은 원만한 책

---

19) 『사형제도논쟁』.
20) 153쪽 후반부.

읽기를 위해 없앴다. 장들은 "부"로 이름이 바뀌었다. 그 가운데 하나는 주장에 더욱 적합한 자리로 옮겨졌으며, 요더가 2년 후에 추가한 다른 하나는 부록에 포함되었다. 서류 속에 있는 내부 참조들 가운데 일부는 삭제되었고, 모음집에 차례가 추가됨으로 정리되었다. 편집의 최종적 결과는 요더의 주장의 천재성이 더욱 확실해졌다는 것이다.

### 성서에 대한 요더의 접근

사형에 대한 대부분의 기독교적 관점이 핵심성서구절예를 들면 창9:6; 요8장에 관련되지만, 성서에 대한 그의 기본적 접근에 익숙하지 않은 사람들이 요더의 견해를 이해하는 데 불리할 수도 있을 만큼, 요더의 견해는 폭넓은 해석학적 요소에 입각하는 경향이 있다. 요더의 접근을 간략하게 그리는 이 서론의 목적도 이런 난점을 해결하기 위해서이다.

요더가 한 것처럼, 성서의 통일성에서 윤리적 가이드를 이끌어 내는 사람들은 어떻게 구약과 신약이 서로에게 관계하는지에 대한 영원한 숙제를 파악해야 한다.[21] 이것은 특히 사형제도에 대한 성서적 배경에 관심 있는 사람들에게는 더욱 필요한데, 겉핥기식 읽기는 종종 모순되는 결과를 만들어 내기 때문이다. 구약에서 하나님은 잘못을 저지른 자들에게 종종 죽음으로, 단호히 심판하는 엄격한 심판장으로 나타난다. 신약에서 하나님은 그의 외아들의 생명을 주셔서 죄인들로 하여금 죗값을 치르지 않도록 하게 한다. 구약의 하나님은 피에는 피를 요구하는 것으로 나타나지만,창9:6 신약의 하나님은 분명히 사형에 해당하는 죄를 저지른 여인을 용서한다.요8장

---

21) 요더가 어떻게 구약의 방대한 서술을 해석했는지와 더불어 성서에 대한 요더의 접근을 자세히 요약한 것을 보려면 다음을 참고할 것. 누젠트 "The Politics of YHWH", 71-99. 이 자료는 곧 출판될 나의 책, *The Politics of Yahweh-Theopolitical Visions Series*(Eugene, Ore.: Cascade Books)에서 더 자세히 나타날 것이다.

전통적인 세대주의는 이런 곤란한 문제에 대한 통찰력 있는 해결을 내어 놓는다. 세대주의 지지자들은 하나님께서 세상의 역사를 주관하며, 다른 시간 속에 다른 방식으로 다른 사람들과 관계 맺는 것을 선택했다고 단언한다.[22] 하나님께서는 신약이 아니라 구약에서 폭력적 수단을 통해 사역하실 자유가 있으실 뿐만 아니라, 신구약 각각은 그 자체로 하나님이 당신의 수단과 척도를 달리하실 권한을 가진 복합적 경륜으로 나누어진다. 요더는 그런 대답에 만족하지 않았으며, 신구약 사이의 불일치의 원인을 교육학적 양보로 돌리거나 다양한 영역이나 소명 사이를 분리시키고, 구약의 가르침을 어떤 이들에게 배속시키고 신약의 가르침은 다른 이들에게 배속시키는 점진적 계시라고 신구약의 차이점을 이야기함으로 신구약 사이의 긴장을 다루는 접근방식에도 만족하지 못했다.[23] 요더가 이런 모든 접근방식을 거부한 이유는 신약과 구약의 윤리적 가르침 사이에는 날카로운 불연속성이 있다는 그들의 전제를 부인하기 때문이었다.

성서의 연속성에 대한 요더의 관점은 성서적 현실주의와 지향적 성취,[24] 이 두 가지 접근방식을 결합하는 것이다. 성서적 현실주의는 역사 비평적 방법의 도움을 갖되, 종종 역사적 비평주의가 수반하는 회의적 편견 없이 최종적 정경의 형태를 가진 성서를 읽는 것을 수반하는 해석학적 감수성이다. 성서적 현실주의자들은 일부 성서의 뒷면에 다

---

22) 다음을 보라. 라이리(Charles C. Ryrie), *Dispensationalism*, 27-50. 주석이 달린 참고문헌을 보려면 249-55. 더 상세한 세대주의적 근거에 대한 설명을 위해서는 다음을 보라. 베이스(Clarence B. Bass), *Backgrounds to Dispensationalism: Its Historical Genesis and Ecclesiastical Implications*.

23) 요더는 다음의 글에서 세대주의와 이런 다른 접근방식과 관계를 맺는다. "만약 아브라함이 우리 아버지라면"『근원적 혁명』(대장간역간), 91-100; *Christian Attitudes to War, Peace, and Revolution*, 쿤츠(Theodore J Koontz)와 베이터(Andy Alexis-Baker) 편저, 321-27.

24) 다른 곳에서, 나는 요더가 이런 접근들을 통합시키는 독특한 방식을 요약하려고 "정경 지향적"이라는 용어를 사용한다. 다음을 참고하라. 존 뉴젠트(John C. Nugent), "야훼의 정치학", 71-99.

양한 자료와 심지어 비역사적 전설들이 있다는 것을 부인하지 않으며, 전통적으로 성서 기자라고 인정되는 사람들이 실제 성서 기자라는 것도 부정하지 않는다. 그럼에도, 그들이 역사 비평적 방법을 선호하는 이유는 성서 구절들과 그 이면의 다양한 역사를 자리 잡도록 하려고가 아니라 그들이 선 자리에서 성서의 의미를 식별하기 위해서다. 이런 접근은 순진한 성서주의와 혼동되어선 안 된다. 요더는 그것이 후비평적 현상이라고 주장한다. "중요한 것은 성서가 언어적이고 해석학적인 방법이 없이 저 멀리서 해석될 수 있다는 것이 아니라, 성서가 말하는 것이 분명한 그 시점에서, 성서를 우리의 동시대적, 해석학적 틀의 위대한 권위에 두기보다는 우리가 성서가 증언하도록 허용할 것이라는 것이다."25)

요더의 아나뱁티스트적 유산은 또한 그가 방향성을 가지고 성서를 읽도록 했다는 것이다.26) 이것은 성서를 앞으로 읽는다는 것구약에서 신약으로, 그 반대가 아니라이며 신약의 조명 아래 구약의 인물들과 사건들을 해석한다는 것을 뜻한다.27) 요더는 어떻게 모순에 빠지지 않으면서 이것을 할 수 있었을까? 그는 성서의 약속과 성취 구조를 단언함으로 그렇게 했다. 예수는 구약 서술의 성취이기 때문에, 그는 유해한 일탈예를 들면 군주제을 구성하는 구약적 발달과 진정한 과정예를 들면 디아스포라으로 여겨지는 것들의 구별을 위한 해석학적 열쇠를 제공했다.28) 그것은 또한 요더가 그리스도 안에서의 성취에서 결별될 때 오해되는 구약의 율법과 관례들의 의미를 분별하도록 했다. 그리하여 율법이 생명을 생명

---

25) 요더. "신학에서의 성서의 인용." *To Hear the Word.* 89.
26) 다음을 보라. 요더, *The Priestly Kingdom*, 9; 스위스의 아나뱁티스트와 종교개혁. 169-72; 그리고 "아나뱁티스트의 해석학" *The Hear the Word*, 217-37. 하지만, 요더는 아나뱁티스들만이 방향성게 성서를 읽는 것은 아니었다는 것을 잘 알고 있었다(다음을 보라. 리처드 마우와 요더 저, "복음주의적 윤리와 아나뱁티스트 종교개혁과의 대화" 132-33.
27) 거꾸로 읽기는 안 된다는 요더의 주장은 다음에서 확실히 드러난다. "만약 아브라함이 우리의 아버지라면"『근원적 혁명』,(대장간역간, 2011).

으로 갚으라고 명령할 때, 이것은 악으로 악을 갚는 것이 아니라 선으로 악을 갚으라는 복음서의 위임과 모순되는 것으로 해석되어서는 안된다. 예수는 율법의 완성이므로, 이런 교훈은 복수를 불러일으키는 끝없는 고대의 패턴에서 벗어나는 첫 번째 상황적 발걸음이라고 적절히 해석된다. 똑같이 보복하는 것을 막으며, 하나님은 악을 선으로 극복하도록 당신의 백성을 조종함으로 쇠약해지는 복수의 순환을 반박했다. 복음서의 위임은 이전의 율법을 부인하는 것이 아니라 율법이 시작한 운동을 완성하는 것이다.[29]

그들이 서 있는 본문의 이념적 세계에 대한 회의가 가져다주는 혜택을 인정하면서, 요더는 그리하여 성서 속에서 신구약을 포괄하며 그리스도 안에서 성취를 발견하는 일관된 서술을 보았다. 그들의 서술적 맥락에서 구약의 율법과 신약의 협의를 떼어내어 차이점에 주목하는 대신, 요더는 모든 구절을 한 남자가 그 아내를 시작으로, 하나님이 세상의 종말에 이르기까지 하나님의 정의의 비전을 실어 나를 그릇이 될 사람들을 어떻게 만들어 가시는지에 대한 끊임없는 이야기 속에 두었다. 요더의 주장에 따르면, 이런 정의의 비전은 나사렛 예수 속에서, 그를 통하여 구체적으로 드러났다. 그것은 맨 처음에서 나온 시각 속에 있는 단일한 비전이며, 단일한 종말을 향해 가는 주어진 시간 속에 있는 자신의 백성을 하나님께서 움직이심을 묘사하는 서술방식의 한 걸음 한 걸음이다. 하지만, 그 결과로 초래된 서술은 과정을 향해 가는 일관된 전형이 아니다. 그들의 형성과정 속에 있는 진정한 파트너로서, 하나님의 백성은 정해진 종말에서 그들을 벗어나게 하는 하나님의 방향을 거

---

28) 다음의 글을 비롯하여 요더는 여러 군데에서 디아스포라에 대한 자신의 긍정적 평가를 내어 놓는다. "Exodus and Exile: The Two Faces of Liberation" Cross Cureents. 297-309 및 "그들의 얼굴이 태양을 향하는 것을 보라" The Jewish-Christian schism Revisted, 183-202.
29) 요더, "살인하지 말라(출20:13)" To Hear the Word, 38-46.

스를 능력이 있었다. 그 서술은 그리하여 하나님의 백성이 자신들의 길을 다시 설정하도록 수많은 사례 속에 하나님이 어쩔 수 없이 은혜로이 간섭하시는 결과와 더불어 스스로 자초한 우회도로를 통해 하나님의 백성이 목적지로 안내되는 것을 그려낸다.

# 1장 사형과 성서[30)]

    최근 몇 년간 미국에서는 사형에서 벗어나려는 강한 경향이 목격되었다. 1958년 미국 델라웨어 주는 사형에 대한 입법조치를 폐지시켰다. 알래스카와 더불어, 미국연방에는 현재 사형제도의 의지가 없이 사법체계가 적용되는 주가 8개다. 게다가 9개주는 입법행위가 가능함에

---

30) 편집자 주: 이 글은 「크리스차니티 투데이」지 4권 (1960년 2월):3-6에 실린 "사형제도와 성서"로 앞서 출판된 바 있다. 「크리스차니티 투데이」 편집자들은 다음의 주와 함께 서문을 달았다. "과거 28년간 미국에서 3616명의 사람들이 처형되었다. 살인으로 3136명, 강간으로 418명, 반역죄, 간첩죄, 유괴와 은행 강도와 같은 범죄로 말미암아 62명. 9개 주(알래스카, 델라웨어, 하와이, 메인, 미시간, 미네소타, 노스다코타, 로드아일랜드, 및 위스콘신)는 사형을 고려하고 있지 않지만, 컬럼비아 특별구를 비롯한 다른 모든 주는 사형을 부과한다(과거에 사형을 폐지했다가 복귀시킨 8개 주를 포함).
"성직자들은 사형 제도에 대해 점점 목소리를 높인다. 어떤 그룹은 사형제도가 비도덕적이라고 주장하고, 다른 그룹은 살인에 대한 사형은 허용되어야 할 뿐만 아니라 의무적이라고 주장하는데, 그 이유는 세속정부가 신적 의무 아래 있기 때문이다.
"「크리스차니티 투데이」지가 벨렝가(Jacob J. Vellenga)의 글 "사형제도는 그릇된 것인가"(1959년 10월 12일, 그의 대답은 단호한 부정이었다)를 출판했을 때, 여기에 찬성과 반대 의사를 표명하는 수많은 편지가 지위고하를 막론하고 편집국에 쏟아졌다. 공간상의 제약으로 모두 출판되지는 못했지만, 대표적 편지들이 이 영적 교환 속에 있었다. 이후에 따라오는 논쟁 가운데 대부분은 성서적 증거보다는 사회과학적이고 형법적인 이론을 중심주제로 했다.
"이런 서신의 흐름과 더불어 수많은 글이 쓰였다. 그 가운데 두 개는 선택되어 「크리스차니티 투데이」지에 출판되었는데, 벨렝가 박사의 시각에 반대하여 이들은 사형제도에 반대되는 성경적 기반을 제시했다. 벨렝가 박사에 반대하는 사람들은 덴버에 위치한 일리프 신학교의 기독교 윤리학부 찰스 빌리건 박사와 바젤대학교에서 박사학위를 마치고 인디아나 주에 있는 엘크하르트에 소재한 메노나이트 신학교에서 신학을 가르치던 요더 박사였다. 편집자에게 가는 짧은 편지들을 제외하고, 한동안 이 토론은 중단되었으며, 「크리스차니티 투데이」지는 기여하는 저자 가운데 한 명인 버틀러 대학의 철학부의 고든 클락(Gordon H. Clark) 박사에게 이 시리즈에 언급을 해 줄 것과, 이 대화에 참여한 수많은 사람에게 성서적 증거에 대한 경종을 울릴 목적으로 답변해 줄 것을 요청했다."

도 최근 5년간 아무도 사형시키지 않았으며, 6개 주는 10년 이상 사형을 집행하지 않았다. 그리하여 현재 사실상 17개주가 생명을 빼앗지 않는 처벌을 하는 시민질서를 유지하고 있다. 이와 비슷하게, 영국도 1958년에 사형 제도를 실제적으로 폐지하는 행동을 취했으며, 유사한 조치가 캐나다의 왕립위원회의 진지한 연구를 받아들였다.

만약 우리가 사형의 법률적 폐지를 확대하는 것에 대해 늘어나는 미국의 의견형벌학자의 전문가적 견해와 일반 대중의 인간적 관심사 모두을 정확하게 평가하고자 한다면, 이런 사실들을 반드시 염두에 두어야 한다. 이들은 법적인 제재를 비현실적으로 포기할 것을 사회에 강요하고, 그리하여 정의의 기준을 낮추며 범죄를 허용하거나 잘못된 점들을 얼버무려 넘어가도록 하는 철학적 동기를 가진 이상주의자가 아니다. 오히려, 생명의 신성불가침에 대한 몇몇 그리스도인의 관심이 "공공의 선"을 도모하도록 범죄자들을 다루는 더 효과적 방식을 갈망하는 감옥행정관, 형사법 변호사, 그리고 사회학자의 현실주의와 일치한다. 가장 확실한 범죄자들은 기술적으로 사형을 "피하고자" 끊임없이 항소를 거듭하기 때문에, 사형이 존재하는 것은 법적으로 더 많은 비용이 든다. 인맥이 두텁거나 돈이 있는 사람이 어떻게 해서든 "처벌을 면하기"beat the rap 때문에, 사형은 사법적으로 더 큰 불평등을 양산해 낸다. 오랫동안 싱싱 교도소의 관리자로 일했던 로스Warden Lewis E. Lawes는 사형을 선고받은 사람 가운데 오직 2퍼센트에게만 실제로 사형이 집행되었을 것이라고 추정한다. 아울러 이들은 가장 크거나 가장 고의적인 범죄를 저지른 것이 아니라, 가난하고 친구가 없으며 정신적인 이유로 선처를 받을 수도 없고, 공범자에게 불리한 증언을 하여 자신의 생명을 살리는 암흑가의 "내부" 지식도 별로 없는 사람들이었다. 통계학적으로 사형제도가 없는 국가와 민족의 명백한 경험과 더불어, 살인자들의 동기를 현대 심리학적으로 이해하는 부분이 커지면서, 사형은 잠재적 살인자들에게 아무런 억제효과를 갖지 못한다는 것이 더욱 분명해 진다.

범죄자들을 죽이는 것에 대한 도덕적 관점 가운데 일부는 또한 사형의 현재적 재평가에 기여한다. 사형은 무오한 소송절차를 상정하여, 범죄자보다는 선량한 사람을 죽이지 않도록 한다. 하지만, 결함이 없는 소송절차란 존재하지 않는다. 선량한 사람들이 처형된 숫자는 5퍼센트 신상확인에서의 실수, 잘못된 상황증거, 배심원의 감정적 민감성, 그리고 다른 정상적인 "인간적 요인들"로 말미암은 결과에 달하는 것으로 추정된다. 우리는 오류가 일어난다는 사실로 우리의 사법체계를 비난해서는 안 되지만, 만약 인간적 오류의 요소를 직면한다면 사형제도의 도덕적 타당성은 몹시 취약해진다. 유사하게, 점점 성장하는 우리의 심리학적 과정의 이해는, "책임"의 문제가 질문 한 두개로 범인의 정신 상태와 그로 말미암은 책임성을 판단하는 데 적합하다고 생각될 때 추정되었던 것보다는 훨씬 더 복잡하다는 것을 드러낸다. 그와 같이, 우리는 지금 범죄를 "비난"하는 사회적 공감에 관해 덜 독선적이다. 만약 사회가족, 이웃, 그리고 국가가 어떤 아이에게 애정을 주지 않고, 그 아이에게 세상의 가장 거대한 포르노산업을 통해 범죄를 가르치며, 연예산업을 통해 폭력을 미화하고, 폭력배 두목에게 부를 가져다주는 범죄를 찬양하고, 그리하여 조악한 학교교육과 인종차별을 통해 합법적 성장의 길과 자기표현에 침묵한다면, 이 아이는 칼을 품은 십대가 될 것이며 사회가 판매를 금지하는 알코올과 다른 마약류에 취하게 될 것인데, 사회는 그 십대를 희생양으로 삼아 비난하지 않겠는가? "개인적 책임"에 관한 그런 사례는 사회가 도덕적 타락을 정직하게 뉘우치지 못하도록 하는 단순한 눈가림이 될 수 있다.

이런 관찰들은 인본주의적 이론이나 애매한 이상주의적 철학이 아니다. 이들은 하나님의 말씀이 언급하는 현실들이다. 복음주의자의 표어, '오직 성서'는 성서가 사실을 대신한다는 것이 아니라 성서가 사실을 비출 빛의 유일하고 권위 있는 근원이라는 것이다. 성서에서 나오는 답변에 대한 문제를 직면하기에 앞서 "오직 성서"로 경건하게 돌아서는 것은 성서 외적인 가정에 스스로 눈을 감는 것이다. 당연하지만, 유감스럽게도 몇몇 보수주의 복음주의자는 이런 종류의 반계몽주의에 영향을 받았으며, 폐지의 옹호자들이 마치 시민정부에 도전하고, 범죄를 가리며, 컨텍스트context에서 6계명을 찢어내는 것처럼 사형제도 문제를 계속해서 다뤄왔다.

우리가 하나님의 말씀의 빛을 구할 때, 우리가 직면해야만 하는 첫 번째 문제는 해석학의 문제이다. 우리는 어떻게 구약과 신약의 관계를 이해해야 하는가? 그리스도는 단순히 구약을 성취하였으며, 그리하여 어떤 문제의 적절한 기독교적 이해는 모세에서 시작해야 하는가? 아니면 그는 우리가 어떻게 구약을 읽어야 하는지를 알려주었기에 성서에 대한 적절한 접근은 그리스도 자신에서 시작해야 하는가? 그리스도의 중심성에 대한 이론적 단언과 신약의 최종성에도 불구하고, 구약을 근본으로 간주하는 접근방식은 시민 질서 문제에 대한 개신교와 가톨릭 사상의 역사를 압도적으로 지배해 왔다. 그 결과, 이것은 신구약이 같은 수준에 있다는 것을 의미하지 않는다. 구약이 시민질서 문제에 대해 직접적으로 이야기하지만, 신약은 그것을 간접적으로만 언급하기 때문에, 구약이 신약보다 우월하다는 결과가 적용된다. 이것은 "성서가 실제로 가르치는 것"에 의해 사형을 정당화하고자 하는 대부분의 사람들이 지닌 실제 해석학적 중요성이다.

이런 접근의 첫 번째 결점은 그것을 지지하는 사람들 가운데 어느 누구도 그것을 지속적으로 따르는 데 관심이 없다는 것이다. 이것은 그 것을 선호하는 논쟁이 있는 곳에서는 인용되며 불편한 곳에서는 중단 된다. 사회질서에 관한 구약의 규정에 대한 이런 접근을 지속적으로 적 용하는 것은 사형제도가 또한 동물창9:5; 출21:28, 마녀, 그리고 간음을 행 하는 자에게도 적용되어야 한다는 것을 의미한다. 사형제도가 살인죄 에 적용될 때, 희생자의 가까운 친척들이 집행자가 되어야 하며 적법절 차가 필요하지 않다. 하지만, 결백한 사람과 의도하지 않은 살인을 저 지른 사람들을 위한 피난처도 있어야 했다.민35:11 아울러 "진지하게 성 서를 받아들이는" 이런 방식을 적용한다면, 토론자는 안식일, 한센 병 자들을 위한 치료, 노예제도 및 경제적 질서에 대한 규정을 덜 존중해 야 할 논리적 이유를 제시하지 못한다.

그런 해석학을 정직하게 적용하는 것이 분명히 불가능하다는 것이 그것에 대항한 주요 논거는 아니다. 사실은 두 가지 중요한 관점에서 신약은 직접적으로 구약의 가르침을 수정한다는 것이다. 이런 관점 가 운데 하나는 하나님의 백성이 되는 것이 무엇인가에 대한 영적 이해이 다. 구약에서, 최소한 모세5경의 시민규정civil regulation과 관련된 시기 에는 인종적, 시민적, 지리적, 그리고 종교적 공동체는 하나였다. 신약 은 이것을 바꿨다. 아브라함의 아들이 되는 것은 직계후손이 아니라 신 앙의 문제이며,마3:9; 요8:39-42; 갈3:9 시민질서는 이교적 권위의 손에 있 는 것이다. 비록 그것이 가능했다고 해도, 이 모든 것은 구약의 규정의 단순환 전환이 불법적이라는 사회 윤리적 사고의 맥락을 바꿨다.

그럼에도, 이스라엘 율법의 최종성에 도전할 명백한 이유가 있다. 창세기 9장에 나타난 사형의 궁극적 기반은 사회 질서의 유지나 유죄 처벌을 위한, 현대적인 의미에서 좁게는 민사상의 것이 아니었다. 그것 은 속죄하는 것이었다. 사람을 죽이고 동물의 피를 소모하는 것은 같은 문장에서 금지되었는데, 생명은 "거룩"원래 제의적 의미의 용어의 영역에 속하기 때문이다. 생명은 하나님의 특유한 소유로서, 사람이 처벌받지 않음으로 함부로 신성 모독할 수 없는 것이었다. 따라서 창세기 9장에서 나타난 사형제도의 기능은 사회의 보호를 위해서가 아니라 하나님의 모습을 거스른 것에 대한 속죄였다. 만약 이것이 그 상황주석적 연구와 인류학적 연구가 분명히 그러하다고 밝힌다이라면, 신약의 핵심적 사건, 즉 십자가와 부활은 압도적으로 이 문제와 관련이 있다. 그리스도의 희생은 모든 속죄적 죽음의 종말이다. 오직 비성서적 구분만이 십자가 사건은, 무고한 사형으로 잘못 시행되는 시민 정의의 전형적 현상, 시민 질서와 아무 관련이 없다고 주장할 수 있다.

## 사랑의 법

만약 유대교가 인간의 삶에 관한 성서의 가르침을 이해하기 위한 적합한 열쇠가 아니라면, 적합한 열쇠는 무엇인가? 그것은 우리가 이웃에서 하나님을 봐야 하고 하나님을 섬겨야 한다는 신약 성서의 빈번한 가르침특별히 마25:31-46과 요13:18, 4:12,20에서 찾을 수 없는 것인가? 다른 무수한 신약 성서의 가르침은 우리로 하여금 이웃을 사랑하고 하나님의 계명을 지키라고 가르친다. 나아가, 이들 훈계는 우리의 이웃을 사랑하는 것이 무엇인지 정의한다. 우리가 이웃의 영혼을 사랑하면서 그의 몸을 죽일 수 있다는 생각은 여기에서 제외된다. 사랑은 사랑받는 자들의 전적인 안녕well-being을 고려한다. "사랑은 이웃에게 해를 입히지 않습니다."롬13:10, KJV 내 이웃을 내 눈에 품어야 한다는 이런 성스럽게 인가된 가치는, 인간 속에 내재된 존엄성이라는 어떤 철학 사상에 기인한 것이 아니라 창조의 은혜, 신성한 형상의 나눔, 그리고 우리 하나님의 성육신, 가르침, 그리고 행동 속에 있는 이런 은혜의 재확인에 기인한다. 육적인 생명은 단순히 영원한 영혼을 위한 육적인 수단이 아니다. 그것은 신성한 말씀이 스스로를 낮추어 드러냄을 통한 인격의 통일성의 부분이자 꾸러미이다.

신약성서가 직접적으로 사형을 언급한 유일한 부분은 요한복음 8장으로, 일반적으로 요한의 원 정경구절에 속하는 것을 부인하는 사람들조차 이 구절을 진본 복음전승이라고 여겼다. 로마서 13장은 그리스도인이 설립된 이교도 시민권위에 복종해야 한다는 원리를 다룬다. 이 구절은 시민 권위가 "선"을 행하려고 마련되었다고 주장한다.4절 하지만, 이 구절만이 "선"이 무엇인지를 자세히 설명하지는 않는다. 바울이 쓴 "검"은 사법권위의 상징이다. 그것은 죄인들을 처형하려고 로마인이 사용한 도구가 아니다. 비록 그렇다고 해도, 이 구절은 사회 속에서 그리스도인의 증인의 누룩이 그 기관들에 영향을 주어야 한다는 조절효과tempering effect에 대해 말하지 않는다. 로마서에 있는 구절이나 디모데서 혹은 베드로서의 구절들도 국가가 생명을 앗아가는 문제에 대해 말하지 않는다. 예수의 생명에서 나온 사건이 우리의 첫 번째 지향점으로 남아 있는 것이다.

명백히 사형에 해당되는 죄를 저지른 여인에게 예수가 취한 태도에서 중요한 것은, 그가 사형제도에 대해 이야기하는 것이 아니라 그가 그 문제에 새로운 컨텍스트를 위치시키는 것이다. 예수는 그런 규정이 모세의 율법의 일부라는 것을 부인하지는 않았지만, 그의 시대와 우리의 시대에 그런 율법의 중요성을 심오하게 수정하는 두 가지 다른 고려를 제기한다. 먼저, 예수는 심판과 집행자들의 도덕적 권위에 대한 문제를 제기한다. "너희 가운데서 죄가 없는 사람이 먼저 이 여자에게 돌을 던져라."요8:7, RSV 두 번째로, 예수는 민법에 해당하는 이 여성의 죄에 죄를 용서하는 자신의 권위를 적용한다. 하나님이 죄인을 용서할 수 있지만, 정의는 여전히 이루어져야 한다고 말하는 종교법과 민법 사이의 차별이 존재하지 않는다. 우리는 다시 한 번 그리스도가 초래한 속죄가 정치적으로도 관련 있다는 것을 보게 된다. 이혼처럼마19:8, 예수가 마태복음 5장 17-48절에서 바로잡은 율법의 왜곡에서처럼, 그리고 노예제도처럼, 사형제도는 사회에서 일어나는 신적 의지에 관한 위배 가운데 하나이며, 때때로 어떤 때에는 공식적인 합법성을 갖는다. 아울러 비록 사형이 "시작에서부터 그런 것은 아니다"라고 선언했다고 해도, 복음은 세속 사회에서 즉각적으로 사형을 제거하지 않는다. 구원받은 공동체가 살아야 할 새로운 수준의 형제애는 더 큰 사회에 직접적으로 강요될 수 없다. 하지만, 그것이 복음이라면, 그것은 누룩처럼, 소금처럼, 그리고 빛처럼 작용해야만 하며, 특히 앵글로 색슨 세계에서는 더 큰 사회가 그 존재와 사회적 패턴을 위해 어떤 유형의 기독교적 승인을 요구한다. 만약 그리스도가 선지자와 제사장일 뿐 아니라 왕이라면, 교회와 세상 사이의 끈은 도덕적 진리를 투과할 수 없다. 십자가를 지는 것, 하나님나라의 용서하는 윤리는 세상 질서에 연관된 것이어야 한다.

이런 관련성은 직접적이고 즉각적이지는 않을 것이다. 국가는 교회가 아니고 교회가 되어서는 더더욱 안 되며, 그러므로 신약의 윤리를 부적절한 방식으로 적용해서는 안 된다. 하지만, 이런 점을 관철시키는 것은 국가가 복음서의 기준과 충돌하는 기준에 따라 작용할 수 있다는 것을 뜻하지는 않는다. 국가가 해야 하는, 기준을 희석시키고 적응시키며 인증하는 것과 국가가 그럴 자격이 없는, 기준을 전적으로 거부하는 것 사이에는 차이점이 있다. 동료 인간하나님의 형상을 함께 나누어 가졌으며, 인간의 모양으로 이 땅에 오신 그리스도가 그를 위해 죽은의 생명을 앗아가는 것은, "크리스텐덤Christendom:기독교국가" 속의 어떤 정부가 윤리적 타협을 이룰 수 있는 제한범위를 넘어선다. 국가는 인구수가 많은 교회의 존재로 말미암아, 또는 우편엽서와 주화 속의 경건한 문구들로 말미암아 기독교적이 되는 것이 아니다. 국가는 적어도 무시할 수 없는 어떤 신적 기준을 알고 자각하며 부분적으로 스스로 그것에 헌신해 온다. 만약 특정 사회가 노예제도, 이혼, 그리고 범죄자들에 대한 복수를 허용한다면 사형에 관한 대부분의 성서적 주장은 노예제도에 대한 유사한 주장과 밀접하게 병행될 수 있다, 교회는 이런 관습들을 법적으로 폐지할 수 없다. 하지만, 교회는 국가에 인간 공동체의 진정한 기준에 더 가까운 근사치로 갈 것을 요구할 수 있다.

인간 생명의 존엄성은 사변의 교리가 아니라 창조와 구속의 신적 사역의 일부분이다. 우리가 사형의 법적 폐지를 주장하는 이유는 우리가 범죄자를 무고하다고 생각하기 때문이 아니라, 우리 모두가 감당해야 할 벌을 감당하시는 하나님 앞에서 범죄자의 죄를 우리가 나누기 때문이다. 우리는 분명 그 범죄자가 다른 기회를 누릴 만한 선한 사람이라고 말하지 않는다. 그럴 가치가 없는 자들에게 또 다른 기회를 부여하시는 분은 하나님이다. 우리는 세상질서를 폐지할 것으로 기대하지만, 구원은 그런 질서가 섬기는 목적이 무엇인지를 보여주며 그것이 어떤 기준으로 측정되어야 할지를 보여준다. "나는 양들이 생명을 얻게 하려고 왔다"요10:10는 사람의 "영혼"만을 말하지 않는다.

# 2장 그리스도인과 사형제도[31]

    1957년 7월 18일, 19세 소년 클레오 유진 피터스Cleo Eugene Peters가 오하이오의 홈스 카운티의 젊은 농부였던 폴 코블렌츠Paul Coblentz에게 총을 쏴 중상을 입혔다. 이 일은 피터가 감옥에 있는 동안 만났던 감방 친구의 출소 축하 와중에 발생했다. 피터가 살인혐의에 대해 유죄라는 것을 의심할 여지는 없었으며, 결국 고등법원에 항소할 모든 가능성이 소진되었고, 그가 전기의자에서 생을 마감한 날은 1958년 11월 7일이었다. 피터는 1958년 미국에서 가스형, 교수형, 혹은 전기의자형을 받은 다른 48명의 남녀처럼 죽음을 맞이했다.

    하지만, 차이가 있었다. 폴 코블렌츠는 전통을 지키는 아미쉬Amish 메노나이트 사람이었으며, 그의 죽음은 미국에서 아미쉬 인구가 가장

---

31) [편집자 주] 이 글은 소책자로 이전에 출판되었으며, 인디아나의 엘크하르트에 있는 메노나이트 연구기관의 이사로 있었던 딕(Cornelius J. Dyck)이 다음의 글과 함께 서문에 실었다:

"사형의 문제에서 국가적 관심이 높아져 가는 시대에 편집을 마감하며, 이 소책자는 사회적이고 도덕적인 개혁이 진정으로 관심을 가지는 자들의 헌신된 노력을 통해서만 일어날 수 있다는 신념 속에 그 기원을 갖는다. 많은 사람은 사형의 문제에 대해 그리스도인들은 "침묵이 말하도록 한다"는 저자의 관심을 공유한다. 이런 것들이 마찬가지로 그들만의 노력으로 타당성을 가짐에도, 이런 이유로 다음의 페이지들은 철학적이나 사회학적 고려들보다는 성서적이나 신학적인 논쟁의 관점에 기여하는 것으로 주로 나타난다."

"그리스도인과 사형제도는 생명과 교회 증언의 중대한 문제에 관한 이슈들에 대해 메노나이트연구기관에 의해 기획되고 후원된 첫 번째 시리즈이다. 저자는 컨퍼런스, 강의, 소책자, 그리고 *Concern, The Mennonite Quarterly Review* 와 다른 저널의 수많은 글을 통해 미국과 유럽에서 지난 수년 동안 교회의 본질과 선교에 관한 대화에 활발히 참여해 왔다."

많은 곳 가운데 하나인 홈스 카운티를 크게 동요시켰다. 외부 세계에서 온 이 침입자가 행한 잔인한 행동에 대한 아미쉬 사람들의 반응은 적대감이 아니라 용서였다. 대부분이 아미쉬였던 28명의 사람들은 사형집행을 행하지 않았으면 좋겠다는 자신들의 생각 때문에 배심원이 되지 못했다. 재판이 진행되는 동안 아미쉬 가족들은 피터의 부모를 자신들의 집으로 초대했다. 최종선고가 이루어진 후, 아미쉬 사람들은 진정서에 서명을 하였고, 윌리엄 오닐 주지사에게 선고를 감형시켜 달라는 편지를 보내어 아미쉬가 외부 세계에 전혀 신경 쓰지 않는다고 생각했던 수많은 사람을 놀라게 했다.

사형이 집행되기 7시간 전에 오닐 주지사는 감형을 승인했다. 한편, 몇몇 아미쉬 메노나이트는 자신들의 공동체를 깊게 동요시켰던 그 사건에서 영적 교훈을 이끌어 내고자 했다. "하나님은 이런 사건을 통해서 우리 많은 아미쉬 사람들에게 말씀을 하신다"며 그들 중 일부는 결론을 내렸다. "우리는 하나님께서 이것을 허락하셨으며, 특별히 그의 나라로 구령의 사역을 하고 계시는 그에게 우리가 응답하도록 하신다고 믿는다." 감형이 있은 후 얼마 지나지 않아, 두 명의 목사가 위에 적힌 글귀들이 인용된 편지를 가지고 오하이오 교도소에 있는 피터에게 면회를 갔다. 그들은 피터가 몇 개월 전에 그리스도인이 되었으며, 일부는 아이오와 주만큼이나 떨어진 곳에서, 그 가운데는 희생자의 아내가 포함된 아미쉬 사람들에게 그가 받은 편지들에 크게 감명을 받았다는 것을 알았다.

이것은 종교적 동기를 부여받아 복수를 포기하는 것이 전통적 사례가 되는 수많은 아미쉬 사람들이, 바깥세상에는 아무런 관심이 없기 때문에 피터를 용서할 수 있다는 뜻이었을까? 사실상, 그들은 법정의 합법적 판결인 사형집행에 간섭했다. 비록 그들이 법정의 진행을 막아서거나 간섭하지는 않았지만, 그들은 그 죄가 처벌되어서는 안 되며, 적어도 사형으로 집행되어서는 안 된다고 요청했다. 이것은 그리스도인에게 올바른 것이었을까? 국가의 일에 더 책임을 지지 않는 비저항적인 그리스도인에게도 이것은 올바른 행동이었을까?

이 글들이 쓰인 이유는, 그것이 특정한 범죄자들에게 자비를 간청하는 그리스도인의 권리일 뿐 아니라 사실상 그리스도인이 범죄자를 다루는 법적 방법으로서 사형을 폐지하려는 노력을 후원해야 한다는 신념 때문이다.

## 인간의 생명에 대한 근본적인 기독교적 증언

세속 정의가 살인을 허락하는 것처럼 보이는 곳에서도, 그리스도의 모든 가르침과 사역이 그리스도인들로 하여금 어떤 상황 아래 생명을 앗아가는 정의에 맞서 도전하도록 이끈다고 주장할 필요는 없다. 사람들이 사형을 요구하는 당시의 법에 맞는 공격을 해결해 달라고 예수에게 요청했을 때, 그의 대답은 분명 그것을 폐지하는 것과 같은 것이었다. 즉, 직접적으로 사형이 그릇된 제도라고 선언하며 폐지를 언급하지는 않지만, 간접적으로 판관과 집행자들이 먼저 죄가 없어야 한다는 요구를 함으로 폐지를 말한다.요8장 이것은 하나님 앞에서 모든 생명의 가치에 대해 그가 가르치는 모든 것과 일맥상통하며,마6장 어려움에 처한 이웃에게서 그리스도 자신을 볼 우리의 책임과도 관련 있다.마25장 생명에 대한 이러한 경외심의 이유는 제6계명의 문자적 해석이 아니라, 영적인 깊은 원리이다. 이웃의 생명영혼 혹은 개성이 거룩한 이유는 인간이 "하나님의 형상으로" 창조되었기 때문이다.창9장, NIV 만약 우리가 "아무도 본 적이 없는" 하나님을 사랑한다면,딤전6:16, NIV 그것은 동료 인간에 대한 우리의 사랑을 보여야 하며, 이런 사랑은 항상 그들의 육체적 복지에 대한 관심을 포함한다. 순수하게 내세적인 것과는 달리 기독교 신앙은 더욱 "현세적"이며, 다른 어떤 종교보다도 이런 의미에서 더 물질적이다. 또한 그들의 육체적 생명을 돌보지 않고는 다른 사람을 사랑할 길은 없다. 만약 십계명과 산상수훈이 없었다면, 우리가 그리스도에 대해 아는 것, 그가 어떻게 살았으며 왜 죽어야 했는지는 여전히 인간의 생명을 신성하게 하기에 충분했을 것이다. 신성하게 하는 것의 의미는 하나님, 그분께만 속한 것으로서 구별되게 하는 것이며, 그것은 바로 성서가 인간의 생명에 대해 이야기하는 것이다. 그것은 우리가 앗아갈 수 있는 것이 아니다.

인간이 하나님의 형상으로 지어졌다는 것은 무슨 의미일까? 왜 그의 인간적 삶이 신성시 되는가? 하나님의 형상으로 만들어 졌다는 것은 동료애를 가질 수 있다는 뜻이다. 우리의 육체적 존재외에 다른 사람과 하나님과의 친교를 위한 다른 기초는 없다는 것을 우리는 안다. 죽음 이후 사람의 운명은 "그 몸으로 행한"고후5:10, RSV 행위와 선택에 달려 있다. 구약에서, 살인자와 적들의 생명은 제외하고, 생명은 신성한 것이었다. 죄를 지은 자와 적들과 처지를 바꿈으로, 살인자바라바 대신 죽음으로, 그리고 그들이 우리의 사랑을 요청하는 한 친구와 적 사이의 도덕적 차이점은 없다고 우리를 가르침으로, 예수는 구멍을 메웠다. 모든 사람의 생명은 하나님께만 속한다. 생명이 신성한 것은 그리스도께서 인간들 가운데에서 인간이 되셔서 모든 어려움에 처한 인간 속에서 그를 보게 하셨기 때문만이 아니라마25:40,45, 또한 이 타락한 세상에서, 회개의 기회가 되기 때문이기도 하다. 어떤 이의 생명을 앗아가는 것은 그의 미래를 빼앗는 것이며, 그로 말미암아 그가 하나님 또는 다른 인간들과 화해할 가능성마저 짓밟는 것이다. 우리는 오직 이런 생명으로만 회개할 수 있다. 우리의 이웃은 그들이 살아 있는 동안만

우리의 사랑으로 도움을 입을 수 있다. 이것이 멘노 시몬스Menno Simons
가 주장한 이유이다.

> 진정한 그리스도인 통치자가 다른 사람의 피를 흘리게 하는 일은 좀
> 처럼 없다. 이런 이유로, 만약 범죄자가 하나님 앞에서 진정으로 회
> 개하고 거듭난다면, 그는 또한 선택된 신자이며 하나님의 자녀, 그
> 리고 은혜를 함께 나누는 동료가 될 것이다 … 교수대 위에 목이 매
> 달릴 어떤 사람에게는 … 혹은 그와 한 마음, 한 영혼, 그리고 한 정
> 신을 가진 다른 그리스도인에 의해 몸이나 재산이 어떤 방식으로든
> 상하게 되는 것은 연민이 있는 사람들, 자비로운 사람들, 그리고 온
> 화한 품성, 기질, 영혼이 있는 사람들, 그리고 그리스도의 예시, 순한
> 어린양을 고려하면 다소 어색하고 어울리지 않아 보일 것이다 …

> 다시, 만약 그가 회개하지 않는다면, 그리고 그의 생명이 빼앗긴다
> 면, 사람은 무자비하게도 그에게서 회개할 시간을, 그의 남은 삶 동
> 안 그가 쓸모 있는 사람이 될 기회를 훔쳐버리는 것이다 … 인자는
> 말하기를 나를 배우라, 나는 너희에게 예를 주었다. 나를 따르라, 나
> 는 너희를 멸하기 위해서가 아니라 구원하러 왔다.[32]

그러므로 법적 고려를 만족시키는 것은 너무나도 얄팍한 윤리적 접
근일 것이다. 기독교적 관심은 구원하는 것이다. 구원은 그리스도가 적
에게 자신을 내어주시는 것을 의미한다. 사회적으로 바람직한 사람들
의 생명에 관심을 갖는 것은 선행이 아니다. 오직 가치가 없는 자들을
향한 하나님의 태도가 지침으로 받아들여질 때만 사람의 구속적 시각

---

32) 벵거(J. C. Wenger), ed., *The Complete Writings of Menno Simons*: Circa 1496-1561, 920-21.

이 작동하기 시작한다.

이것은 그리스도인에게는 좋은 것이지만, 우리가 믿지 않는 사회와 국가에게 생명에 대한 이런 종류의 경외를 갖도록 요구할 수 있을까? 하나님은 악을 막고 행악자들을 처벌하실 권한을 국가에 부여하시지 않았는가? 이런 부분에서는 여러 가지 진지한 주장이 등장하며, 우리는 지금 그런 주장들로 관심을 돌릴 차례가 되었다. 하지만, 우리는 우리가 시작한 곳에서 확실함이 없이는 그것을 하지 말아야 한다. 우리는 죽음이 결코 어떤 사람에 대한 하나님의 높으신 뜻이 아니라는 확실함으로 시작한다. 만약 생명을 빼앗는 일이 발생한다면, 국가에 의해서라도, 이것은 복음이 말하는 것과 정반대의 것에 직면하여 증명되어야 한다. 사형제도의 반대자가 아니라 옹호자들이 이것을 증명할 짐을 졌다.

## 살인과 도덕 질서

사형을 지지하는 주장들 중 하나는 사형제도가 생명은 생명으로 갚아야 한다는 도덕질서의 요구나 하나님의 뜻이라고 주장하는 유형이다. 우리는 인간사회에서 사형제도의 기원을 언급함으로 이 문제에 가장 잘 접근할 수 있다. 창세기 이야기, 특히 9장은 당면한 문제에 한 탁월한 사례이다.만약 우리가 인류학의 세속적 연구를 한다면, 그것은 실제로 우리에게 같은 것에 대해 말해줄 것이다 "다른 사람의 피를 흘리면 그 사람의 피도 흘릴 것이니"창9:6, RSV는 분명히 사형제도의 어떤 종류에 대해 말하는 것 같다. 이것이 의미하는 바는 무엇인가?

이 구절의 이전 장들에 대한 면밀한 연구의 결론은 사형제도가, 거기에 서술된 대로, 분명히 제한으로서의 요구사항이 아니라는 것이다. 그것은 복수가 일반적인 패턴이었던 타락의 이야기의 배경에 맞서서 언급된 것이다.창4-6장 자신의 동생 아벨을 죽인 가인과 관련하여, 우리는 곧 사소한 범죄에 대한 라멕의 포악한 자랑을 읽게 된다. "나의 상처로 말미암아 내가 사람을 죽였고 나의 상함으로 말미암아 소년을 죽였도다. 가인을 위해서는 벌이 칠배일진대 라멕을 위해서는 벌이 칠십칠배이리로다."창4:23, RSV 이런 사례가 보여주듯이 복수는 공격에 비해 너무 과중한 것이었다.

그러므로 성서가 하는 것처럼 현실적으로 시작해 보자. 복수는 명령 받을 필요가 없다. 복수는 일어난다. 그것은 적대감을 초래하는 어떤 상황에 대한 타락한 인간의 정상적 반응이다. 그리고 일반적으로 그런 복수는 무제한적이다. 원시적 사람들은 보르네오의 부족간의 전쟁에서부터 시실리아 언덕과 미국 지하세계의 피비린내 나는 갱단의 정의를 지나 애팔래치아의 "앙숙의 민요"에 이르기까지 라멕과 똑같은 패턴을 보인다. 복수와 맞보복에서 최초로 입은 피해를 훌쩍 넘어선 공격이 가져다 준 고통의 값이 증가하는 것은 일반적이다.

그리하여, 만일 우리가 세상의 제도가 가져다주는 끝이 무엇인가를 묻는다면, 그것이 일반적으로 원시 사회든, 창세기 9장에서 보고되는 형태든, 그 강조점이 복수에 대한 필요성에 있다고 생각하는 것은 오류이다. 복수는 발생한다. 필수적인 것은 복수가 제어되어야 한다는 것이다. 세상질서의 중요성은 그것이 보복을 공격과 같은 수준으로 제한한다는 것이다. 이런 의미로 하나님의 은혜가 죄에 대해 작용하는 것은 한쪽 방향이다. 창세기에 기록된 첫 번째의 살인은 그를 위협할 것으로 예상되는 사람들에 대해 살인자의 생명을 보호하는 하나님의 행동으로 이어졌다.창4:15 이런 목적은 그런 똑같은 보복이 어떻게 측정되어야 할지에 대한 정확한 법칙을 마련하는 것으로 공표된다. "눈은 눈으로, 이는 이로, 손은 손으로, 발은 발로, 덴 것은 덴 것으로, 상하게 한 것은 상함으로, 때린 것은 때림으로 갚을지니라."출21:24,25, RSV 이런 법칙들은 받아들일 수 있는 대체들을 정의하는 법칙들로 보완되는데, 유대역사를 통해 지속적으로 상술되어 내려와 예수 당시에는 대부분의 처벌이 돈으로 해결될 수 있었다. 이미 일어나던 이혼을 규제하고자, 신명기 24장에서 모세의 법칙은 이혼을 허가한 것이 아니라 사람 마음의 완악함에 대한 양보였던 것처럼마19:8, 동해복수법talion은 명령하는 것이 아니라 오히려 양보로 복수를 제한하는 것이다. 도피성을 마련하는 것은 복수의 제한을 더욱 늘렸던 것으로, 그리하여 어떤 종류의 살인이든예를 들어 의도하지 않은 살인 거기에는 보복자를 피할 기회가 있었다.

그리하여, 산상수훈이나 로마서 12장에서 모든 복수가 그리스도인에게는 불법적인 것으로 선포되었을 때, 혹은 예수 자신의 죽음이 신약에서는 용서의 선언으로 보였을 때, 이것은 창세기 9장과 출애굽기 21장에서 이미 취해졌던 방향으로 내딛는 또 다른 발걸음인 것이다. 보복은 결코 남자와 여자 서로의 관계를 위한 하나님의 고귀하신 의도가 아니었다. 정의의 제한 속에서 복수를 허용하는 것예를 들면 동해(同害)은 결코 진정한 하나님의 목적이 아니었다. 하나님이 악에 대해 항상 원하셨던 것과 오늘날 우리로 하여금 악에 대해 행동하기 원하시는 것은, 악을 삼켜서 그의 십자가 사랑의 한없는 바다 속으로 던져버리는 것이다. 어떤 악을 다른 악으로 갚는 것을 요구하는 신성한 도덕적 질서와 같은 것은 있지 않다. 그것이 사실이라 해도, 이런 일은 죄악 된 세상에서 일어난다. 죄인은 복수를 자신의 머리에 떨어뜨리며 하나님은 자신의 섭리적 목적에서 이런 과정을 다소 사용하실 수 있다. 하지만, 그것은 처음부터 그런 것은 아니다. 마19:8

종종 그리스도인은 그리스도 이후 구약의 율법이 어떻게 이해되어야 할지를 설명하면서, 율법을 민법, 제의법, 그리고 도덕법으로 구분한다. 그러면 그것이 다른 국가들에도 간접 적용 될 수 있지만, 우리는 도덕법이 계속하여 그리스도인에게 적용되며, 제의법은 마지막 희생이자 마지막 제사장이신 그리스도의 성취로 말미암아 폐지되었고, 민법은 유대국가의 종말과 더불어 중단되었다고 설명할 수 있다. 분류의 목적을 위해서는 이런 구분이 도움이 되지만, 창세기 9장과 유사한 구절들을 주의 깊게 공부하다보면 성서의 앞부분에서는 그런 구분이 맞아떨어지지 않는다는 것이 드러난다. 그리스도가 동시에 선지자, 제사장, 그리고 왕인 것처럼, 하나님께서 노아와 만드신 언약도 동시에 도덕적, 제의적, 그리고 민간적이다. 그것은 사람과 짐승의 피를 하나님께 속한 것으로서 언급하는데, 분명히 희생적 개념이다. 마찬가지로, 동물학살죄를 그 생명으로 갚을 것이라는 조항창9:5; 출21:28-32은 우리가 도덕이나 민사조항으로 부를 수 있는 것은 아니다. 그 구절은 희생적인 것뿐만 아니다. 그것은 확실히 그 의도에 있어 도덕적이자 민사적이다. 그 기초는 사람뿐 아니라 모든 동물의 생명은 하나님께만 속한 것으로서 거룩하다는 종교적 이해이다. 그리하여 사람을 죽이지 않는 것은 희생된 동물의 피를 먹지 않는 것처럼 같은 표제 아래 놓이게 된다.

이것은 우리가 사형을 순수하게 법적이고 비종교적 문제로 물을 수 없다는 것을 의미한다. 사형제도는 희생적 행위다. 피, 예를 들면, 모든 사람과 동물의 생명은 하나님께 속한다. 이런 신성한 소유권을 존중한다는 것은, 동물의 피를 먹어서는 안 된다는 것을 뜻하고 인간에게는 어떤 죽임도 있어서는 안 된다는 것을 의미한다. 만약 죽임이 있다면, 공격은 단순히 민사상의 공격이 아니다. 그것은 의식적이고 종교적인 악이며 의식적 보상을 요구한다. 만약 우리가 의식적 고려와 다른 고려들 사이를 구별해야 한다면, 그것은 피는 피로 갚아야 한다는 의식적 요구이지 그리 법적이나 윤리적 고려는 아니다. 만약 우리가 창세기 9장을 이해한다면, 우리는 어떤 상해가 다른 상해로 바로 잡힐 수 있다는 도덕적 질서법칙을 생각하는 것이 아니라그것은 전혀 도덕적이지 않다 하나님께만 속한 신성한 생명에 대한 깊은 종교적 경외를 생각해야 한다. 그리하여 그 형제의 피를 흘리게 함으로 하나님의 것을 훔쳐가는 자는 속죄로 자신의 피를 몰수당한다.

신약의 분명한 증언, 특히 히브리서에서는, 구약의 의식적 요구가 그리스도의 제사장적 희생으로 성취되었으며 완결되었다고 분명히 증거한다. "단번에"는 그 서신의 승리적 선언이다.히10:10 이후로는 생명의 희생을 증명하도록 어떤 피도 더 이상 필요치 않으며, 속죄하기 위해 인간의 강탈하는 힘으로 죽이는 어떤 희생도 더 이상 요구되지 않는다. 그리스도의 십자가와 더불어, 사형제도의 도덕적이고 의식적인 기반은 멀리 사라져 버린다.

종종 창세기 9장 6절, 출애굽기 21장 12절, 신명기 19장 19-21절과 같은 성서 본문은, 주로 법률적이며 어떤 공격이 다른 공격으로 바로 잡힐 수 있다고 주장하는 정의의 시각을 가르치는 것으로 이해되기도 한다. 일단 이런 생각이 주장되거나 당연시 된다면, 죄를 지은 사람을 대신하여 법적으로 징계를 받은 것으로서 "우리의 죄를 감당"하고 스스로 "우리의 평화의 징계"사53:5, KJV가 된 그리스도의 사역을 이해하게 된다. 심지어 어떤 사람들은 사형제도에 맞서는 것은 속죄에 대한 시각의 정통성을 약화시키는 것이라고 주장하기도 한다. 비록 비난의 여지가 없이 복음주의적 신념을 가진 사람들이 종종 이런 시각을 가지긴 하지만, 그것은 성서를 심각하게 근대화시키는 것이다. 교회에 천년의 시간이 흘러서야 비로소 법적 사고방식을 가진 사람들과 교류하고 그들에게 복음을 설명하려고 그리스도의 고난이 법적 처벌이라고 볼 수 있다는 생각이 기독교 신학자들에게 떠오르기 시작했다. 모든 세대가 신앙을 증거 하기 위한 새로운 길을 모색해야 하므로 이것은 나쁜 생각은 아니었지만, 당시에 그것은 새로운 생각이었지 정통은 아니었다. 그런 형벌적 개념이 서구문명의 거대한 부분에 자리 잡은 것은, 성서가 살인자들을 죽이는 것을 정의를 위해 필요한 비인간적인 도덕 질서의 요구라고 보지 않는다는 사실을 변화시키지는 않는다.

우리는 분명히 구약에서 허가된 살인이 의식적인 것이었지 법적 특징을 가진 것이 아니라는 점을 보았다. 초창기 이스라엘의 거룩한 전쟁조차 정치적 캠페인이라기보다는 희생제물과 같은 것이었다. 그것은 소떼에게 사형을 요구하고창9:5; 출21:29, 피를 먹는 동시에 살인을 논하며창9:4-6, 그리고 죄를 지은 자들의 취급을 "너희 가운데에서 악을 멀리하라"민35:33로 설명하는 법이라고 말할 수는 없는데, 그 주요한 관심은 객관적이고 보복적이며 법적인 정의를 위한 것이다. 그 관심은 희생적이지 사회적인 것이 아니다. 그것이 회복하고자 하는 질서는 희생적이지 도덕적인 것이 아니다. 사실, 잘 알려진 "생명에는 생명으로, 눈에는 눈으로, 이에는 이로"신19:19-21, KJV라고 말하는 구절은 오직 하나의 죄악의 처벌, 즉 그릇된 증언을 하는 자에 대한 처벌을 논한다. 위증하는 사람의 처벌은 만약 그에 대한 증언이 사실일 때 피의자에게 부과되는 것에 달려 있다. 이 구절에 나타난 "생명에는 생명으로"는 살인을 한 것에 대한 죽음을 가리키는 것이 아니라 사형이 부과될 수 있는 사건에 대해 거짓으로 증언하는 것에 대한 죽음을 규정한 것이다.

구약에서의 사형이 형벌이라기보다는 속죄이기 때문에, 신약의 예표는 판사의 검이 아니라 십자가이다.

### 살인과 국가의 기능

사형을 직접적으로 가리키는 유일한 구절은 요한복음 8장에 있으며, 이는 일반적으로 요한의 원저작 구절에 속하는 것을 부정하는 사람들조차 진본 복음전승으로 인정하는 구절이다. 로마서 13장은 그리스도인이 설립된 이교도 시민권위에 복종해야 한다는 원칙을 다룬다. 그들이 "선"을 행하려고 존재한다4절고 단언하기도 한다. 하지만, 이 본문 단독으로는 "선"이 무엇인지 설명하지 않는다. 바울이 기록한 검, 마카이라machaira는 재판의 권위를 나타내는 상징이다. 그것은 죄수들을 사형시키려고 로마인이 사용했던 도구가 아니다. 비록 그렇다고 할지라도, 그 구절은 사회 속의 기독교적 증언의 간접적 영향이 그 기관들에 있어야 한다는 조절효과에 대해 아무런 언급을 하지 않는다. 로마서의 구절이나 디모데서 혹은 베드로서의 병행구절은 생명을 앗아가는 이런 국가의 문제에 대해 말하고 있지 않다. 따라서 그리스도의 생명에서 나온 사건이 우리의 최초 지향점에 남아 있다.

명백히 사형에 해당되는 죄를 지은 그 여성에게 예수가 취한 태도에서 중요한 것은, 그가 사형제도에 대해 이야기 한 것이 아니라 예수가 문제를 위치시키는 새로운 맥락이다. 그는 그런 규정이 모세의 율법 가운데 하나란 것을 부인하지는 않았지만, 그의 시대와 오늘날 우리를 위한 법률의 중요성을 심오하게 수정하는 두 가지 고려를 제기했다. 먼저, 예수는 심판자들과 집행자들의 도덕적 권위의 문제를 제기했다. "죄 없는 이가 먼저 돌로 쳐라."요8:7, RSV 두 번째로, 그는 민사죄에 해당하는 여성의 죄에 죄를 용서할 자신의 권위를 적용했다. 하나님이 죄인을 용서하지만 정의는 여전히 이루어져야 한다는 종교와 민사 사이의 차이점은 없다. 다시 한 번 우리는 그리스도가 일으킨 속죄가 정치적으로 관련 있다는 것을 본다. 이혼처럼, 마태복음 5장에서 예수가 바로잡은 율법의 왜곡처럼, 그리고 전쟁과 노예제도처럼, 사형제도는 때로는 어떤 공식적 정당성을 가지고 사회 속에서 일어난 신성한 의지에 대한 그런 위반들 가운데 하나이며, "본래는 그렇지 아니하니라"마19:8,

RSV라고 주장하더라도 복음이 세속 사회에서 즉시 제거할 수 없는 것이다. 구속받은 공동체가 가지고 살아야 할 새로운 혈족관계의 수준은 더 큰 사회에 직접적으로 강요될 수 있는 것이 아니라, 만약 그것이 복음이라면, 만약 특별히 앵글로 색슨 세계에서처럼 거대한 사회가 그 존재와 사회적 패턴을 위해 어떤 기독교적 허가를 요청한다면, 그것은 누룩처럼, 소금처럼, 그리고 빛처럼 역할을 해야 하는 것이다. 만약 그리스도가 선지자이며 제사장뿐만 아니라 왕이라면, 교회와 세상 사이의 경계는 도덕적 진리에 관통될 수 없다. 십자가를 지는, 하나님나라의 용서하는 윤리는 세상질서와 관련되어야 한다.

특히 만약 이것이 그리스도의 이름으로 행하여지고, 요한복음 8장에 기록된 그의 행동과 관련된다면, 사형제도에 도전하는 것은 본질적으로 무정부상태를 옹호한다는 비난을 종종 듣기도 한다. 만약 우리가 국가가 용서해야 한다거나 오직 죄 없는 자만이 "돌을 먼저 던질" 수 있다면, 우리는 어디에서 멈출 것인가? 이것은 모든 정부를 파멸시키는 것이 아닌가? 비록 이런 의도가 흔히 수사적인 것일 뿐이라고 하더라도, 이 문제는 더욱 진중한 관심을 불러일으킬 만하다. 왜냐하면 그것은 기독교 윤리가 비기독교 사회와의 관련 속에 있는 기본적 문제를 말해주기 때문이다.

이런 문제 속에 들어 있는 한 가지 오류는 기독교적 사회비평을 적용할 때 "논리적 결론을 내릴" 수 있다는 가정이다. 이런 가정은 모든 것을 왜곡시킨다. 기독교적 사회비평은 타락한 세상과 이야기를 나눈다. 그런 비평이 하나님나라의 기준을 발견하기 때문에 궁극적인 신학적 정당성이 있는 기준이란 존재하지 않으므로 그런 기준을 지속적으로 적용하는 것의 논리적 결과는 하나님나라의 완전한 실현이 될 것이다. 하지만, 이런 기준들을 계속적으로 적용하는 것은 타락한 세상의 능력과 의도 너머에 있는 것이며, 그리스도인이 갱생의 의지가 없는 사회에 요구하거나 기대하는 것이 아니다. 따라서 "이것을 어디로 이끌 것인가?"라고 물음으로 세상질서에 대한 그리스도의 요구를 약화시키는 것은 전체 문제를 왜곡하는 것이다. 반역이라는 그 사실로 말미암아 세상은 기독교적 사회비평이 극단적으로 이끌지 못하게 될 것이라는 것을 확증한다. 기껏해야 세상은 도전을 받을 뿐이고 한 번에 하나씩, 올바른 방향으로 한 발을 내딛으며 사랑의 근사치적 의로 한 칸 더 움직일 뿐이다.

국가는 사실이다. 사랑의 비판으로 그것이 폐지된다는 것은 상상할 수도 없다. 모든 원시국가와 병행하여, 창세기 9장이 이미 존재하는 보복을 명령하지 않고 오히려 그것을 제한 하는 것처럼, 그리스도인도아울러 민주주의 속의 신자들도 국가를 제한하려 할 것이다. 국가는 존재한다. 국가는 방어될 필요가 없다.

우리는 무정부상태가 오직 단어에 불과하며, 문법적 창조이자 상상적 관념이라는 사실 속에서 이 점의 상징적 논증을 살필 수 있다. 무정부상태와 같은 것은 없다. 폭정에서 헌법적 민주주의에 이르기까지, 여러 가지 다양한 형태의 정부가 존재한다. 아울러 제국에서 시작하여 국가를 거쳐 독립종족에 이르기까지, 여러 가지 다양한 단계의 힘의 집중화가 존재한다. 게릴라 전투 혹은 잘 조직화된 지하의 범죄세계 속에서처럼, 상대방 힘과의 상호작용을 통한 정부도 있을 수 있다. 전체적 조직화에서 간신히 사소한 범죄자를 추적할 만큼의 미약한 힘에 이르기까지, 제어의 효율성에도 여러 다양성이 존재한다. 권위는 위임되거나 붙잡을 수 있다. 권위는 현명하게 혹은 어리석게, 효율적으로 혹은 서투르게, 공공연하게 혹은 비밀리에 행사될 수 있다. 하지만, 항상 권위는 존재하며, 복지나 사회의 안정성을 위해서는 거의 기능을 발휘하지 못하는 것 같은 이유는 기독교적 사랑의 방향에서 오는 비평이 결코 효과적인 적이 없었기 때문이다. 무정부상태 개념은 국가와 정부의 연구에서 나온 것이 아니다. 그 개념은 그들의 논리적 결론에 이르도록 권고하는 추상적 창조물이다.그런 권고는 타락한 세상에 대한 하나님의 지배를 고려하지 않는다

이 문제가 지닌 두 번째 오류는, 정의에 대한 어떤 분명한 개념이 정확히 같은 만큼의 공격과 보복에 있다는 가정 및 이런 정의는 온전히 존중되거나 근본적으로 거부된다는 가정이다. 사실상 처벌의 "정당성"을 측정할 수 있는 확실한 척도는 없다. 모든 문화와 모든 시대는 정당한 앙갚음이 무엇인가에 대해 서로 다른 개념을 가졌다. 범죄자가 사람인지, 성인인지, 그리고 건강한 정신을 가졌는지, 그리고 그가 법의 요구를 알고 있었는지가 얼마만큼 문제가 되는지에 대해서는 의견의 변화가 있었다. 이들은 동등한 것이 무엇을 의미하는지를 심판마다 다르게 적용했다. "눈에는 눈"은 우리가 신체적 상해를 다룰 때 측정할 수 있으며, "소에는 소"는 경제적 범주에서 측정할 수 있지만, 간음이나 탐욕에 대해서는 어떻게 똑같이 적용할 것인가?

그러므로 정의는 상대적이지 절대적인 개념은 아니다. 그것은 방향이지 정도는 아니다. 도덕적 행위는 조금 더 공정하거나 덜 공정할 수는 있지만, 우리는 이상적 정의를 알 수 없으며, "사랑과 용서에 대한 너무 많은 강조"가 위태롭게 만드는 사랑과는 별개의 것이다. 정의는 개혁을 위한 이상적 계획에 의해, 적절한 대안을 제시하지 않는 사회적 비평에 의해, 사랑의 본질을 정서적으로 오해함에 의해, 혹은 얼마나 많은 질서와 상호존중이 사람이 비판하는 사회에 의해 이미 이루어져 왔다는 것을 인식하지 못함으로 위험에 처했을 수도 있다. 하지만 사랑은 정의를 위태롭게 하지는 않는다.

## 살인과 사회에 대한 기독교적 영향

그리하여 지금까지 우리는 기독교적 기반에서 하나님의 의지가 사형을 요구한다는 생각을 거부해야 하는 두 가지 이유를 보았다. 먼저, 우리는 처벌에 대한 성서적 언급들이 앙갚음을 필요로 하는 것이 아니라 제한한다고 이해해야 한다. 이교도적 개념에서도 이것은 같다. 그러므로 그들은 앙갚음이 선하거나 필수적임을 의미하는 것이 아니다. 둘째로, 우리는 생명이 신성한 것, 즉 생명이 하나님께 속한 것이라는 진리에서 속죄의 발상이 성장했다는 것을 보아 왔다. 그리스도인은 피가 흘러내릴 때 속죄를 위한 영적 필요의 실현을 부인하지 않지만, 예수 그리스도가 모든 인간을 위해 이런 필요를 이루셨다고 고백한다. 근대 세속사회가 사형의 해석에서 속죄의 발상을 포기했다는 사실은 비단 세속화와 신앙의 상실뿐 아니라 현대 문화에 대한 그리스도의 간접적인 영향의 결과이기도 하다.

"도덕 질서" 견해를 약화시키는 또 다른 사실들이 있다. 근대 사회에 대한 기독교의 간접 영향 가운데 하나는 국가에 의한 살인이 점진적으로 제한되어 왔다는 것이다. 전쟁의 문제와는 별개로 현재는 정신이상자와 법적으로 책임 있는 사람, 우발적 살인, 정당방위, 그리고 사전 계획적 살인 사이의 구별이 이루어진다. 모든 사회는 갈등 상황, 유혹, 그리고 살인을 낳는 인격의 취약성을 비난하는 사람들을 낳는다. 이런 개발에 직면하여, 사형의 "도덕 질서"를 옹호하는 사람들은 다음의 두 가지 답변 가운데 하나를 선택해야 한다. 그런 고려들을 거부하며 "생명은 생명이다"라는 주장을 고수하거나, 혹은 얼마나 비난받을 것인지를 정확히 측정할 수 있는 확실하고 분명한 방식이 있다고 주장해야만 하며, 그럴 때 도덕적 질서가 처벌로 요구하는 것은 항상 분명하고 쉽게 동의할 수 있다. 하지만, 후자에서 법적이고 관습적인 오늘날의 사형은 폐지보다는 이상적인 도덕적 질서에 더 다가갈 수 없다는 것이 인정되어야 하는데, 두 국가나 민족은 처벌의 사용이나 엄격함에 있어 똑같지는 않기 때문이다. "도덕 질서" 이론을 사용하는 사람들은 먼저 모든 형법에서 도덕적 질서에 대한 더 위대한 통일성, 명확성, 그리고 순응성을 지지함으로 그들의 진정성을 증명해야 한다. 그들은 나아가 살인보다는 범죄자들을 위한 궁극적 처벌의 유지를 설명할 필요가 있다.

하지만, 누군가는 이것이 세속 사회와 무슨 관련을 가지는가라고 물을 수도 있다. 이런 주장은 대개 종교적이지 않으며, 법과 정치학과는 관련이 없는가? 우리는 오직 그리스도인만이 믿을 수 있는 어떤 것, 즉 그리스도의 사역이 세속사회의 본질에, 심지어 비신자들을 위해 새로운 빛을 우리에게 실제로 주었다고 주장할 수 있는가? 십자가가 사형 제도와 어떤 관련이 있다는 주장은 완전히 관계없는 두 가지 사건을 혼란스럽게 하지 않는가?

이런 질문은 진지하게 직면해야 하지만, 성서의 대답은 분명해 보인다. 그리스도인은 예수를 제사장, 선지자, 그리고 선생님으로만 부른 것이 아니라 주님과 왕으로 불렀다. 이것은 정치적 의미다. 그리스도인의 신실하지 못함은 그들의 삶의 어떤 영역에서 우리의 문제와 관련된 그리스도와 그의 가르침, 그리고 그의 생명을 가져오는 것이 혼란스럽다는 것을 그들이 인정하는 곳에서 시작된다. 분명히 비그리스도인은 우리의 종교와 정치가 절대로 섞여서는 안 된다고 주장할 것이다. 하지만, 그들이 이런 주장을 하는 이유는 예수가 시민사회와 관계없기 때문이 아니라 그들이 그리스도인이 아니기 때문이다. 만약 우리가 죽임 당하신 어린 양이 "능력과 부와 지혜와 힘과 존귀와 영광과 찬송을 받으시기에 합당하도다!"계5:12, RSV라고 고백한다면, 우리는 십자가를 정치와 연관 짓는 것이다. 우리의 이웃가운데 많은 사람이 납득하지 못한다

하더라도, 우리가 그리스도에 관해 믿는 것이 무엇이든, 우리는 우리의 모든 행동에 적용해야 한다. 물론 인간이 불신앙을 가진다는 사실은 사회가 하나님의 법을 완전히 지키지 않을 것이라는 것을 의미하며, 그리하여 사회가 의에 미치지 못할 때, 하나님께서는 그럼에도 그의 영광에 대한 불복종을 어떻게 사용하실지를 아실 것이다. 하지만, 그것이 정치적 영역이든 그 외의 영역이든, 그리스도인들에게는 불신앙에서 나오는 낮은 수준의 행동을 정당화하고 변호할 이유가 없다.

로마서 13장 1-7절에서의 바울의 말, 즉 "권력"은 신성하게 승인된 것이라는 단언은 그리스도인이 국가가 무엇을 하더라도 비판할 근거가 없거나 혹은 국가가 그리스도인의 모임과 설교를 막지 않는 한 그런 비판을 인도할 기준이 없다고 말하도록 흔히 해석되어 왔다. 바울은 그렇게 말하지 않았다. 바울은 국가는 "선"을 위해 있으며4절, 국가가 "신중하게 이것을 끝까지 지킬" 때혹은 지키는 한 하나님의 종이라고 말했다.6절 이런 표현들은 모두 베드로전서 2장 13-17절의 유사한 언급과 함께, 모든 정부를 심판할 개인적인 통치자의 독단적 판단에 의존하지 않고 선과 올바른 질서의 기준이 있다는 것을 보여준다. 이것은 그리스도인들이 부정을 표현하는 것과 같은 종류의 폭력을 휘두름으로써 올바르지 못한 국가에 대해 항거하도록 허락하는 것이 아니다. 하지만, 그것은 우리에게 그것을 고발하기 위한 불의와 근거를 알려줄 기준을 마련해 준다.

실제로, 로마서의 그 구절은 단순히 더욱 빈번하게 언급되는 신약성서의 진리 가운데 하나의 적용이다. "그리스도는 주시다"예, 빌2:11; 고전 12:3는 고백이다. 이런 주인 되심은 오직 교회에만 적용되는 것이 아니다. 그리스도는 "모든 나라와 권세, 힘, 지배, 그리고 이름있는 모든 것 위에"엡1:21; 빌2:10; 고전15:27; 마28:18 높아진다. 이런 주인 되심은 세상이 알지 못하지만, 그럼에도 현실이다. 비성서적 용어를 사용하면, 그것은 때때로 개신교 전통이 하나님의 통치하시는 섭리라고 언급하는 것이다. 다른 반역하는 힘과 같이 국가는 독립적이고자 할 수 있으며 자신만의 주인이 될 것을 주장할 수 있지만, 그리스도인은 그런 주장이 그릇되며 그런 노력이 결국 실패할 것이라는 것을 안다. 실제로 국가는 반역한다. 하지만, 궁극적으로 국가는 그렇게 할 수 없으며 하나님의 목적의 성취의 확실성은 그리스도인이 이미 현 시대의 원리와 힘에게조차 선언하는 것이다.엡3:19 국가의 기독교적 시각을 논하는 것은 이 글의 목적이 아니다. 하지만, 그리스도가 지배한다는 사실에서 우리는 우리의 현재 목적에 충분한 결론을 이끌어 낼 수 있다. 만약 하나님의 오른손으로 지배하는 자가 예수 그리스도라면, 그리고 다른 신이나 다른 종류의 주인이 아니라면, 그런 통치의 목적과 결과, 그리고 기준은 다름 아닌 육체로 있는 동안 우리에게 나타나신 예수 그리스도이며, 그는 파멸시키는 것이 아니라 구원하고자 하시는 분이다. 그러므로 그의 통치 아래에서 국가는 생명을 파괴할 권리나 의무를 갖는다고 주장할 수는 없다.

초기 인간 사회에서 사형이 존재한 것은 하나님이나 사회가 처벌을 요구해서가 아니라, 보복의 실행을 제한하기 위한 시민 질서의 설립을 통하여 하나님이나 사회가 조치를 취했기 때문이었다는 것을 우리는 지켜보았다. 건강한 사회에서 기독교적 증언의 빛과 소금의 역할을 해야 하는 정식 절차는 이런 제한을 더욱 더 강화해야 한다. 이것은 서구 문명의 발전 속에서 실제로 일어났던 것이다. 법정은 피고인이 스스로를 방어할 권한을 보호했다. 증거의 법칙은 규정되어 왔다. 동일 범죄에 대해 두 번 처벌되는 것은 금지되었으며, 정상참작의 상황에는 무게가 실렸다. 사형에 처해야 할 범죄의 숫자가 급격하게 줄어들었다는 것은 이런 발전과 같은 맥락에 있다.

2백 년 전, 영국법은 사형을 화폐위조, 위조, 그리고 2파운드 정도의 가벼운 절도죄를 포함한 각각 다른 3백 가지의 범죄에 적용했다. 오늘날 영국에서는 오직 4개의 범죄만이 사형에 해당되며, 실제로는 오직 살인일 때만 사형이 집행된다. 1776년의 북미 식민지에는 사형에 해당되는 범죄가 10~18개 사이였다. 오늘날에는 국가마다 큰 차이가 있지만, 미국의 경우 오직 8개만이 사형에 해당하는 범죄이며, 그 8개 가운데 오직 살인만이 실제 사형으로 집행된다.남부지역에서는 흑인에 의한 강간이 사형에 포함됨 마찬가지로, 사형선고 숫자에 비례한 실제 사형집행 숫자는 눈에 띄게 급감했다.

다음 단계는 완전히 사형을 폐지하는 것이어야 한다고 결론짓는 것이 논리적이다. 이는 기독교적 신념에 부합해서일 뿐만 아니라, 민간 질서의 목적, 즉 범죄를 최소한으로 유지해야 하는 것과 부합하기 때문이다. 미국의 8개 주로드아일랜드, 미시간, 미네소타, 노스다코타, 위스콘신, 메인,(40년 이상) 알라스카,(1957년 이래) 델라웨어(1958년 이후) 그리고 수많은 다른 국가들이 사형제 폐지를 해 오고 있다. 영국은 1958년에 사형 집행을 유예했으며, 법조문을 통해서는 아직 완전히 폐지를 이루지는 못했다. 그리스도인과 다른 사람들은 이런 발걸음이 다른 곳에서도 취해져야 한다고 주장할 때는 그것에 반대하여 수많은 논쟁들이 발생한다. 그들 대부분은 더 이상 사회적 보복을 정당한 동기로 공언하지 않으며, 그리하여 그들은 원래 그 제도를 초래한 사람들과는 다른 이유로 사형제도의 유지를 주장한다. 하지만 이런 논쟁들은 직면해야만 한다.

## 억제로서의 사형제도

사형제도에 대한 가장 진지한 사회적 논의는 억제이론이다. 이 이론은 만약 범죄를 저지르려고 하는 사람이 어떤 처벌이 따라 올 것인가를 알게 된다면, 범죄에서 돌아설 것이라는 주장이다. 이것은 언뜻 보기에 그럴 듯해 보인다. 하지만 더 가까이에서 살펴본다면 기본적으로 이것에 오류가 있는 것이 보인다. 가장 주요한 오류는 살인이 속도위반과 같은 것이어서, 만약 잡힐 것이 확실하다면 일반 사람은 그 결과를 생각하여 그러지 않을 것이라는 가정이다. 하지만 살인자들은 정상적인 사람들이 아니다. 그들 대부분은 감정적 분출이나 완전히 정신이 나간 상태로 충동이 일어나서 아무 이유도 없이, 이후에 일어날 결과에 무게를 두지 않고 살인을 저지른다. 수많은 심리학적 연구가 이것을 분명히 보여준다. 사실 어떤 사례들은 균형 잡히지 않은 사람들이 스스로를 죽일 의지력의 부족으로 말미암아 자살의 간접적 수단으로서 살인을 저지르는 때도 있다는 기록이 있다. "난처한 입장"이 그저 게임의 모험 가운데 하나인 사람들에게 있어서 소수자들은 전문적 범죄자이다. 그들은 또한 합리적으로 체포를 피하는 것을 확신하거나 만약 잡히면 선고를 피하는 방법을 알며, 혹은 선고 되더라도 형의 집행을 피하는 것을 안다.

억제이론의 오류는 또한 통계적으로도 나타난다. 현재 몇몇 주는 수년 동안 사형 제도를 갖지 않고 있으며, 비슷한 인구와 교육, 경제적 수준을 가진 이웃하는 주를 정해 사형이 있는 주와 없는 주를 비교할 수가 있다. 로드아일랜드 주사형제도 없음는 이웃하는 주인 코네티컷과 매사추세츠사형제도 있음 주보다 전체 인구대비 계속하여 낮은 살인범죄율을 기록하고, 미시간 주사형제도 없음는 인디애나와 오하이오사형제도 있음보다 훨씬 나은 기록을 가졌다. 아울러 위스콘신 주사형제도 없음는 아이오와 및 미네소타사형제도 있음 주보다 더 좋은 기록이 있다. 만약 모든 주를 비교해 본다면, 미국의 살인범죄율은 사형이 없는 주보다 사형 제도를 가지며 강화시키는 주에서 2~3배나 높게 나타난다. 이것은 사형제도의 폐지가 범죄를 절반이나 감소시킬 것이라는 것을 증명하는 것은 결코 아니다. 하지만, 그것은 다른 고려들사회, 경제, 교육, 인종이 법이 요구하는 처벌의 종류보다 범죄를 억제하거나 장려하는 것에 더 관련 있다는 것을 증명한다.

비록 억제주장이 논리적인 듯하며 가장 흔히 사용된다고 해도, 억제주장은 현재의 법률 업무 뒤에 있는 진정한 동기를 서술하고 있지 않다. 만약 살인자들을 처형하는 목적이 잠재적인 살인자들에게 위협을 주어 더 나은 행동을 하도록 하는 것이라면, 처형은 그래왔던 것처럼 대중적이어야 하며, 처형수단은 가능한 한 고통스러워야 하고 모든 살인자가 처형될 것이라는 확실성은 절대적이어야 한다. 하지만, 지금의 추세는 이것과는 거리가 있다. 처형은 고통 없이 진행되며 거의 대중에게 알려지지 않거나 심지어 대중의 접근이 금지된다. 오랫동안 싱싱 감옥의 간수로 근무했던 루이스 로스Lewis E. Lawes는 살인죄가 선고된 50명 가운데 오직 한 명만이 실제로 처형된다고 가늠한다. 억제에 대한 주장이 사형을 유지하기 위한 이유로서 타당하게 호소될 수 없는 이유는, 그것이 실제 집행 속에서 적용을 결정하는 것이 아니기 때문이다. 그리고 비록 억제가 처음의 의도였다고 해도, 그런 처벌의 효과는 억제가 아니다.

## 처벌제도의 오류

정부의 민주적 개념 가운데 가장 위대한 가치 중 하나는 그것이 권위의 오용에 맞서 제어를 실행하는 것이다. 만약 폭군이 완전히 현명하고 선했다면, 폭군은 정부의 가장 효율적 형태가 되었을 것이라고 주장할 수 있다. 하지만, 그들이 무엇이든지 제어 아래 오류와 권위의 오용

가능성을 유지하려면 헌법, 선거, 그리고 상호견제와 균형을 갖는 것이 낫다.

만약 새로운 증거가 발견된다면 새로운 재판을 열 가능성과 더불어, 법정에서는 이런 제어가 고등법원에 항소할 가능성으로 행사된다. 이런 양쪽의 방식에서는 빈번하게 판결상의 오류들이 바로잡힌다. 하지만, 결코 바로잡힐 수 없으며 잘못된 죽음의 선고인 판결오류가 있다. 사실상 사형은 법정이 완전무결하며 모든 증거를 가짐을 상정한다. 이런 무결성과 전지가 가정되지 않는다면, 되돌릴 수 없는 판결을 가하는 것은 정당성이 없다. 하지만 이런 가정은 다름 아닌 정부 혹은 법적 실행의 영역에서 이루어지는 것이다. 사형제도의 유지를 옹호하는 것은 아직까지 라파예트Lafayette의 도전에 대답을 주지 못했다. "인간의 심판의 완전성이 나에게 입증될 때까지, 나는 사형제도의 폐지를 요구할 것이다."[33]

위증, 잘못된 신원파악, 편견을 가진 배심원, 혹은 잘못 해석된 상황 증거로 말미암아 실제로 얼마나 많은 선량한 사람이 법원명령에 의해 죽임을 당했는지를 아는 것은 불가능하다. 그런 사례의 본질 덕분에, 일단 희생자가 처형되면 그런 사례들을 사법적으로 재심하는 것은 거의 불가능하거나 유용하지 않다. 따라서 만약 그런 오류가 사람들에게 밝혀진다면, 그것은 몇몇 언론인이나 변호사의 사심 없는 호기심을 통

---

33) [편집자 주] 요더는 참고문헌을 제시하지 않았지만, "The Case Against the Death Penalty"에서 베도(Hugo Adam Bedau)는 이런 인용을 소개하면서 다음과 같이 언급한다. "그가 목격한 프랑스 혁명이 있은 지 여러 해 후에 1830년의 프랑스국민회의에게 말하면서 라파예트(Marquis de Lafayette)는 다음과 같이 언급했다. '인간의 판단의 오류성이 나를 입증시킬 때까지 나는 사형의 폐지를 주장할 것이다'"(American Civil Liberties Union, 1992, 다음의 온라인 웹사이트에서도 볼 수 있다. http://users.rcn.com/mwood/deathpen.html, 2011년 1월 1일에 조회됨). 베도는 자신의 인용에 대한 자료로서 다음의 책을 인용한다. 찰스 루커스(Charles Lucas), 『사형의 문제에 대한 프랑스입법의회의 논쟁보고』 Recueil des Débats des Assemblées Législatives de la France sur la Question de la Peine de Mort(Paris: 1831) pt. II, 32.

해서, 혹은 죄를 지은 사람의 차후 고백을 통해서 존재하게 된다. 그러므로 그런 갱생은 드물고, 선량한 사람이 처형당한 다른 사례가 얼마나 많이 밝혀지지 않은 채로 남아 있는지 아는 것은 불가능하다. 알려진 사례들은 여전히 수많은 글과 책으로 엮기에 충분하며, 가장 최근 사례는 제롬과 바바라 프랭크가 쓴 『무죄』Not Guilty라는 책이다. 처형당한 사람들 가운데 죄가 없는 사람들의 비율은 최대 5퍼센트로 추정된다.

사형을 옹호하는 사람들은 사법상의 그런 오심의 위험이 매우 경미할 뿐이라고 강하게 주장을 지속할 수도 있다. 그런 사례들의 실제 숫자는 5퍼센트 미만이라는 것도 사실이다. 하지만, 이런 문제에 대해 기독교는 사형제도의 바람직함이 어떤 오류의 최소한의 퍼센트를 넘어섰는지에 달려 있는 것인 양, 그 비율이 5퍼센트인지 혹은 0.5퍼센트인지에 대해 옥신각신해서는 안 된다. 그런 부당한 형 집행이 얼마나 자주 일어나는가는 문제가 되지 않는다. 비록 드문 일이라도 그런 집행이 일어나는 것은 사회가 오류를 범할 수 있는 한 결코 생명에 대해 절대적 권위를 주장해서는 안 되며 다시 되돌릴 수 없는 사람의 운명을 절대로 결정해서는 안 된다는 것을 충분히 증명하는 것이다. 법정은 할 수 있는 한 최선을 다해야 하며, 실수를 할 수 있다는 두려움을 벗어나 정의를 행하는 정상적 과정을 간섭해서는 안 된다. 하지만 이것은 오직 재검토와 새로운 증거를 위한 문이 항상 열려 있을 때만 확신을 가지고 행해질 수 있다. 사형제도의 폐지만이 이런 문을 열어 둘 수 있다.

사형이 항상 열려 있어야 할 문을 걸어 잠근다는 사실은 정의 그 자체의 시행에 수많은 바람직하지 않은 방조효과accessory effect를 가지며, 우리가 이미 발을 디딘 분명한 사실, 즉 정의의 오류가 교정될 수 없다는 것을 넘어선다. 살해 사례의 기소는 더욱 오래 걸리며 그로 말미암아 사형제를 폐지한 주보다 사형제를 유지하는 주에서 사회에 더욱 많은 비용적 부담을 주는데, 왜냐하면 피고는 온갖 수단을 강구하며 시도할 수 있는 법의 맹점을 파고들 것이기 때문이다. 만약 피고가 훌륭한 변호사들을 고용할만한 능력을 가졌다면, 거의 무제한적인 지연전술을 쓸 수 있다. 캘리포니아의 어떤 사건은 주에서 50만 불을 부담했으며 10년이 넘게 걸렸다. 사형제를 폐지한 주의 재판은 훨씬 짧고 비용도 절감되며, 아울러 감옥의 사형수 수감건물을 유지하지 않아도 되는 것과 항소 숫자가 줄어드는 경제적 이익은 말할 것도 없다.

게다가 어떤 상황에서는 사형제도의 존재가 실제로 정의의 실현을 방해할 수도 있다는 것이 드러났다. 배심원은 종종 단순히 그 범죄에 대해서 처벌이 너무 가혹하다고 느끼기 때문에 유죄혐의를 받는 사람에게 무죄를 선고하기도 한다. 몇 세기 동안이나 영국법은 위조죄, 화폐위조, 그리고 2파운드 이상의 절도에 대해서 교수형을 명했다. 그런 결과로, 이런 혐의를 선고받은 사람은 거의 없었으며 억압은 거의 불가능했다. 배심원이 그런 범죄로 사람을 교수형에 처하려 하지는 않기 때문에 위조범과 좀도둑은 처벌을 두려워하지 않았다. 처벌이 감형될 때, 그것은 다시 법을 강화시키게 되었다. 살인을 처벌함에 있어 이런 고려들을 얼마나 할지는 모르지만, 범죄와 처벌 간의 불균형이 그리 크지 않은 곳에서는, 어떤 경우에 있어서 법전에 명시된 사형의 존재가 배심원들이 본안사건에 따라서 어떤 사건을 재판할 기회를 증가시킬 수 있으리라고 주장될 수는 없다.

범죄자가 자신의 재력에 따라 형 집행을 늦추거나 심지어 피해갈 수도 있다는 것을 우리가 짚은 적이 있다. 로스는 사형이 집행된 사람은 항상 가난하고 인맥이 없는 사람들이라고 말한다.[34] 돈이 있거나 뒤를

---

34) [편집자 주] 요더는 여기서 자신의 인용자료를 언급하지 않지만, 로스(Lawes)가 다음의 책에서 유사한 언급을 한다. *Man's Judgment of Death*, 9-10.

봐줄 친구가 있는 사람은 자신의 사건이 법정에서 지체될 것과 주지사가 전기의자를 피해갈 훌륭한 기회를 마련해 놓을 것을 확신한다. 선고를 받은 50명 가운데 오직 한 명이 처형되는 이유가 이것이다.이것은 로스의 의견이며 다른 사람들은 100명 가운데 한 명이라고 추정한다 다른 49명의 죄수에게 유죄를 선고하려면 기소에 사용되는 시간과 납세자들의 돈만 허비되는 것이 아니다. 그 최종결과는 경제적으로, 사회적으로 힘이 있는 사람들을 위한 차별이다. 유사한 방식으로, 사형은 인종차별의 도구로서 남부의 주에서 사용된다. 강간으로 기소된 백인 남성에게는 실제로 사형이 결코 선고되지 않지만, 이에 반해 흑인에게는 흔히 사형이 선고된다.

## 기독교적 반응

우리는 그리스도인만을 위해서가 아니라 국가를 위해서 사형이 부당하다고 고려해야 할 기독교적 이유들을 검토했다. 우리는 더 나아가 사형을 유지하도록 하는 유일하고 진지한 논의의 불충분함을 살펴보았고, 이런 논의가 사실로 논박되었으며, 그것이 사형을 지속적으로 존재하도록 하려고 주장하는 실제 이유가 아니라는 것도 함께 살펴보았다. 이런 사실들이 그리스도인에게는 어떤 의미인가? 사형을 폐지한 8개 주뿐만 아니라, 여전히 사형제도가 법적으로 유효한 44개주 관할권이 있는 미국에서 특별히 이들은 무엇을 의미하는가? 이런 질문들은 문제가 대중의 관심의 대상이 될 때 그리스도인에게는 더욱 중요한 것이 된다. 1957년 알라스카와 1958년 델라웨어 주에서 대중의 관심이 발생했다. 1959년에는 12개 주 이상이 시도했으나 어느 주도 성공하지 못했다. 오하이오 주에서는 사형을 폐지하려는 시도가 주지사의 후원을 얻었다. 다른 주에서는예를 들면 인디아나 대중의 충분한 후원을 받지 못함에도 입법위원회의 후원을 얻었다. 이것은 그리스도인들이, 특히 언제 어디에서나 인간의 생명의 거룩함을 크게 존중한다고 고백하는 그리스도인들이 침묵함으로써, 그들로서는 이 문제에 대해 그들이 대표한다고 하는 주님께서 아무런 의견이 없다며 그들의 무관심을 증언하는 셈이된다.

우리가 주려고 하는 것이 이런 비국교도의 침묵의 증언인가? 그런 증언은 우리가 양심적으로 주님 앞에서 책임을 갖지 못하는 것이라는 것이 나의 신념이다. 만약 우리가 모든 무릎과 혀에서 그의 주되심을 고백한다면 우리는 믿어야만 하며, 아울러 만약 우리가 믿는다면, 우리는 죄인을 죽이는 것이 하위 기독교sub-Christian 사회에서 조차 하나님의 의지가 아니라는 것을 선포해야만 한다. 피터나 체스만의 사례에서처럼, 우리는 법을 만들고 행하는 사람들에게 실제적 증언을 해야만 하며, 그것을 자비를 간구하는 것에 맡기지 않아야 한다.

입법이 필요치 않다고 주장될 수도 있다. 매년 집행되는 사형은 줄고 있다. 수많은 주가 법으로 가진 사형을 5년, 10년, 혹은 그 이상이나 집행하고 있지 않다. 우리는 그것을 크게 문제 삼지 않으면서도 이런 추세가 지속되기를 바라는 것은 아닌가? 이 문제에 대해서는 좋은 답변이 있다. 먼저 한 가지 이유는, 그 법이 법률서에 있는 한, 휴면법dor-mant law이 다시 발효되기 위해 필요한 모든 것은 전쟁의 히스테리 혹은 커다란 정치적 위기 또는 어떤 잔인한 살인자에 대한 분개의 분위기이다. 게다가, 우리는 사형의 폐지로 인해 구원될 생명에만 관심 있는 것은 아니다. 1958년에는, 48명의 사형이 집행되었다. 만약 우리의 유일한 관심이 어떤 생명의 숫자를 살리는 것이었다면, 차라리 암 연구에 투자하는 것이 비슷한 재정과 노력의 소모로 볼 때 아마도 더 많은 생명을 살릴 것이다. 그러므로 그리스도인으로서 우리는 또한 원칙의 문제로서 그리스도의 주되심을 증언하는 데 관심을 가지며, 생명을 앗아가는 것이 국가의 신성한 임무가 아니라는 주장을 증명하는 데 관심을 갖는다. 만약 누구도 처형되지 않는다 하더라도특별히 남부, 뉴욕, 그리고 캘리포니아에서는 여전히 먼 얘기가 되겠지만 우리는 여전히 법률서에 명시된 그런 법의 존재에 대항하여 싸워야 한다.

수감전문가들은 여기에 공식적 폐지를 위한 또 다른 이유를 더한다. 그들은 사형제도의 존재가 감옥의 관리와 갱생의 수단을 심각하게 개선하는 데 어려움을 준다고 우리에게 전하는데, 이것이 교도소의 개선 문제에 대한 대중의 이해나 입법주의 관심을 왜곡시킨다.

실제로는 어떤 대가를 치르더라도 사형을 폐지하려고 강하게 캠페인을 벌이지 않는 한 가지 중요한 논의가 있다. 사형제도의 보유가 바람직하다는 것이 아니라 사형이라는 한 가지 이슈에 그들이 공격을 집중하는 것이 그 이유이며, 폐지론자들은 형법제도 속에 있는 다른 절실한 필요들을 외면하고자 한다. 주거시설, 죄수교육, 심리학적 치료방법, 그리고 가석방절차 및 갱생은 모두 대중과 전문가들의 관심을 필요로 한다. 사형선고를 종신형으로 바꿈으로는 그리 도움이 되지는 않을 것인데, 종신형은 사실상 죽음보다 더 고통스러울 수도 있다. 범죄자들을 다루는 데에는 오직 마음속의 깊은 변화만이 그들의 생명의 보존에 온전한 가치를 부여할 수 있다. 범죄자들의 질병이 정신적인 것 뿐 아니라 도덕적 문제이자, 그리스도의 온전한 구속사역의 일부라고 보는 그리스도인에게는 휴머니스트가 하는 것이 겨우 반사작용을 고치는 것으로 보일 뿐이다.

어떤 그리스도인은 처벌보다 치료와 갱생rehabilitation으로 범죄자를 다루는 것은 그들이 지은 죄의 도덕적 특성을 부인하는 것이며 그들의 죄가 병일뿐이라고 핑계 대는 것이라고 주장한다. 이것은 논점이 아니다. 문제는 도덕적 유죄가 있느냐는 것이 아니다. 도덕적 유죄는 존재한다. 문제는 범죄에 대한 그리스도인의 태도가 어떠해야 하는가이다. 만약 개인의 구원을 옹호하는 것보다 추상적인 도덕질서를 더 옹호하여 그로 말미암아 처벌을 옹호한다면, 이렇게 진행하려는 의지는 명백한 죄를 저지른 사람들에 대한 사람들의 태도에서 나타날 것이다.

처벌체계는 전반적으로 변화가 필요하다. 하지만, 그런 처벌체계는 가스실, 교수대, 전기의자를 유지하며, 보복적 사고방식과 더불어 이런 모든 문제에 대한 우리의 시각을 가릴 수 있는 국가의 절대적 권한을 요구한다. 범죄자를 보복적으로 대우하는 개념 때문에, 그리고 사형제도는 극단적인 표현이며 사형을 폐지하는 것은 상징적으로 국가를 약화시킬 것이라는 생각 때문에 많은 미국인 죄수의 생활조건과 갱생 효율성은 다른 유럽 국가들, 심지어 소련의 감옥보다도 뒤쳐진다.

그리스도인은 무엇을 해야 하는가? 먼저 우리는 잘 알아야 한다. 이런 주제에 대해 우리는 군대복무에 관한 주제만큼이나 충분히 생각해야만 한다. 우리는 이웃에게 의견을 내고 신문에 글을 쓰는 것으로 대중의 의견을 일깨우는 데 이바지해야 한다. 우리는 특히 폐지 법안이 고려될 때일수록 입법자들을 주시해야 한다. 우리는 지역적인 차원으로, 그리고 국가 및 교단적 차원으로 입법위원회, 회의 결의안, 혹은 다른 수단의 증언을 통해서 그들이 해 나가는 처리방법을 후원함으로 우리 교회의 리더십을 확인해야 한다. 이런 모든 노력을 기초로 정당화하며 가능하게 하면서, 우리가 "임금들과 높은 지위에 있는 모든 사람을 위하여 기도하라"딤전2:1-2, RSV고 배울 때, 그것은 우리가 마음속에 가져야 할 이런 구체적인 것들이라는 것을 우리 스스로에게 상기시켜야 한다. "고요하고 평안한 생활을 하려 함이라"2절는 그리스도인이 자신의 평온함에만 주로 관심을 가지라는 의미는 아니다. 이것은 정부의 목적이 사회에서 모든 폭력을 최소한으로 유지하는 것을 뜻한다. 우리의 땅과 우리의 날에 이런 신성한 명령을 증명하는 가장 좋은 방법 가운데 하나는 국가에게 인간의 생명 불가침을 선언하는 것이다.[35]

---

35) 사형 문제에 대한 연구는 사회질서에 대한 그리스도인의 증언의 폭넓은 맥락에서 보면, 인디아나 주 엘크하르트에 있는 연합메노나이트성서신학교의 메노나이트연구기관 아래 파트타임 과제로 행해질 수 있었다. 부가적인 도움은 다음의 학자들의 비판과 언급을 통해 받았으며, 저자는 이들에게 진심으로 고마움을 표한다. J. Lawrence Burkholder, Guy F. Hershberger, Cornelius J. Dyck, Otto Driedger, J. Maynard Hoover, and Maynard Shetler.

[편집자 주] 요더는 추가참고도서로 다음의 책들을 추천했다. *Capital Punishment*, Philadelphia's Prison Journal (Oct 1958)에 담겨진 과학적 연구; Arthur Koestler, *Reflections on Hanging*(New York: Macmillan, 1957); *Murder and the Penalty of Death*, Philadelphia's Annals of the American Academy of Political and Social Science(Nov 1952)의 과학적 연구; Giles Playfair and Derrick Sington, *The Offenders:* The Case Against Legal Vengeance; 그리고 the San Francisco Friends Committee on Legislation's popular level piece, *This Life We Take*(1965).

# 3장 사형제도와 정부에 대한 우리의 증언

*다음의 글은 벧엘 칼리지의 학생들과 교수진이 요더와 나눴던 토론을 축약시킨 것이다.[36]*

이런 그룹과 함께라면 내가 이미 소책자에 넣어 둔 것을 즉석에서 단순히 다시 재현하고자 하는 것은 어울리지 않을 것이다. 만약 여러분이 원한다면 그 소책자를 읽을 수도 있었을 것이다.[37] 난 단지 두 가지 배경을 지적하고자 한다. 그 중 하나는 어떤 것에 대해, 물론 사형제도가 하나의 사례가 될 수 있겠지만, 그리스도인이 정부에 발언권을 행사하는 것이 근본적 문제라는 것이다. 다른 문제는 더 협소한 성경적 본질에 관한 것이다.

## 하나님의 계획 속의 국가

우리의 비저항으로 말미암아 사람들은 우리에게 말하기를 "당신들은 정부에 참여할 수 없소"고 하며 우리는 "맞아요"라고 답한다. 기본적으로 우리의 제자도는 적어도 정부 경찰력의 주요한 책임과 부합되지 않았다는 것이 그런 태도였다. 그것이 옳다고 친다면, 우리가 할 수 없는 것을 그들이 어떻게 할 수 있는가에 대해 우리가 없는 곳에 있는

---

36) [편집자 주] 이 본문은 다음 책에서 출판된 원래 글의 일부이다. *The Mennonite* 78, no. 24 (June 1963): 390-94.
37) 이 책의 2장을 보라.

사람들에게 말하는 것이 우리에게 무슨 상관이란 말인가?

기독교회가 그리스도인으로서 이런 영역 속에서 할 수 있는 것이 아무 것도 없으며 이것을 하는 모든 사람이 모두 이교도라면, 우리가 말할 수 있는 것이 있는가? 물론 이런 가정들은 모두 문제가 있다. 그리스도인들 가운데는 정치적 책임의 자리에 있는 사람도 있으며 우리는 지금 완전히 그런 영역의 외부에 존재하지는 않는다. 하지만 가장 날카롭게 그 문제를 제기하고자 한다. 만약 우리가 주후 60년의 로마제국 혹은 1960년의 소련에 있는 작은 기독교 소수자라면, 우리는 이교 정부에 어떤 용건으로 발언해야만 하는가?

내 생각에는, 비록 그 권력자들이 모르고 있을지라도, 교회를 통한 세상의 구원을 위한 하나님의 계획 속에 그들이 분명히 자리하고 있다는 것이 신약의 대답이다. 우리는 그것을 안다. 이런 자리는 평화를 지키고 인류를 보존하는 것이다. 우리가 하지 않는다면 아무도 말하지 않을 것이다. 왜냐하면 우리가 정치적 질서라고 부르는 폭력의 상호작용의 구조 속에 있는 이 세상을 향한 하나님의 목적은 교회를 통해서 세상을 구원하는 것이라고 우리가 선포하기 때문에, 그들에게 말하는 것은 복음의 일부이다. 그리스도는 단순히 교회뿐 아니라 전 세계의 주님이시다. 기독교적 선포는 그리스도가 주님이라고 선언하는 것이다. 이것은 단순히 우리에게 자격을 주는 것만이 아니라, 신성한 의와 하나님의 궁극적 목적 속에서 사회질서의 자리에 대해 누군가에게 말하도록 우리에게 명령하는 것이다.

## 구약에서의 속죄와 보복

### 창세기 9장 6절에서의 속죄

구약이 사형을 명령하는지에 대한 두 번째 문제는 더 협소하지만,

유사한 방식이다. 초기 아나뱁티스트 고백서인 1527년의 "슐라이타임 고백"*Schleitheim Confession*에 따르면, 그 검은 "그리스도의 완전함의 외부에 있는" 행악자들을 심판하려고 하나님께서 임명하신 것이라고 말한다. [이런 주장은] 일반적인 세상과 구약의 율법 아래에서, [그 검]이 적절하다고 한다.38) 우리가 이해하기로 이것은 타락한 세상물론 교회는 아니다에서 어떤 종류의 폭력을 인가한다. 그것은 적어도 심판눈에는 눈과 이에는 이을 포함하며, 아마도 전 군사력의 작용을 내포하지만, 적어도 경찰의 기능과 처벌적 기능도 함께 포함한다. 이는 모든 이스라엘 백성을 위한 구약의 제정법모세의 법이나 더 이른 시기에 하나님이 노아에게 지시한 형태로 된 창세기 9장의 간략한 구절이 전 세계를 향한 윤리로 명령된 것 같은 방식으로 뒷받침되는 듯하다. 이런 구절들은 몇몇 유형의 사형을 마련해 주었으며, 그리하여 우리가 두 가지 단계를 가졌다고 하는 듯하다.

확실히 사형은 교회에서 죄인들을 다루는 방식이 아니다. 하지만 사형은 사회 질서 속에서 범죄자들을 다루는 누군가의 책임이며, 성서본문은 문자 그대로 다음과 같이 말한다. "다른 사람의 피를 흘리면 그 사람의 피도 흘릴 것이니."창9:6, NRSV 그리고 이것은 본문 논쟁성서구절의 의미를 이해의 한 부분으로 실제로 현재의 대화에 기여한다.

창세기의 구절에 우리가 근접할수록, 난 이 주제에 대해 말하는 구약의 다른 모든 것의 기초가 된다고 보며, 인간이 피를 흘리면 안 되는 이유와 만약 인간이 피를 흘릴 때 자신의 피도 흘려야 한다는 것은 도덕적이거나 정치적 이유가 아니라는 점이 분명해 진다. 그것은 사회 질서의 수준이나 혹은 옳고 그름의 수준을 지켜내는 것이 아니다. 왜냐하면 우리는 원시 문화 속에서 인간의 생명을 취하는 것은 도덕적 비난을 받지 않는다는 것을 알기 때문이다. 만약 우리가 인류학자들의 용어를

---

38) [편집자 주] 이요더의 인용은 *The Schleitheim Cofession*, 14의 번역에서 나왔다..

사용한다면 그것은 의식적 관심, "제의적" 관심이다.

인간의 피는 성스럽고 신성하다. 피는 희생제사에서 사용되기 때문에 하나님의 것이다. 이 피를 갖는 이는 오직 하나님이며 오직 그만이 피를 흘리게 할 수 있다. 만약 동물이 죽임을 당한다면, 오직 희생제에서만 죽임을 당할 수 있다. 원시 부족이나 초기 이스라엘에서는 세속적 도살이 존재하지 않았다. 동물이 죽임을 당할 때, 그 동물은 희생 제물이었고 피는 하나님께 속했으며, 그러고 나서 고기의 일부분은 가축을 가져온 사람에게 속했다.

우리는 이것을 여러 가지 면으로 볼 수 있는데, 본문에 더욱 다가갈수록 더 많은 것을 보게 된다. 하지만 이것은 사람이 소에 받혀 죽으면 소는 반드시 죽임을 당해야 한다는 사실에서 특별히 두드러진다. 그것은 도덕적 문제도, 정치적 문제도 아니다. 이는 의식적 관심이다. 피가 흐르는 곳에서는, 이유를 불문하고 죄인 측의 피가 흘러야만 한다.

때때로 우리는 적절한 것과 부적절한 것, 거룩한 것과 세속적인 것의 의미를 초월하여 단순히 생각하곤 한다. 아마도 우리는 그럴 것이다. 하지만, 만약 우리가 그렇다면, 거기에는 뭔가가 있기 때문이다. 그리고 의식의 타당한 의미는 어느 정도 복음에 들어맞는다. 그것은 인간이 사물의 신성한 질서를 거스르는 것이며 기술적 용어를 사용한다면 화해와 속죄 같은 것 희생을 통해서 다시금 도덕적 질서를 바로잡는 것을 필요로 한다. 왜 그런 것일까? 나는 설명할 수 없지만, 철학자로서, 종교역사가로서, 내가 아닌 다른 어떤 것처럼 말하자면 적어도 그것은 구약신앙의 전제 같아서, 오직 하나님만이 취할 수 있는 생명을 앗아감으로 당신이 하나님께서 마련하신 질서에 간섭하면, 창조질서는 뒤틀리게 되며 이를 바로잡으려면 희생을 부르게 된다. 즉, 살인자의 생명을 희생하는 것이다. 하지만, 살인자들은 형벌을 받게 되므로 처벌되지 않는다. 그들은 신성한 사물의 질서와 어긋났기 때문에 스스로를 희생한다.

이것은 또한 구약의 성전聖戰의 의미였다. 성전은 전쟁이 아니었다. 그것은 희생이었고 제의행위였으며 의례였다. 우리는 그것을 당신이 가지고 있든 아니든 전쟁의 문제와 관련지어선 안 된다.

그렇다면, 만약 내가 구약에는 우리에게 말해줄 어떤 것이 있다고 한다면 그것은 무슨 뜻일까? 그것은 지금 우리가 다루는 사형과 어떻게 연관되는가? 신약은 이런 모든 희생과 속죄의 의례질서가 의미 있고 적절하며, 하나님에 의해 드러났고 하나님이 요구하는 것이라고 언급한다. 하지만, 그리스도는 그것을 폐하셨다. 그는 십자가에서 자신을 희생하여 모든 희생을 끝내셨고 모든 의식을 종결지었다. 만약 우리가 의식을 초월할 수 있다면, 그것은 무엇이든지 그리스도에게 일어났던 것이물론 의식적인 언어이다 같은 문제를 다루는 예전 방식에서 우리를 자유롭게 했던 것이다. 우리는 각각의 인간을 인간으로 대하며 이웃 하나하나를 하나님 안에 거하는 이웃으로 대하고 그리스도가 그 안에 거하는 것처럼 대해야 한다.

## 모세법 속의 보복

이것은 속죄를 통해, 혹은 보복을 통해 도덕적 범죄를 다루는 것을 끝내는 것을 뜻한다. 구약에서 일어난 대부분의 사형은 속죄라기보다는 보복이었다. 처벌은 눈에는 눈, 이에는 이, 화상에는 화상, 칼에는 칼이것은 규정하는 보복도 아니고 우리가 언급했던 의식도 아니라 보복의 제한이다이라고 우리가 읽을 때, 눈 하나는 오직 눈 하나이어야만 한다는 것이다. 만약 어떤 사람이 훔쳤다면 당신은 그의 손을 자르지 않는다. 처벌은 범죄보다 더 커서는 안 된다.

처음 시작에서부터 모세법은 보복을 부르는 것보다는 보복을 제한

하는 것이었다. 이런 과정이 정상적으로 확대되어 그리스도의 시대에 그리스도의 복음이 더 큰 사회에 영향을 미쳤을 때, 우리가 인식했던 사형의 보복과 사형의 속죄가 끝나게 된다. 그러므로 우리는 단순히 "구약은 어떤 단계이며 여전히 통치를 위한 권리가 되고, 신약은 또 하나의 단계이며 우리를 위한 권리이다"라고 말하지 않는다. 우리는 "그리스도의 주되심의 타당성이 적용되어 그곳에서, 그 시간 속에서, 인간과 함께 일하시는 하나님의 과정 속에서, 구약의 의식은 통치를 위한 기준이 아니다"고 말한다.

이런 두 개의 문제구약이 보복이나 속죄를 요구한다는 것과 그리스도인이든 아니든 사람들이 정부에 이야기할 수 있는 일반적 질문는 우리가 서론에서 살펴볼 필요가 있는 유일한 문제이다. 하지만, 이 문제들은 실제로 어떤 의미에서는 핵심이 되는데, 모든 사회학적이고 범죄학적인 주장들은 사형에 반대하기 때문이다. 사형이 범죄율을 낮추는 데 아무런 효과를 보지 못하며 정의를 실현하는 데에 큰 걸림돌이 된다는 것은 잘 입증되어 왔다. 사형에 반대하는 수많은 상식과 사회적 논의가 존재한다. 따라서 당신의 문제는 우리가 과거에 그 문제에 대해서 소리를 낼 수 없었던 것과 혹은 하나님이 사형을 원하셨다고 생각했던 이유를 다루는 것이다.

### Q&A

**당신은 "눈에는 눈, 이에는 이"가 보복을 제한하기 위한 것이었다고 말한다. 유대인은 보복하지 않고 자신들 가운데 한 명의 위반을 허용했으리라고 보는가?**

내 요점은 그것이 아니다. 보복은 인간 본성뿐만 아니라 원시사회에도 내포되어 있다. 사실상, 이것을 수행하는 "제도"는 피의 복수때로 그렇게 번역 된다였다. 그것은 실제로 히브리어 단어 "구원자"누군가 죄를 지었을 때 도덕적 질서를 바로 잡는 자와 동일하다. 살인이 일어났을 때, 가서 타인을 살해해야 할 피의 복수의 책임은 보통 가장 가까운 친족이나 삼촌의 책임이다. 이것이 일반적 절차다. 하지만, 이런 절차는 오용되기 쉬운데 대개 하나의 살인을 바로잡고자 두 번의 살인이 발생하기 때문이다. 그래서 모세법은 여기서 실제로 기준을 잡아 범죄에 맞는 처벌로 제한하는 것이다.

이후 시간이 흐르면서 랍비식의 발전이 이루어졌다. 예를 들어, 처벌이 심해지지 않는 것에 대해 우려가 커졌으며, 예수 당시에 이르기까지 대부분의 처벌은 피해에 대한 재정적 지불보상으로 대체되었는데, 이것은 보복에 대한 예언자적 영향력이 항상 보복을 제한하려고 했다는 것을 보여주는 것이다. 그리고 예수도 이를 끝냈다. "도덕적 질서"가 다른 죽음이나 다른 고통을 부른다는 의미에서 이는 정의의 문제가 아니라 보복의 문제였다. 거기에 대해서는 어떤 정의나 도덕도 없었다.

**그러면 과잉보복은 어떻게 처리했는가? 누가 정의를 집행했나?**

그러고 나면 상대방이 시작하게 된다. 만약 처벌이 범죄보다 컸다면, 더 크고 많은 처벌눈덩이처럼 커지는 처벌이 있었는데, 실제로 어떤 사회에서는 이런 일들이 일어났다. 이런 불화들은 다음 세대로 이어진다. 그리하여 모세법은 "아니오, 우리는 판관을 가질 것이며 처벌은 범죄보다 커선 안 된다"고 말했다. 이것은 이런 일반적 동기에도 불구하고 치명적인 타격이었다. 가인의 후손들 이야기에서 특히 중요한 것은 죄가 의미하는 것의 첫 번째 장면이다. 그들은 첫 도시를 건설했으며 최초의 금속 도구와 같은 것을 제조했다. 그의 계보는 항상 7배로 되갚았다는 사실을 자랑하는 라멕으로 끝났다. 이것은 타락한 사회의 전형이다. 신약에서, 정확히 "7배"라는 수치는 그리스도인의 용서를 묘사하는 데 언급된다. 이것들은 극단적인 것으로, 정의는 그 사이 어딘가 존재한다. 순수한 정의는 없다고 해도 보복의 욕구와 속죄의 동기를 부여하는 의식을 제한하는 방법은 있다.

**만약 사회적이고 경험적인 증거가 당신이 암시하는 것처럼 설득력 있다면, 우리가 사회를 설득하는 것이 왜 이리 힘든가?**

두 가지로 설명할 수 있다. 먼저는 북미특별히 서부지역과 중서부지역에서 특별히 힘을 얻고 있다에서 구약에 대해 잘못 이해한 근본주의의 한 종류로서, 이들은 보복을 위한 신성한 명령이 존재한다고 실제로 믿는다. 다른 하나는 라멕의 시대에 그랬던 것처럼 마음속 깊은 정서적 감성이다. 그리고 이런 종류의 범죄가 있어왔으며, "이 사람은 그냥 그렇게 된 것이다!" 이것은 감성적이고 대체로 합리적불합리적인 것이 아니라이지만, 우리가 할 수 있는 유일한 것은 그 사람을 그러지 못하게 하는 것이라고 생각하는 우리의 보증을 거스르는 범죄에 대한 그저 본능적 반응이다.

우리가 존중해야 할 또 다른 이유가 있는데, 그것은 사형이 억지효과를 가진다는 관점이다. 이 관점은 이미 종신형을 받고 감옥에 들어가 있는 누군가는 탈옥을 시도하며 교도관을 죽이려 한다는 것으로, 왜냐하면 그는 잡혀도 더 잃을 것이 없고 탈출에 성공하면 모든 것을 얻기 때문이다. 그래서 교도관과 경찰은 종종 자신들이 생각하는 사형의 존속을 강요하기도 한다. 적어도 미국에서 하나의 주가 교도관과 경찰에 대한 범죄를 제외하고 사형을 폐지했다. 이제 그것을 이해할 수 있게 되었다. 나는 그곳에서 조차 증거가 입증된다고 믿지 않으므로 동의하지 않겠지만, 적어도 최소한 당신은 이 사람들을 이해한다. 그들은 사회가 부여한 지저분한 직업을 가졌으며 특별히 위협받는다고 느낀다. 그들을 안심시킬 수 있는 것은 도움이다.

**난 하나님의 정의가 사형이 집행되는 것을 요구한다고 들어 왔다. 당신이 말하는 것은 그리스도가 마지막 희생이기 때문에 이것이 유효하지 않다는 것인가?**

그것을 여러 가지 방법으로 말할 수 있다. 우리는 역사에서 시작하여 "하나님의 정의"는 우주의 질서를 회복시키기 위한 제의적 요구를 뜻하는 또 다른 말이라고 언급할 수 있다. 하지만 우리는 또한 이런 의식적 요구가 이루어졌다는 신약의 언급을 믿어야만 한다. 더 추상적인 다른 신학적 접근은 하나님의 정의를 우리에게 규명해 주시는 분은 그리스도철학자나 법적 명령이 아니라라고 말할 것이다. 성서는 하나님의 정의에 대해 무엇이라고 하는가? 성서는 하나님이 "신실하시고 용서하실 공의로우신 분"이라고 언급한다. 정의는 배상의 문제가 아니다. 인간의 정의는 배상의 문제이다. 하지만, 하나님의 정의는 정확히 그런 것이 아니다. 그것은 부분적으로 오역된 것이다. "정의"로 번역된 헬라어와 히브리어 단어는 이런 단어들이 지니는 전통적 고리 속에서 "의로움"으로 번역되는 것이 더 적절하다. 그리고 이들은 우리가 다른 사람에게 구하는 "눈에는 눈"이나 공평함, 혹은 중립성에 대한 어떤 것도 의미하지 않는다. 그것은 오히려 신실함, 신뢰성이다. "정의"에 더 가까운 단어는 "변함없는 자비"로 유사한 의미를 지닌 또 다른 히브리어 용어이다.

**항상 이런 보복의 제의적 기반을 성취할 필요는 없지 않은가? 나는 그들이 살인이 발생한 곳에 여러 개의 도피성을 가졌다고 본다.**

그렇다. 의도치 않은 살인이 일어났을 때를 위해 한 가지 예외가 있었다. 보복자에게서 보호받을 수 있는 어떤 장소들이 있었다. 하지만 이런 장소들은 다시 운영하는 레위인이 있었던 희생의 중심지였다는 사실은 이것이 의식적인 문제였다는 것을 논증하고 있다. 그 사람은 그 자리에 있는 제단과 제사장의 제의적 보호 아래 들어오게 되었다. 하지만, 하나 더 추가되어야 할 자격이 남아 있다. 그 살인이 의도적이었는지 아닌지의 여부에 대한 심사숙고가 시작된다.

**정부가 우리의 기대에 부응할 사회를 만들어 줄 것이라고 얼마만큼이나 기대할 수 있나?**

연결된 부분이 실로 명확하기 때문에 사형 문제는 훌륭한 보기가 된다. 다른 문제로는, 우리가 정부에게 소수자를 핍박하거나 인종차별을 강화하는 것이 잘못되었다고 말하는 것처럼 국가와 기독교적 도덕성에 요구하는 것 사이의 연결은 항상 그리 명확하지는 않다.

전통적으로 우리는 두 가지 가능성 사이에 갇혀 있다고 느껴왔다. 우리는 세상이 어떻게 돌아가야 할지 알려주는 교회의 전통과 관련된 청교도적인 사람소문자 p를 써서 청교도가 아니라 청교도적인 사람을 지칭하고 있다일 수도 있다. 당신이 패턴을 만든다. 이것은 제네바와 네덜란드 혹은 케이프 코드Cape Code 자치구에서 있을 수 있는 방법이며, 정부의 책임은 사회 전체가 기독교적 기준에 맞춰 살도록 하는 것이다. 우리가 믿는 이것은 틀렸다. 부분적으로는 그러려면 당신이 기독교적 기준을 낮추어야 하기 때문에 틀리며, 또한 사람들에게 기독교적 행동의 기초를 오해하게 했기 때문에 그릇된다. 그것은 사람들에게 당신이 그래야만 하기 때문에 그리스도인처럼 행동하라는 사고를 심어 준다. 이것은 후세의 사람들을 "엉망으로" 만든다.

또 다른 대안은 우리가 분명히 이원론한편에서는 기독교 윤리학, 즉 제자도, 비저항, 용서를, 다른 한편으로는 세상의 윤리학, 즉 눈에는 눈, 이에는 이, 사형, 전쟁을 가지고 양자 사이를 언급할 방법이 없다고 주장하는 것이다. 전통적으로 메노나이트는 당신이 이것이나 저것 가운데 하나를 선택해야 한다고 생각해 왔다. 우리가 청교도일수 없기 때문에 우리는 전체에서 물러나야만 한다.

내 신념은 이 양쪽 가능성 모두 틀렸다는 것이다. 신약은 단순히 우리가 적절한 것이 무엇인지, 인간이 무엇인지, 정직한 것이 무엇인지에 대해 사례별로 권위자들에게 말할 수 있다고 언급한다. 우리는 결코 이상적인 캔자스 주지사가 무엇과 같아야 할지그것은 적어도 캔자스 주에서는 용어상의 모순이다를 말할 수 없다. 이것이 용어상의 모순인 이유는 우리가 알 수 있는 유일한 이상은 하나님나라이기 때문이다. 인간이 폭동을 일으키는 곳에서는 우리가 그것을 가질 수 없다. 하지만, 우리가 할 수 있는 것은 정치인들에게 그들이 더 잘 할 수 있는 것을 하라고 말하는 것이다. 만약 그 주제에 대해 우리가 말하는 것을 우리가 잘 알고 그것이 현재 당면한 선택이라는 것을 확실히 안다면, 우리는 그에게 어떤 주제든 말할 수 있다. 만약 그가 모든 죄수의 목을 매단다면 우리는 "그러지 마시오!"라고 할 수 있다. 우리는 우리의 언어뿐 아니라 그의 언어로도 그것을 설명할 수 있을 것이다. 만약 그가 핵실험으로 대기를 오염시키면 우리는 "그러지 마시오!"라고 할 수 있다. 그리스도의 제자가 그러지 않기 때문이 아니라 총명한 정치인은 그러지 않을 것이기 때문이다.

따라서 우리는 사례마다 그 정치인에게 그가 더 정의롭고 더 총명할 수 있는 방식을 제안함으로써 정의할 수 있는 범죄definable offense를 거론한다. 우리에게는 사회가 우리의 신념에 따라 움직이도록 하는 완전한 양식을 가질 의무가 없다. 그런 양식을 갖는 것은 교회이다. 우리는 국가가 불신앙과 폭력, 증오의 표현 가운데 하나라는 사실을 받아들인다. 우리는 하나님이 그런 불신앙과 폭력 및 증오를 조화롭게 사용하신다는 것을 안다. 어떤 점에서 그것은 조금 덜 폭력적일 수도 있고, 덜 불신앙적이며, 덜 증오스럽다.

**당신은 어느 정도까지 국가가 하나님의 힘이라거나 혹은 하나님이 허락하셨다고 생각하는가?**

어느 정도까지냐고? 난 그게 한도의 문제라고는 보지 않는다. 즉, 그것은 하나님께서 정부가 하는 어떤 것들을 사용하시며 그가 사용하시지 못하는 다른 것들이 있다고 우리가 알고 있지 않다는 것이다. 따라서 정부가 어떤 것을 하든지 하나님은 그것을 사용하시지만, 정부는 결코 그것을 바로잡지 않는다. 하나님은 히틀러를 사용하시고, 스탈린을 사용하시며, 조지 워싱턴을 사용하시고, 아시리아를 사용하신다. 이사야 10장은 하나님이 이방 국가들의 잔인성을 얼마나 의미 있게 사용하시는지에 대해 분명하게 언급하는 구절 가운데 하나다. 하지만, 그것은 결코 이방국가들의 행위가 옳다는 뜻은 아니다. 만약 우리가 이 문제에 청교도처럼 달려든다면, 우리는 적절한 방식을 가져야 하며, 당신은 정부가 적절한 패턴에 부응하는지 여부를 측정한다. 로마서 13장은 그러지 않는다. 13장은 시저가 상대적으로 좋은 사람이기 때문에, 혹은 로마인이 최소한 제도를 가지고 있었기 때문에 하나님께서 그런 권력을 승인했다고 말하지 않는다. 그게 아니라, 13장은 그저 "어떤 통치자들이 있건 간에, 그들을 받아들이고 결코 그들에 대항하지 말라. 하나님께서 그의 목적에 따라 이방 통치자들을 사용하신다는 것을 너희는 믿어야 할 것이다"라고 말한다. 따라서 이 구절은 정부가 얼마나 좋고 나쁜지에 대한 언급이 아니다. 그것은 어떤 정부이든지 그들을 대하는 우리의 태도에 대한 언급이다.

**이 로마서 13장 구절 전체는 가끔 분리주의자의 태도-그들이 있는 어떤 방식이든 좋다-를 옹호하려고 사용되곤 한다. 이것이 조금 더 건설적이도록 할 방법이 있나?**

로마서 13장은 왜 그리스도인이 자신의 방식과 수단으로 국가에 항거하려 해서는 안 되는지를 설명한다. 하지만, 그리스도가 주님이라는 더 넓은 선언은 우리에게 이성이나 이유를 줄 뿐 아니라, 우리 사회의 잘못된 것에 대해 얘기할 권한을 주며, 우리 사회가 더 나아져야만 하며 또한 "그리스도의 제자로서 우리는 여전히 더 높은 곳을 향하지만, 정치인으로서의 당신은 최소한 이것을 훨씬 더 낫게 해야만 한다"고 말하는 것이다.

내가 생각하는 가장 좋은 예는 알제리에서 일했던 프랑스 친구가 나에게 알려준 것이다. 프랑스 경찰은 아무런 제한 없이, 어떤 영장 없이도 길거리에 지나가는 아무나 세워서는 그들에게 폭동에 관한 비밀정보를 얻고자 모든 종류의 물리적 학대를 하기 일쑤였다. 대부분의 사람은 아마도 무엇인가를 알았지만, 프랑스를 포함하여 어떤 법정에서도 이것은 정당한 법적 절차가 아니었으며 지극히 비인간적이고 불법적이었다. 그는 경찰에게 이렇게 묻지 않았다. "어떻게 그런 짓을 하고도 그리스도의 제자일 수가 있나?" 그 경찰은 그리스도의 제자가 되는 것에는 별 관심이 없었다. 하지만, 그 친구는 "자유와 평등, 우애의 이름으로 어떻게 그럴 수가 있는가?"라고 말했다. 물론 이것은 프랑스의 대리인으로서의 경찰의 문구였다.

이제 이것은 자유, 평등, 우애가 제자도 라는 것을 의미하지 않는다. 이런 것들은 심지어 존재하지도 않으며 신화이다. 하지만, 그것은 그들 스스로에게 헌신하는 이상의 용어로 우리가 정부당국에 얘기한다는 뜻이다. 우리는 "적어도 그 이상에 부응하라. 적어도 인간이 되어라, 최소한 품위를 지켜라"라고 말한다. 만약 그들이 우리가 만족하는 인간이 되고 품위를 지킬 것을 결정했다면 우리는 그들에게 말하지 않는다. 아니, 우리는 여전히 그들이 제자가 되어야 한다고 소망할 것이다. 만약 그들이 우리가 요구하는 만큼 품위를 지킨다면 우리는 그들이 더욱 품위를 지켜야 할 새로운 부분을 찾아 나설 것이다. 이교도의 세상에서 우리가 만족할 수준의 품위는 없다. 우리는 항상 더욱 나은 것을 요구한다. 그리고 실제로 우리는 품위를 요구하는 것이 아니라 제자도를 요구하며, 이것은 이기성의 단계 어딘가 높은 곳에 자리한다. 우리는 그들이 움직이고 인간이 되며 도덕적일 수 있는 유일한 길은 저 위에 있다고 모든 단계에 걸쳐 사람들에게 말할 권한이 있다.

**우리 정부를 보면 여기에는 우리가 보존하고자 하는 어떤 특성이 있고 그리 좋지 않은 것들도 보게 되지만, 공산주의에서는 그런 좋은 점을 보기 힘들다. 우리는 어떻게 하나님의 힘으로서 이것을 볼 수 있는가?**

로마 정부를 받아들이고자 하는 바울의 의지는 그가 보는 것과 그가 좋아 하는 것을 발견하는 것과는 아무런 관련이 없다. 로마는 그리스도를 못 박은 정부이자 아마도 바울 자신까지 십자가형에 처하려 했던 곳이다. 그가 로마서를 쓴 바로 다음 해에 그들은 로마에서 그리스도인을 살아있는 횃불로 만들어 버렸다. 그것은 우리가 사물을 승인하는 것과는 아무런 상관이 없다. 그것은 그저 그 자체이며 하나님이 사용하신다. 하나님은 우리가 독재자를 쫓아내는 데 우리의 시간을 사용하기를 원하시지 않는다.

우리는 명백히 어떤 선호도를 가진다. 비록 공산주의와 우리가 이 점을 중요하게 보는 것 사이의 차이가 오직 북미에서만 있을지라도 말이다. 브라질의 서민은 케네디에 대해 아는 것 때문에 차라리 흐루시초 프를 선택했다. 아마도 그 이유는 그들이 케네디에 대한 올바른 것들을 알지 못했기 때문일 것이다. 어떤 때에도, 그 차이점은 대다수 사람에게 흑과 백이 아닌 것처럼 우리에게도 그렇다. 비록 그렇다고 해도, 소련에서 그리스도인의 책임은 자신들의 정부를 위해 기도하는 것이며, 그 정부의 지배를 받으며, 그들이 할 수 있는 한 최선을 다하는 것이다. 그리고 소비에트 러시아에서 그리스도인의 책임은 그들이 그렇게 하도록 격려하는 것이며, 그들 중에서 배신자들 만들려 하지 않는 것이다.

**당신은 우리 메노나이트 선조들이 국가의 조건으로 말미암아 러시아와 다른 나라들을 떠난 것이 그릇되었다는 것인가?**

내가 생각하는 것은 국가에 대한 반란이 분명 잘못되었다는 것이다. 난 이민과 이것이 같은 문제라고는 생각하지 않는다. 물론 이민은 여전히 문제가 되지만, 어떤 이들은 또한 머물렀다. 만약 당신이 그들이 1870년 러시아의 징병을 피해 도망쳤다고 말한다면, 그것은 무책임하게 들릴 수 있다. 만약 그들이 미국의 평원을 복음화시키려고 간 것이라고 말한다면 그럴 듯하다. 하지만, 만약 그들이 봉기하여 말하기를 "우리는 이것에 대항할 것이다"라고 한다면, 나는 그것을 위한 이유가 아니라고 본다. 아울러 확실히 어떤 장소에서는 머무르는 것이 그리스도인의 임무가 되기도 한다. 난 현재 동독 그리스도인의 임무는 이민이 아니라고 본다. 이민하는 사람들은 책임을 제대로 다하지 않는 것이다. 그뿐만이 아니라 그들은 서구의 군사력에 복음을 혼합하려 한다.

# 4장. 사형제도에 반대하며: 웨인 하우스Wayne House와의 논쟁[39)]

## 서론: 내 임무의 형성과 내 프레젠테이션의 형성

내가 처음 사형이라는 주제를 접한 것은 30년도 더 된 일로, 당시 새로 만들어진 인디아나 주 엘크하트의 메노나이트 연구협회에서 나온 큰 연구과제의 한 부분이었다. 이것은 왜 우리가 이 문제에 대해 생각해야 하며, 국가가 하는 일에 대해 우리가 생각해야 할 것을 그리스도인에게 알려주는 근거이자 기준연구의 한 부분에 불과했다. 그때 이후 사형은 "처벌"correction에 관련된 사역이나 증언, 혹은 이런 문제들을 연구하는 사회과학에 직업적으로 참여하는 나의 특권이 되지도 않았지만, 그 문제의 중요성에 대한 내 신념은 퇴색하지 않았다.

따라서 워드 출판 시리즈의 편집자 버논 그라운즈Vernon Grounds가 마련해 준 기회에 나는 기꺼이 응했으며, 30년간이나 방치되었던 그 주제로 다시 돌아왔다. 내가 처음 『그리스도인과 사형제도』The Christian and Capital Punishment를 쓰고 난 이후 법학과 범죄학에서의 변화에 관한 백과사전적 서평에 착수할 수 없음을 나는 이 자리를 빌려 독자에게 알리고자 한다.[40)] 법은 변하고 다시 변하여 이로 말미암은 논쟁을 야기

---

39) [편집자 주] 이 "논쟁"은 타운홀 모임에서 격한 말투로 오고간 논쟁과 혼동되어선 안된다. 이 저자들은 이런 주제(사형을 지지하는 토론자들과 사형에 반대하는 요더)에 대한 자신들의 견해를 발표하도록 초청되었으며 서로에게 한 번씩 응답하도록 했다. 이 책에는 요더의 관점이 담긴 간략한 9개의 장만이 포함되어 있다. 토론자들의 자료는 남아있는 게 없으며, 토론자들의 특정한 주장에 대한 요더의 비판도 남아있지 않다.

한다. 사회과학연구는 내가 인용할 수 있는 것보다 여러 가지로 더욱 복잡해졌다.

이런 논쟁을 수년간 바라보면서 내가 깨달은 것은 시작할 적절한 장소가 없다는 것이다. 우리는 아무것도 없는 곳에서 시작하는 것이 아니다. 논쟁은 종종 만남 없이 서로에게 여러 가지 종류의 과거 흐름의 요구와 더불어 한창이었다. 자신들의 시각이 오직 "성서적"이라고 생각하는 사람들은 사회 과학이 시험할 필요가 있는 사실에 대해 공언되지 않은 추정을 만든다. 자신들의 시각이 순수하게 "과학적"이거나 인간적이라고 생각하는 다른 사람들은 "진실"이나 "선"이 무엇인지에 대한 공언되지 않은 철학적 혹은 종교적 추정을 만든다.

그러므로 어떤 이는 교과서로 시작하는 것처럼, 이런 기독교적 증언의 글을 초당파적 시작과 중립적 용어정의로 되돌아가려는 시도는 잘못이다. 나는 이 논쟁이 이미 진행 중이라는 사실을 받아들여야만 하며, 내 자신은 이미 도중에 형성된 형태 속에 들어가야 한다.

따라서 이 글은 단순히 간단한 장단점 논쟁의 한 "편"을 언급할 수는 없다. 이 글은 그 논쟁의 다른 면이 대부분 진실 되지만, 어떤 때에는 기만적으로 어떻게 촉진되어 왔는지를 고려해야 한다. 그렇게 할 때 물론 나는 옹호자일 것이다. 내가 쓰는 것과 상반되는 형태의 인식과 함께 이 책이 대화로서 펼쳐지는 것이 어떻겠느냐는 요청을 받았다. 이런 양극의 구조는 여러 가지로 독자들에게 오해를 불러일으킬 수 있다.

1. 2개 이상의 입장이 존재한다. 사형에 반대하는 분명히 기독교적이지 않은 주장들이 많이 있다. 내가 이것을 소홀히 하는 이유는 특별히

---

40) [편집자 주] 요더가 여기서 언급하는 것은 이 책의 2장으로 출판된 그의 1961년도 소책자를 지칭한다.

우리의 세속적, 민주적 배경에서 그들이 가치가 없어서가 아니라 그들의 신학적 기초가 분명하지 않기 때문이다. 이 양 극단 사이에는 세련된 "그래요, 하지만…" 혹은 "아니오, 그렇지만…"의 태도가 걸쳐져 있다. 결코 극단적 태도만이 진실성을 갖는 것이 아니다. 그래서 양극단의 "논쟁" 형태는 부분적으로 오해될 수 있다. 법적으로 사형의 존속을 바라는 이들도 사형을 모든 가능한 사형범죄나 혹은 그런 모든 범죄자에게 적용하는 것을 원하지 않는다.

2. 비록 내가 옹호자이긴 하지만, 내가 보고하려고 하는 많은 것들은 편견의 산물이 아니다. 많은 시간을 들여 나는 문헌을 언급해야만 하고, "형세"lay of the land를 보고해야만 하며, 논쟁의 역사를 평론해야 할뿐더러 상대적으로 객관적인 기록자의 방식으로 다른 사람의 관점을 조사해야 한다. 나는 내 주장의 전부가 아니라 배경을 제공할 것이다.

3. 때때로 나는 몇 개의 구체적 관점을, 특별히 성서해석에서 그릇된 해석을 낳아 온 전통에 특별한 관심을 둘 것이다. 그런 점들은 내가 하우스 교수와의 첫 번째 사례에서가 아니라 우리 문화의 전통과 수많은 논쟁방법의 넓은 흐름에 따라 논쟁하게 될 것이다.[41] 종종 그것을 사용하는 사람들이 의미론적 문제를 모를 때가 있지만, 몇 번이고 나는 주어진 단어가 가지는 여러 가지 다른 다양성을 나열함으로 대화의 과정을 분명하게 하려고 한다. 논쟁은 우리에게 법적이고 제도적인 용어로 요약되어 왔다. 비록 역사나 성서에서 항상 사례를 찾을 수 있는 것

---

41) 성서학적 용어로서 그 논쟁에 대한 수많은 기여 가운데, 베일리(Lloyd R. Bailey)의 공헌 (Capital Punishment: What the Bible says)은 사형의 존속을 위한 가장 강력한 최근의 사례이다. 내가 그것을 넌지시 내비칠 때는, 더 오래된 다른 참고문헌을 필요로 하지 않으려 한다.

은 아니지만, 사형제도는 정부가 할 수 있는 어떤 것이다. 그러므로 우리의 논쟁은 법적 날카로움을 가져야만 한다. 하지만, 그것은 유일하거나 주로 법적인 것이 되어선 안 된다. 법적 살인이라는 개념에서 기독교적 혐오감은 법률을 비평하는 모양새를 취하기 이전에 영적 경험과 하나님의 사랑에 대한 은혜로운 반응에 뿌리를 둔다. 먼저 어떻게그리고 왜! 하나님이 우리의 범죄를 다루시는지 묻지 않고 사회가 죄수들을 다루는지 논하는 것은 도리를 벗어난 것이다. 기독교적 동정심으로 자신의 아이를 죽인 사람을 용서하고 제도로서의 사형을 거부한 완다 렘펠 Wanda Rempel이나 마리에타 이거Marietta Yeager는 복음에 걸맞은 시각과 관여의 질서를 구현한다. 그러므로 사과와 더불어 이의를 조금 제기하면서, 내가 쓰려고 하는 대부분의 것은 법적 수준에서 존속지지자들의 논쟁과 접할 것이다.

아무것도 없는 곳에서 다시 시작할 수 있는 개념보다는 여전히 더 오해의 여지가 있는 논쟁형태의 그림이 널리 받아들여진다. 이 그림은 널리 알려져서 나는 공개적으로 그것을 밝히고 따로 떼어두어야만 한다. 사형을 지지하는 것이 성서를 존중하는 것이거나 혹은 역사적 기독교를 존중하는 것과 직접적 관련이 있다는 것, 그리고 낙태 지지가 불신앙의 한 부분이고, 전통을 무시하는 것이며, 혹은 "휴머니즘"이나 "자유주의"라는 것이 그것이다. 명백히 어떤 사람들은 고정 관념화된 이원론의 양 "측면"에 있지만, 이것은 문제의 역사를 정당히 묘사하거나 여기서 옹호 받는 관점을 묘사하지는 못한다.

이 연구는 사형제도에 불리하게 간주되는 "인간"과 사회과학적 고려들을 상세하게 조사하지는 않는다. 내가 그것들이 타당하지 않다고 생각하기 때문이 아니다. 다원적 사회에서 그런 논쟁은 존중되어야만 한다. 사물의 본질이나 기록된 경험에 근거를 둔 논쟁은 계시에서 나온 논쟁과는 궁극적으로 상충될 수 없다. 그럼에도, 난 그것을 여기서 심각하게 다루지 않는다. 그렇게 하는 이유는 그들이 문헌 속에서 이미 충분하게 표현되었기 때문이고, 사형이 "성서적"이라는 것을 믿는 몇몇 사람이 그런 일반적인 인간적 논쟁에 열려있지 않기 때문이며, 구체적으로 내가 가진 가장 근본적인 증언의 기독교적 기초를 강조하려 하기 때문이다.

성서의 언어에 관한 어떤 자세한 사항과 더불어 유명한 문헌들 속에서 그리 쉽게 바라 볼 수 없었던 고전 본문들을 읽을 올바른 방법에 힘써야 한다. 나는 이것을 이해하기 쉽도록 하려 하지만, 그런 사항들을 자세히 연구하는 사람들의 전문지식에 결례를 범하지는 않을 것이다.[42]

### 1부: 그 논의는 어디에 서 있는가?

나는 이미 사형의 사회적 제도와 같은 주제를 다룰 적절한 장소에서 있는 사람은 아무도 없다는 것을 지적했다. 마치 모든 정신이 객관

---

42) [편집자 주] 원래의 글이 써질 당시에, 요더는 사형에 관한 그의 초기 저작들의 출판을 도왔던 사람들의 이름을 밝히지 않고 감사를 표했는데, 그들은 이 책에 또한 포함되었으며 요더가 계속 대부분의 남성 대명사를 사용하는 것을 설명한다. 우리는 이 책의 주요 본문에 후기의 설명을 넣지는 않았는데, 왜냐하면 우리는 모든 요더의 에세이가 요더 자신의 일생 후반기에서 점점 빈번하게 사용하기 시작했던 성-포괄적인(gender-inclusive) 일련의 언어에 따르기 때문이다. 원래의 본문은 다음과 같이 읽을 수 있다. "도덕적 사유자들은 우리의 언어 속에 지어진 성차별주의의 증가로 말미암아 초래된 언어 구사 속에서의 변화에서 벗어나지 않는다. 여기서 내가 가능한 한 많이 시도하려고 하는 것은 일상적으로 사용되는 성편향(the gender tilt)을 줄이는 것이다. 하지만, "그, 혹은 그녀"라고 항상 말해야만 하는 어색함 혹은 "그들"이라는 비문법적 단수로 재구분하는 것은 언제나 필요한 것은 아닌 것 같다. 범죄자들에게나 혹은 범죄자들의 생명을 빼앗는 자들에게나, 현실은 우리가 일상적으로 '그 혹은 그녀'라고 말하는 것을 요구하지 않는다. 결국, 이것은 젠더프리([역주] gender-free, 성에 의한 제약을 배제하는 것) 접근이 관련된 영역이 아니다. 사형집행자는 남자이며, 그들이 집행하는 거의 모든 사람도 남자이며, 그들이 영구화하는 권력구조는 마초(macho)이다. 전반적인 교정사업에 대한 페미니스트적 비판은 우리 연구를 상당히 부유하게 하지만, 또한 우리 연구를 공식적 프로젝트의 범위와 저자의 능력을 넘어서게 한다."

적으로 열려있는 것처럼, 마치 그들이 이미 편견없이 논쟁을 제시하는 것인 양 그 용어들을 정의함으로, 이것은 사람이 "아무것도 없는 곳에서부터" 시작할 수 있는 주제는 아니다.

우리가 어떤 중립적 시작점에서 시작할 수 없다는 말은 단순히 법과 제도를 포함하는 어떤 영역에는 장구한 역사와 방대한 문헌이 있다는 분명한 사실에만 관심을 가진다는 것이 아니다. 그것은 분명히 이 연구의 주제에서 또한 사실이다. 그 논쟁은 수세기 동안이나 지속되어 왔다. 매카퍼티McCafeerty, 비더Bedau, 그리고 반 덴 하그van den Haag의 글이 곧잘 하는 것처럼, 이 방대한 논의를 조사하기 위한 시도는 없었다.43) 진지한 독자라면 이 책이 말하는 것에 결코 만족하지는 않을 것이다. 이 책은 법률, 문화역사, 그리고 다른 나라의 다양한 법적 전통 혹은 미국 내의 다양한 주를 다룬다.

내가 대화를 시작할만한 장소를 찾기가 불가능하다는 것을 언급할 때는, 이보다 더 많은 것을 의미한다. 우리의 주제는 본질상 오해의 소지가 많다. 어떤 사람들이 죽임당하는 방식으로 사회가 조직화될 때양심을 가지고 사회의 이름으로상황은 굉장히 특별한 종류의 제도를 만들어 낸다. 그 사례의 본질에 의해, 그런 제도는 평범한 법칙에 따라 운영되지 않는다. 비록 우리가 굉장히 단순한 사회를 꿈꾸고자 해도, 혹은 인류학자나 고고학자가 한 가지를 캐낸다고 해도, 어떤 구성원을 파괴할 기준이 되는 제도적 방편을 만들 사회적 조직을 꾀하는 것은 굉장히 복잡하고 기본적인 문제로, 부여잡기에는 그것이 너무도 어려운 일이다.

---

43) 베다우(Hugo A. Bedau), *The Death Penalty in America*, 3d ed., and *Death Is Different: Studies in the Morality, Law, and Politics of Capital Punishment*; 매카러피(James M. McCafferty), ed., *Capital Punishment*(New York: Aldine, 1972; Lieber-Atherton, 1973); and 하그(Ernest van den Haag)와 콘라드(John P. Conrad), *The Death Penalty: A Debate*.

## 공인된 이유 vs 실제 이유

겉보기에는 범죄자들을 죽이는 과정에 대한 이유가 분명하지 않다. 왜 사람들이 그런 일을 하는지를 특별히 어떤 사람들을 죽이는 것과 같은 예외적인 행동을 할 때 말하는 것은 그들이 그것을 행하는 실제적 이유가 아니다. 나중에 우리가 볼 것이지만, 인류학적 철학자 르네 지라르Rene Girard는 사실 특별한 형태의 힘이 존재하면서 작용한다는 것을 발견했다고 주장했는데, 이것은 사회가 그들 문화의 생존이 여기에 달려 있다고 믿는 피 흘림을 위한 실제 원인을 외면하도록 한다. 사회는 사회의 시인과 극작가들, 성직자들과 현자들을 통해 사회질서의 근간에 원시적 보복이 깔려있다고 스스로를 속인다. 지라르는 그의 역사읽기를 통해 도전을 받았지만, 왜 사회가 살인을 계속하는지에 대해 우리가 스스로를 속이며 모순적인 설명을 한다는 점에서 분명 옳았다. 우리는 종교적이건 다른 것이건 그러한 이유의 넓은 개관으로 적절히 시작할 필요가 있다.

누구든지 자기가 생각한 것이 성서가 말하는 것이라고 이해한다면, 자기도 모르는 전제들이 항상 있게 된다. 이런 가정들 가운데 일부는 "상식"이라 부르는 것들이다. 이들은 우리 생활 속에서 경험하고 책을 읽는 것으로는 검토되지 않는 "유리"이다. 어떤 이들은 오직 성서에만 귀를 열어두는 것이야 말로 그들이 쓰고 있는 문화적 안경에 대해 가장 천진스레 스스로를 속이는 것일 수도 있다고 진심으로 믿는다. 이것은 어떤 문제의 양쪽에서 다 일어날 수 있으며 실제로 일어난다.

어떤 이들은 이런 무조건적 가정을 파헤쳐야 할 "신화"로 말할 수도 있겠다. 하지만, 어떤 때에 "신화"는 어떤 것이 옳다고 말하는 비유적 방법일 수 있지만, 반면 우리가 여기서 다루는 것은 사실의 문제에 대해 잘못 이해하는 것이거나 논리적으로 논란의 여지가 있는 이해이다.

이런 가정들은 사회과학이 시험할 수 있는 사실의 문제에 대한 아마추어적 이상이다. 이것의 가장 단순한 보기는 처벌이 범죄를 예방하며, 더 강한 처벌이 더 효과적으로 범죄를 예방한다고 널리 퍼진 가정이다. 아더 세스틀러Arthur Koestler는 1800년의 영국에서 어떻게 10살짜리 소년이 우편물을 훔쳤다는 이유로 교수형에 처해졌는지를 보여준다. 담당 판사는 "소년이 그런 죄를 짓고도 처벌을 받지 않으면 세상에 무한한 위험이 퍼져나갈 것"이라는 이유로 그 행위를 정당화했다.[44]

그 판사는 사형이 범죄를 예방한다는 것을 자명한 사실로 받아들였다. 사형이 사람들에게 똑같은 처벌의 공포를 줌으로써 같은 짓을 못하게 한다는 것이다.[45] 여러 방법으로 이런 관념을 시험하기에 앞서, 우리는 먼저 가장 기본적 오해들을 불식시키는 것으로 시작해야 한다.

만약 우리가 고대 본문을 제대로 이해하고자 한다면, 우리는 그 무언의 가정들을 표면화하고 그것들을 시험해야 할 필요가 있다. 만약 우리가 읽는 그 본문이 우리의 "성서"라면, 즉 그 언급이 우리에게 권위를 가지는 것이라면, 우리는 우리의 현대 "안경"에 더욱 비평적이어야 할 것이다. 우리 문화는 고대근동의 문화와 많이 떨어져 있다. 만약 우리가 그 거리를 이해하지 못한다면, 성서를 "제대로" 알려는 우리의 노력은 오해로 이어질 것이다. 창세기나 신명기의 몇몇 구절 속에 깔려있는 고대문화의 사고에 따라 살인자를 죽이는 것은 위에서 언급한 그 영

---

44) 케스트러(Arthur Koestler), *Reflections on Hanging*, 14. 영국의 수석재판관 엘렌보로(Lord Ellenborough)는 1810년에 상원의사당에서 좀도둑질에 사형을 내리는 것을 반대하며 다음과 같이 말했다. "이 법을 폐지하라. 그리고 나는 무제한적 규모로 약탈자들을 즉시 교도소에 수감해야 한다고 믿는다. 이 법을 폐지하고 그 대조를 보라. 아무도 걱정 없이 한 시간 동안 집밖으로 나와 안심할 수는 없다. 그가 돌아 왔을 때, 몹쓸 도둑이 그의 재산의 모든 흔적을 쓸어버릴 것이다." 에셸만(Byron E. Eshelman), *Death Row Chaplain*, 31에서 인용.
45) 억제시키는 것은 문자 그대로 "겁먹게 하는 것"이며, 두려움으로 말미암아 못하게 하는 것이다. 이 단어는 이후의 페이지에서 더 적절한 의미로 사용된다. 하지만, 어떤 이에게 "억제하는 것"은 단순히 "예방한다"는 의미가 있다. 만약 죄를 지은이가 죽임을 당하면, 분명 그 사람은 다시 죽이지 않을 것이다. 그렇지만, 그것에 해당하는 단어는 "예방"이어야 한다.

국판사가 폭력을 행사하는 방식에 대해 추정한 것과는 다르다[46]

근대적 혹은 중세적 가정들이 가진 그 나름의 화면을 보지 않고는 우리가 성서 본문이 분명히 말하게 할 수는 없다. 이런 "화면을 바라보기" 혹은 "덤불제거하기"는 여러 가지 부분이 있을 것이다. 우리는 아마도 내가 여기서 제안하는 것처럼, 과거의 것들을 처벌함으로 앞으로의 범죄를 예방할 수 있다고 무비판적으로 "당연시 하는" 생각의 수준에서 그 문제들을 다룰 것이다. 그런 "억제"는 이미 그 문제가 정착되었다고 생각하는 대부분 사람의 머릿속에 있는 근원적 이유이다. 가까이에서 볼수록 우리는 그 가정의 오류가 여러 가지 측면이 있다는 것을 알게 될 것이다.

1. 억제는 원시 문화에서 피에는 피로 갚는 명령에 대한 기초가 아니었다. 그런 문화가 요구하는 것이 보복인지, 속죄인지 혹은 다른 것인지를 주장할 수 있다. 르네 지라르와 함께 우리는 그것을 "모방 욕구"mimetic desire라고 부른다. 우리가 구약의 본문 몇 구절을 가까이서 볼 때는, "의식적"인 것과 "법" 사이의 구체적 차이를 알게 될 것이다. 수많은 접근방식이 도움이 되어 오직 하나만 고를 필요는 없다. 하지만 고대 사실이나 고대 본문과 맞지 않는 것은 '만약 우리가 X를 저지르는 것에 대해 죽음으로 사람들을 위협한다면 사람들은 이성적이 되어 X를 저지르지 않을 것' 이라는 형태의 근대적, 실용적 이성주의이다.

사형의 고대기원에서 문화적으로 실제로 일어나는 것은 현저하게 다르다. 중요한 것은 살인자를 죽이는 것이 우주적 도덕질서의 종류를 회복시킨다는 관념이었다. 만약 우리가 오늘날 어떤 유형의 우주적 질

---

46) 베일리(Lloyd R. Bailey)는 억제가 모세의 법률에서의 동기가 아니라고 주장한다. *Capital Punishment*, 31쪽과 52.

서를 믿는다면, 우리는 고대의 사례에 항의할 논리적 권한을 가진 것이다. 그런 연결 속에서, 우리는 어떻게 모세의 책들을 읽을 것인가의 문제에 더 접근할 것이다. 하지만, 고대 세계관이 지속시키지 못하는 한 가지는 바로 억제이론이다.

2. 억제는 효과가 없다. 아더 쾨스틀러가Arthur Koestler 쓴 『피에 굶주린 영국』에서처럼, 위협이 불합리하게 불균형했던 때조차 위협은 억제효과를 발휘하지 못했다. 1800년경의 영국에서 좀도둑질이 교수형을 받을 때도, 좀도둑질은 계속되어 교수형을 받는 사람들의 숫자는 줄지 않았다. 우리처럼, 수많은 대표적 인간은1800년 영국에서의 좀도둑질과 1991년 미국에서의 마약거래상을 포함하여 해로운 행동을 하는 사람에게 고통의 위협을 증가시키는 것이 예방효과가 있을 것이라는 방식인, 이성적으로 예상되는 비용이익 트레이드오프cost-benefit trade-offs를 최대화함으로 자신들의 삶을 살지는 않는다. 우리 결정의 대부분특히 범법행위은 비용이익을 계산하는 컴퓨터와 같이 내려지지 않는다.[47]

현대의 사형범죄에서도 억제는 "효과"를 제대로 발휘하지 못한다. 돈을 훔치는 것이나 마약을 파는 것은 그럴 수 있지만, 살인은 일반적이고 이성적이고, 목표 지향적이며 비용 효율적인 인간의 행동이 아니다. 사람들은 이성적 과정이나 값을 지불할 계산 없이, 그 당시 감정에 휩싸이거나 혹은 완전히 광분하여 살인을 저지르게 된다. 사실상 어떤 때는 자살하려는 의지가 부족한 균형 잡히지 않은 사람들이 자살의 간접적 수단으로 사형을 받으려고 살인을 저지른다는 기록도 있다.[48]

---

47) "결국 최근의 사형수에 대해, 나는 사형이 억제시키는 유일한 사람들은 어떻게든 사람을 죽이려 하지 않는 사람이라고 믿게 되었다." Eshelman, *Death Row Chaplain*, 220.
48) "[로버트는] 자신이 살려고 하지 않는다고 판단했지만, 자신이 스스로를 죽이지 못할 것이라는 것을 알았다. 사형집행에 관한 낭독을 마친 후, 만약 그가 누군가를 죽였다면 국가가 그의 생명을 대신하여 앗아가야 한다는 생각이 그에게 미쳤다. 이런 사형의 특

살인을 저지르는 사람들의 주요한 다른 범주는 범죄의 세상 속에서 집에 있는 사람들로서, 그들에게 처벌의 위험은 게임에 양념을 첨가하는 위험에 불과하다. 그들이 사는 우리 사회는 체포될 가능성이 별로 없으며, 만약 잡히더라도 유죄가 선고되지 않으며, 유죄가 선고된다고 해도 사형을 당하지는 않는 곳이다.

지금까지 우리는 억제가 "효과"가 있을지에 대해 상식적으로 살펴보았다. 그 이론을 시험하는 또 다른 방법은 통계학이다. 사회학자 셀린Thorsten Sellin은 사형제도가 있거나 없는 비슷한 인구가 사는 주들의 기록을 비교하여 이런 연구를 해 온 선구자이다. 로드아일랜드 주사형제도 없음는 코네티컷 주와 매사추세츠 주있음보다 범죄율은 더 낮았으며 위스콘신 주없음는 아이오와 주와 미네소타 주있음보다 더 범죄율이 낮았다. 만약 모든 주를 비교한다면, 사형이 없는 주보다는 사형제를 유지하는그리고 정기적으로 강요하는 주에서 살인범죄율은 2배 이상 높게 나타난다.49)

정한 부작용은 … 모든 주의 깊은 연구 속에 드러났으며 … 의식적으로, 하지만, 더욱 무의식적으로, 정신적 표류가 국가를 자살을 위한 수단으로 사용한다." Eshelman, 127. "나는 어린 시절의 형태를 갖추기 시작하는 증상으로서 그들의 범죄행위를 추적하기 시작했다 … 그들은 정상적 삶을 이끌 기회를 가졌던 것일까 그런 범죄자들은 그들의 초기의 훈련에 대응할 온전한 자유의지를 가진다고 추정될 때문, 정서적 곡예는 보복적 처벌과 사형을 위한 제안이 되는 합리적 사례가 될 수 있다. 만약 이것이 가정되지 않으면, 기초는 사형을 지지하는 모든 주장 아래 부서지고 만다." Eshelman, 62.
49) 셀린의 각 주별 비교연구는 1950년대에 실시되었으며 1980년대에 업데이트되었다. 법률의 개정과 주 법원의 관행에 따라 증거는 계속 변화된다(어떤 주들은 법전에 사형이 명시되어 있지만, 집행은 하지 않는다). 마찬가지로, 통계분석가들의 방법은 더욱 더 복잡해진다(클라인의 풍부한 통계학적 연구 외, Hugo A. Bedau, ed., *The Death Penalty in America*, 3판). 한 쪽의 가장 강한 논쟁은 에를리히(Isaac Ehrlich)의 주장으로서, 그의 복잡한 주장에 따르면 살인자 하나가 죽을 때마다 여러 생명이 산다. "The Deterrent Effect of Capital Punishment: A Question of Life and Death", 397-417. 이 주장은 Hugo A. Bedau and Chester M. Pierce, eds., *Capital Punishment in the United States*, 372-95 뿐만 아니라 *Yale Law Journal* 85(1975-76), 164-227 그리고 359-69의 반응을 촉발시켰다. 양쪽에 벌어진 억제논쟁 덕분에 관심이 늘어났음에도, 그것은 논쟁의 심오한 수준에서 벗어난 기분전환이다. 사형이 비도덕적이라는 심오한 종교적 혹은 철학적 이유에서 믿는 사람은 다른 살인을 억제하는 것의 가능성이 그것을 충분히 정당화할 거라고 시인하지는 않는다. 모

이것은 결코 사형을 폐지하는 것이 그 자체로 범죄율을 낮춘다는 것을 증명한다는 뜻은 아니다. 그렇지만 이것이 의미하는 것은 다른 것을 고려하는 것(문화적, 사회적, 경제적, 인종적 고려)이 법전에 명시된 사형의 존재보다 범죄가 얼마나 더 일어날 것인가를 가늠하는데 더 도움이 된다는 것이다. 법정의 시각에서 생명을 하찮게 보는 것과 범죄자의 시각에서 생명을 하찮게 보는 문화적 가치는 똑같다.

억제효과를 가진다고 생각되는 처벌들은 사실상 정반대의 효과가 있다. 대중매체가 사형집행에 더 관심을 두는 것이 사람들로 하여금 폭력이나 심지어 살인을 하도록 자극할 수 있다는 통계적 증거도 있다. 잠재적 살인자는 대중 드라마에서 그려지듯 죽임을 당하는 범죄자가 아니라 폭력을 가하는 것이 승인된 권위자로 자신을 바라본다.[50]

3. 만약 억제가 효과를 보지 못하면 억제는 비도덕적이 된다. 서구 문명의 근본적 도덕의 축은 무종파적 언어로 얘기했듯이, 내가 각 사람을 그녀나 그 자체(그녀나 그의 권리, 가치, 필요)로 수단이 아니라 하나의 목적으로 대해야 한다는 것이다. 다른 사람의 이익을 위해, 여기서 이익이란 그런 위협이 보호할 것이라고 주장하는 것으로, 어떤 사람에게 고통이나 죽음을 주는 것은 기본 법칙을 거스르는 죄를 짓는 것이다. 물론 이렇게 어린아이가 저지를 수 있는 좀도둑질과 같은 사건에서처럼 처벌이 불균형적인 사형으로 다스려진다는 것이다.

---

든 살인자가 보복적으로 죽어야 한다는 종교적 혹은 철학적 신념을 가진 사람은 사형이 억제하지 않는다는 취지의 증거에 설득되지는 않을 것이다. 논쟁의 양쪽 모두에서, 억제의 주제는 2차 명령이거나 부수적 주장이다.

William J. Bowers 외, "The Effect of Executions Is Brutalization, Not Deterrence", in *Challenging Capital Punishment: Legal and Social Science Approaches, Sage Criminal Justice System Annuals*, eds. Kenneth C. Haas and James A. Inciardi, no. 24 (Beverly Hills, Calif.: Sage Publications, 1988), 49-89.

오직 다른 사람들의 필요로 말미암아서만 정당화된 방식으로 한 사람을 다루는 것은 심각하게 도덕적으로 그릇된 일이다. 다른 사람들의 목적을 위해 한 사람에게 해를 끼치는 것은 비도덕적이고 비인간적인 방식으로 그 사람을 이용하는 것이며, 권리와 책임을 가진 한 사람으로 그를 대하는 것이 아니라 다른 목적을 위한 수단으로 대하는 것이다. 그러므로 억제논쟁에서 가장 심각한 오류는 그것이 그릇된 형태의 논쟁이라는 것이다.[51]

임마누엘 칸트는 이런 법칙을 가장 추상적인 계몽주의 철학의 언어로 언급했다. 앞서 언급한 것처럼, 그는 한 인간을 수단이 아니라 목적으로서 대해야 한다고 언급했다. 하지만, 이것은 단순히 "철학적" 법칙은 아니다. 그 본질은 신성한 형상이라는 성서적 교리의 다른 표현이다. 비록 모든 상황에서는 어렵겠지만, 세속사회의 계약철학 용어로 살인자는 자신의 생명을 보호할 권리를 박탈당해야 하지만, 성서적 시각에서 그런 권리는 빼앗을 수 없다는 주장을 할 수도 있다. 범죄자가 생명을 저버릴 수 없는 이유는 그것이 그의 것이 아니라 하나님께 속한 것이기 때문이다.

아마도 지각없는 사람들이 진정으로 항의할지로 모르겠으나, 그러므로 억제의 근거는 현재의 관행을 위한 이유는 아니다. 만약 살인자를 죽이는 목적이 다른 사람들을 공포에 떨게 하는 것이라면, 사형집행은 보통 그래왔듯이 공개적이어야 하고 그 방법은 가능한 한 고통스럽고 역겨워야 한다. 그렇지만, 지금의 추세는 이것과는 거리가 있다. 미국에서의 사형집행은 공개적이지 않다. 가스나 전기사형을 할 때 형 집행의 미숙함으로 말미암아 죽기 직전 희생자가 잔인하게 고통 받을 때는

---

51) David Hoekema, "Capital Punishment: The Question of Justification", 339.

일반적으로 당혹스럽다.

이렇듯이, 만약 억제이론이 "먹히려면" 모든 살인자가 죽임 당한다는 확실성은 거의 절대적이어야만 한다. 그렇지만, 사실상 대부분의 살인자는 죽임을 당하지 않는다. 심지어 사형에 해당하는 범죄를 저지른 사람들 대부분은 정작 사형을 당하지 않는다.

따라서 도덕적 관점에서 그것이 공격을 받을 때, 사실상 다른 동기에서 나온 행동을 정당화하려고 우리사회가 억제의 언어를 사용한다고 우리는 결론지어야 한다. 이것은 결론이 아니다. 그것은 우리의 시작점을 수정하는 것이다. 우리는 사회제도로 설립된 응징 뒤에 있는 깊은 문화적 요인들을 이해하도록 우리의 연구를 더욱 진행할 필요가 있다.

## 2부: 노아계약과 징벌의 목적

현대 사회에서 제도로서의 사형을 위한 사례는 여러 가지 다른 뿌리를 가졌다. 다른 옹호들은 지지하는 다른 이유에 호소한다. 이미 우리는 첫 페이지에서 그 자신의 용어로 하나씩 그것들을 봐야 할 필요에 주목했다. 대부분의 사람이 알듯이 첫 번째 이유는 위협이나 "억제"에 의한 예방 개념으로, 우리는 이미 살펴보았으며 그것이 기만적임을 보았다.

다른 한편으로, 대부분의 그리스도인에게 종교적인 것에 근거한 첫 번째 논쟁은 노아 이야기에서 나온다. 가장 단단한 기반을 찾으려고 우리가 그 논쟁을 훑어보았듯이, 이것이 시작하기에 좋은 곳임은 명백하다. 그것은 문자적으로 직접적인 신성한 명령으로 나타난다.

"사람은 하나님의 형상대로 지음을 받았으니,
누구든지 사람을 죽인 자는 죽임을 당할 것이다."창9:6

## 이 본문은 그것이 가정해 온 것을 증명하는가?

내가 이미 언급한 것처럼, 성서해석자의 첫 번째 임무는 "아무런 사전준비 없이" 혹은 그 의미가 모든 선의의 독자에게 자명한 것인 양 그 본문을 읽는 것이 아니라, 수세기동안의 독자에 의해 이미 차곡차곡 포개져 온 해석들에서 그 원래의 의미를 "해방"시키는 것이다. 이렇게 말하는 것은 초기 독자들이 정직하지 않았다거나 진실하지 않았다는 것이 아니다. 그것은 그저 우리가 현재 그러하듯이 그것들이 그들 문화의 죄수들이었으며, 우리가 읽고자 하는 본문은 그 문화의 산물이었다는 것까지 진지하게 사실로 받아들이는 것이다.

우리는 우리에게 찾아 온 어떤 고대 본문을 낳은 문화에 내포된 세계관의 초점을 이해하려는 자기의식적 노력을 기울일 필요가 있다. 어떤 이들은 본문을 마치 그것이 법률인양, 전역사적으로, 특정한 시간대가 아니라 영원한 타당성을 가지고, 우리가 국가라 부르는 것과 상응하는 특정한 기관이자 위협받는 사회가치를 보호할 법적 근거가 있어야 한다는 것처럼 이런 본문을 읽으려 한다.

노아와 맺은 하나님의 언약은 그런 것이 아니다. 이런 단어들이 먼저 암송되었던 고대 이스라엘에서 삶의 존엄성이 어떻게 실제로 이해되었는지를 이해하고자 한다면, 우리는 그런 현대적 가정들에서 한걸음 뒤로 물러날 필요가 있다.

"암송되었다"는 것은 이런 고대 본문이 원래 어떻게 사용되었는지를 보여주는 올바른 묘사다. 비록 그런 법전이 고대근동지역에서 그 당시에 존재하지 않았지만, 이 운율적 4행시히브리어로 "피"와 "사람"이란 운을 가짐으로 더욱 리드미컬한는 법 규정이 아니다. 이것은 현자와 제사장이 암송하던 구전 설화로서, 노인들이 반복한 것을 젊은이들이 외움으로 만들어진 것이었다. 이것은 사물의 심오한 대칭의 부분으로, 자연의 계절적이고 운율적인 신뢰성과 어우러진다.

> 땅이 있는 한,
> 뿌리는 때와 거두는 때,
> 추위와 더위,
> 여름과 겨울,
> 낮과 밤이
> 그치지 아니할 것이다창8:22

이것은 정부를 위한 법전이 아니다. 이것은 원시시대 고대 사회에서 어떻게 사물이 존재했는가에 대한 지혜이며, 예견이고, 묘사이다. 오직 하나님께서만 이런 단어들을 말씀하셨기 때문에 사물의 본질은 이런 식으로 흘러가지는 않았다. 말씀이 없다면, 혹은 하나님이 그 말씀을 하시기 전에는, 사물들은 달라졌을 것이다. 입법부에 의한 투표, 혹은 왕이나 다른 권위에 의해 반포되었을 때만 생성되는 어떤 종류의 인간 법이다.

생명을 위협함으로 생명을 지키는 것이 오직 홍수 이후에 마련된 새로운 방식인 것처럼 이 본문을 읽을 때 우리는 또한 오류를 범하게 된다. 창세기의 본문이 현재에도 유효한 방식으로 받아들이기에는 무리가 있다.52) 사물들은 이미 노아와의 언약 이전에도 그러했다. 사실, 그것은 첫 살인이 보고되자마자 있었던 방식이었다. 그런 방식은 이미 창

---

52) 여기서 "사람"으로 변역된 명사(히브리어 *adam*)는 포괄적이다. 이 단어는 인간을 의미한다. 히브리 독자들의 정신은, 성별구분이나 개별화 없이, 아담이 인간을 의미하는 창세기 2장의 시작으로 거슬러 올라간다. 그런 창조설화는 하나님의 "형상"이 이미 거론되는 유일한 곳이다. [편집자 주: 이런 성서의 인용은 가장 일반적인 번역들 중 어떤 것과도 맞지 않아서, 요더는 자신의 번역을 이용하거나 기억에서 이 구절을 인용한다. 요더가 이것을 할 때마다, 우리는 단순히 알려진 번역에 대한 어떤 언급도 생략한다.]

세기 4장에서 가인의 기술에서 나타난다. 첫 번째 살인자에게 자신이 죽인 동생의 생명에 대한 책임을 물었고 그는 말하기를,

이 형벌은, 제가 짊어지기에 너무 무섭습니다.
오늘 이 땅에서 저를 쫓아내시니[53]
하나님을 뵙지도 못하고, 이 땅 위에서 쉬지도 못하고, 떠돌아다니게 될 것입니다.
그렇게 되면, 저를 만나는 사람마다 저를 죽이려고 할 것입니다. 창 4:13-14

그와 같이 가인이 두려워한 것은 "나를 보는 자마다", 즉 전체 사회의 방어적 반응이었다. 피에는 피를 요구한다는 신성한 명령이 있었다는 기술은 없다. 자신이 위기에 처했다고 생각하는 가인에 대한 야웨의 반응은 여기에 개입하여 "징표"로서 가인의 생명을 보호하는 것이었고,[54] 보복의 위협을 알리는 것이었다. 따라서 일반적으로 읽히는 것과는 달리, 창세기에서 하나님의 첫 번째 개입은 죽음으로 살인자를 처벌하라는 요구가 아니라 인류 최초의 살인자의 생명을 보호하는 것이었다. 살인에 대한 사형을 요구하지 않고, 야웨는 가인을 사형에서 보호했다. 이것이 우리의 주제에 대해 성서의 하나님이 하신 최초이자 가장 특징적인 행동이다.[55]

---

53) 전문 성서학자는 모세 문헌의 여러 가지 가닥의 원래 시기와 원저자에 관하여 다양한 가설을 제시한다. 그런 추측은 창세기와 같은 본문이 원래는 문학적 단일체라는 가정 위에서 어떤 간단한 주장들에 의문을 제기한다. 하지만, 창세기 9장이 4장보다 더 오래 되었다는 학자들의 진지한 주장은 존재하지 않는다.

54) 땅이 의인화된다. "네 아우의 피가 땅에서 나에게 울부짖는다"(창4:10) 생명의 "피"의 은유는 9장에서와 같다. 하지만, 피의 "울부짖음"은 충족될 수 없는 것이다. 하나님은 살인자를 구하시려고 개입하신다.

55) 교부의 상징적 신학은 가인을 보호하려고 그에게 주어진 "표시"가 타우(tau, 히브리어 알파벳의 마지막 글자) 혹은 십자가였을 것이라 추정했다. 성서학자들은 그것이 금속

하지만, 폭력의 패턴이 지속되고 모든 부분에서 그 비율이 높아졌다. 가인의 후손 라멕이 자랑하기를,

> 나에게 상처를 입힌 남자를 내가 죽였다.
> 나를 상하게 한 젊은 남자를 내가 죽였다.
> 가인을 해친 벌이 일곱 갑절이면,[56]
> 라멕을 해치는 벌은 일흔일곱 갑절이다.

이것이 보통의 방식이다. 타락한 인류는 보복을 늘려서 악에 반응한다. 원시시대 사람들은, 보르네오의 부족전쟁에서 시실리 언덕의 갱단과 미국 지하세계의 피비린내 나는 싸움을 거쳐 유명한 애팔래치아의 "앙숙의 촌뜨기"에 이르기까지, 라멕과 같은 방식을 보였다. 보복을 하는 각각의 특정한 행위를 "바로잡기" 혹은 "평화수호"라고 생각했다. 하지만, 사실상 원래 받은 피해를 훌쩍 넘어서서 보복과 맞보복으로 커지는 소용돌이는 누군가가 저지른 범죄가 초래한 고통의 값을 훨씬 더

---

장인들에 의해 만들어진 문신의 흔적일 수 있다는 가설을 세웠다. 고대 세계에서 금속 제련은 지하세계의 신들에게 훔쳐온 비밀로 여겨졌다((Lloyd R. Bailey, *Capital Punishment: What that Bible Says*, 40).

56) JHWH(보통 "야웨"라고 발음된다)는 하나님의 적절한 이름이다. 그것은 공인된 번역본에서 "주님"으로 옮겨졌으며, 유대교 신앙에서는 경건한 차용으로 기능한다. 여호와와 야웨는 그 이름의 가상적 재건이다. 바일리(Bailey)는 야웨가 실수를 했으며, 만약 가인에게 보복하는 것이 허가되었다면, "지구 상의 폭력"은 노아홍수를 필요로 할 만큼 늘어나지는 않았으리라고 주장한다(*Capital Punishment*, 39 그리고 107). 이것은 바일리(Bailey)나 창세기가 제시하는 것보다 더 많은 논의를 일으킬 수 있다. 창6:6에서 하나님이 후회하신 것은 인간을 만드신 것이었지 가인을 보호했던 것이 아니었다. 바일리는 또한 설화본문 도덕적 교훈을 주기 위한 것으로 받아들여서는 안 된다는 더욱 더 많은 주장을 폈다(40, 70). 이것은 논의 없는 주장이다. 물론 문학의 각 장르는 각각의 방법으로 읽혀져야 한다. 바일리는 창세기 9장과 모세의 민법 사이에서, 혹은 "도덕적"인 것과 "시민적"인 본문 사이에서 그가 한 것보다 더 많은 것을 잘 구분해 냈다. 하지만, 설화는 특별히 원인론적(etiological)이라고 불리는 환경, 예를 들면 사물이 왜, 어떻게 존재할 수 있는지를 다루는 본문이나 하나님이나 예수의 특징을 드러내는 본문에서는 도덕적 가르침을 제공하는 수단이 될 수 있다.

높여 놓았다.

　원시적 보복에 대한 이유가 현대 논의의 것과는 다르다는 것을 우리가 인식하면, 우리는 행동을 일으키는 것이 어떤 점이 다른지에 대해 주목할 수 있으며, 또 주목해야만 한다.

　고대의 4행시는 "사람"이 살인자의 피를 흘려야 한다고 말하지 않는다. 확실히 그것은 판사나 배심원에 의한 재판의 도움을 받는 헌법적 정부가 아니었다. 역사가들은 "보복자"goel, 히브리어 단어 "구원자"와 같다로 불리는 가장 가까운 친족이 가족기반의 보복을 실행할 수 있었다고 지적한다. 보복의 메커니즘이 한번 촉발되면 진행되어야만 했다. 나중에 만들어진 법은 이것을 자세히 서술하고 있다. 만약 누구를 벌해야 할지 알 길이 없는 시체가 발견되면, 여기에 가장 특별한 의식은 이루어져야 할 피의 보복에서 그들을 "보호하기" 위해 가장 가까운 촌락에 사는 장로들 몇몇을 필요로 했다.신21:1-8 사고로 사람을 죽인 사람은 지정된 여섯 개의 "도피성" 가운데 하나로 들어가서 대제사장이 죽을 때까지 그곳에서 머물며 보호받을 수 있었다.민35:11-28; 신4:41-42, 19:1-19 그 죽임이 돌발적이었더라도, 피에 대한 몸값은 허락되지 않았다.민35:32-33 그런 허락을 위한 유일한 때에도 피흘림은 없었다. 또한 죽음은 수많은 다른 범죄를 위한 처벌이었다.[57]

　어떤 이들은 노아 이야기를, 마치 출애굽기나 레위기에 속하며, 이스라엘의 특정한 나라를 통치하려고 마련된 법률의 한 부분으로서, 대부분이 나중에 가나안 땅에서 마련된 것으로 야웨의 주권이라는 조명 아래 모세의 이름을 빌어 그의 혼합된 군중으로 나라출12:38를 만들고자

---

[57] 가인에 대한 라멕의 언급은 이전에 야웨가 말한 것을 그가 늘렸다고 우리로 하여금 잘못 생각하게 하면 안 될 것이다. (a) 창4:15의 위협하는 보복은 야웨가 했어야 하는 것이지만, 라멕은 스스로 복수했다. (b) 4:15의 위협은 가인에게 해를 가하는 것을 막는 데는 성공했으며, 실행되지는 않았다.

했다고 읽기도 한다. 하지만 그렇지 않다. 시민 입법이 일어났을 때 그것은 사형에 대한 조항을 갖기 위한 것이었지, 우리가 나중에 살펴보겠지만, 같은 이유와 수많은 다른 범죄조항을 갖기 위한 것이 아니었다.

창세기 9장의 상황은 희생 제사였다. 인류학자들은 그것을 "제의적" 혹은 "종교적"인 것이라 부를 것이다. 인간을 죽이는 것에 대한 이 네 개의 운율적 구절은 그것으로만 존재하지 않는다. 바로 이어지는 본문은 동물제사를 묘사한다. 폭우 이전에 암시된 채식방식과는 반대로, 이제는 동물을 먹을 수 있지만, 오직 동물 생명의 신성함의 의식적 의미를 조건으로 하는데, 이것은 피로 나타난다.

> 살아 움직이는 모든 것이 너희의 먹을거리가 될 것이다. 내가 전에 푸른 채소를 너희에게 먹을거리로 준 것 같이,
> 내가 이것들도 다 너희에게 준다. 그러나 고기를 먹을 때에, 피가 있는 채로 먹지는 말아라. 피에는 생명이 있다.
> 생명이 있는 피를 흘리게 하는 자는, 내가 반드시 보복하겠다.
> 그것이 짐승이면, 어떤 짐승이든지, 그것에게도 보복하겠다. 사람이 같은 사람의 피를 흘리게 하면, 그에게도 보복하겠다. 창9:3-5

이 본문의 배경은 홍수 이후, 하나님이 인간에게 동물소비를 허락하시는 언급이다. 이 배경에서 이 구절의 주제는 희생제사임이 분명하다. 인간 생명의 신성함은 희생으로 죽임당한 동물의 피에 대한 하나님의 요구와 바로 이어져 묘사되며 같은 것으로 확대된다. 먹으려고 동물을 죽이는 것은 나무의 열매를 따는 것, 정원에서 순무를 뽑는 것, 혹은 들판에서 밀을 자르는 것과는 다르다. 그것은 인간이 동물세계와 공유하는 몸을 통해 피의 흐름으로 표현되는, 생명에 생기를 불어넣는 역학에

간섭하는 것이다. 피로 표현되는 동물의 생명이 하나님께 속하므로 모든 죽임은 희생제물이다. 동물을 죽이는 것은 제의적 행위다. 피는 죽이는 사람의 것이 아니라 하나님께 속한 것이다. 고대 이스라엘에서는 "세속적" 동물살육이란 존재하지 않았다. 동물의 피는 제단에 뿌리거나 땅에 부어 하나님께 드려졌다. 그 고기를 먹는 행위는 하나님과 연합의 행위다. 인간을 죽인자의 피를 흘리는 조항은 같은 제의적 세계관의 일부분이다.

후기 모세 법에서 희생의 의미에 가장 근접한 것은 창세기 9장의 살인허가로서, 다른 신을 섬기는 것을 막는 것이다.신13:1-16 이 본문은 가장 가까운 친족에 대한 것이라도 보복의 대리인이 되기 위한 개인의 책임을 강조한다. 마을 전체가 살육되어야 하며 재산까지 파괴되야 했다.

원시적이든 많이 발달했든, 다른 고대 사회는 인간 제사를 다른 많은 목적으로 사용했다. 인류에게 생명을 살리는 언약을 노아와 함께 갱신하신 하나님은 오직 한 가지 이유, 즉, 이전에 인간의 생명을 그릇되게 취하는 것을 바로잡으려고 인간제물그것은 여기서 이미 규정된 것이기 때문이다을 허락하신다.

따라서 그것이 이전에 존재하지 않았을 때, 노아를 얘기하면서 하나님이 피의 복수를 의무화하는 것에 개입하신다는 것은 전혀 사실이 아니다. 그런 패턴은 이미 오래된 것이다. 마치 하지 않고는 배길 수 없는 어떤 것을 하라고 듣는 이들에게 내리는 명령처럼 노아가 그 말씀을 읽는 것은 잘못된 것이다. 그것은 그런 것이 아니다. 분명히 여름이 지나고 겨울이 오며 추수를 지나 씨를 뿌리는 때가 오는 것처럼, 그것은 모든 것이 이미 존재하는 방식을 간단히 묘사한 것이고, 일어난 일과 앞으로 일어날 일을 정확히 예측한 것이다. 살인자들이 죽임당하는 것은 타락한 사회의 방식이다. 그것은 그 이전에는 절대로 존재하지 않았던

문제를 풀도록 하나님께서 홍수 이후에 알려주신 새로운 방법이 아니
며, 하나님께서 그때까지 해답을 찾지 못했던 것도 아니다. 오히려 그
것은 사실이자 예측으로서, 이미 하나님께서 살인자 가인의 생명을 구
원하실 때 언급된 것처럼, 짐승을 희생하여 먹는 것을 이제는 허락하신
허가의 틀에서 인간의 생명이 여전히 신성하다는 것을 새로이 진술하
는 것이다. 최초로 짐승을 죽이는 것이 허락된 이야기에서 언급되는 창
세기 9장에서 하나님 말씀의 핵심은 살인을 금지하는 것을 반복하기
위함이다.58)

---

58) [편집자 주] 요더는 토론자들에 대한 응답으로서 각주 다음에 26개의 범죄를 나열했다
(*The Death Penalty Debate*, 206-207). 이것은 편의상 글자 그대로 여기에 옮긴다:
  1. 제사장을 제외한 누군가가 성막의 가구에 손을 대는 것 (민1:51, 3:10,38, 4:15, 18:7)
  2. 제사장직을 수행 중 술에 취하는 제사장 (레10:8-11)
  3. 거룩한 이름을 모독하기 (레24:16)
  4. 안식일을 준수하지 않음 (출31:14, 18:20)
  5. 거짓 예언 (신13:1-11, 18:20)
  6. 우상숭배 (출20:1-6, 22:20; 신13:1-19, 17:2-7)
  7. 마법 (출22:18; 레20:6,27)
  8. 부모를 저주함 (출21:17; 레20:9)
  9. 부모를 때림 (출21:15)
  10. 제멋대로 구는 아들 (신21:18-21)
  11. 살인 (출21:12; 레24:17; 민35:16-34)
  12. 납치 (출21:16; 신24:7)
  13. 사형 사건에서 거짓증언 (신19:16-21)
  14. 간음 (레20:10; 신22:22-24)
  15. 근친상간 (레20:11,17-21). "근친상간"이라는 말은 없지만, 규칙은 단순히 10가지의
금지된 관계들을 나열한다.
  16. 남성과 남성의 성관계 (레20:13)
  17. 월경 중 성관계 (레20:18)
  18. 동물과의 성관계 (출22:19; 레20:15-16)
  19. 매춘하는 제사장의 딸 (레21:9; 신22:13-21)
  20. 강간 (신22:25)
  21. 법정에 대한 경멸적인 불순종 (신17:8-13)
  22. 사나운 황소를 기르기 (출21:29)
  23. 생명을 잃는 것으로 이어지는 과실 (출21:28-36; 신22:8)
  24. 간음하다가 잡힌 양쪽을 법정에 데려 오지 못하는 것. 토론자들은 이것이 사형에 해
당하는 죄라고 주장했지만, 그가 인용하는 본문들은 사형을 지지하는 것이 아니다.
  25. 아이를 몰렉에게 바치는 것 (레20:1-5)
  26. 처녀성을 속이는 아내 (신22:13-21)

## 원시적 복수의 동기와 의미

신중한 문화역사가라면 이 시점에서 몇 가지의 기술이나 설명 가운데 어떤 것이 피의 복수가 이루어지는 원시적 사건에 가장 부합한지를 물어야 할 것이다. 현대 논쟁에서 논의되는 것처럼 우리가 이 문제에 대한 몇 가지의 해답을 아직 완전히 짚어 볼 수는 없지만,[59] 적어도 서둘러 매우 단순한 해답을 찾는 오류는 알아야 할 것이다. 가인의 동시대 사람들이나 살인자의 피를 흘리게 하는 노아의 후손들에게 가능한 의미는 무엇이었을까?

1. 그것은 더 정확히는 문제의 근원을 제거하는 "근절"로 묘사될 것이다. 구약은 이스라엘 백성에게 악을 "정화"할 것을 말한다.[60] 이것은 백혈구가 미생물에게 하는 것, 혹은 해충방제업자가 해충에게 하는 것과 사회적으로 같다. 유기체는 위험을 제거함으로써 위협에 대해 스스로를 보호한다. 위협하는 유기체는 자신의 권리가 없다. 그것은 특별히 나쁜 행동을 했기 때문이 아니라 그 자체가 나쁘기 때문에 제거된다.

2. 그것은 "모방", 따라 하기로 묘사될 수 있다. 당신이 내 친구에게 한 것을 내가 당신에게 하는 것은 일반적인 사회적 위생이론에서 나온 것이 아니라, 오히려 원시적으로, 반응적으로, 그것이 나로 하여금 다

---

예를 들면 시내 산에 손을 대는 사람(출19:12-13) 등 "제정법"이라고 하기 에는 너무 상황적 인 다른 살인 명령들이 있다. 죄가 있는 사람을 죽이는 행위들이 또한 존재하는데, 이런 행동 들은 신적 명령이거나 혹은 서술자의 승인으로 이야기된다.

토론자들은 위의 항목 1, 3, 그리고 4를 "문화적"인 것으로 지적했다. 그것이 무엇을 의미하는지에 대한 표시는 없다. 고대 본문은 제의적, 문화적, 도덕적, 시민적인 것 사이의 구별을 두 지 않는다.

[59] 어떤 이들은 "그 사람의 피도 흘릴 것이니"(창9:6)가 승인받은 명령이라기보다는 단순한 미래적 예견이라고 주장한다. 그것은 너무 개연성이 낮다. 하나님은 처벌 절차가 그의 규칙 아래 있다고 선언하신다: "나는 심판을 요구할 것이다." 하지만, 하나님이 소유하시는 것은 현존하는 실천이다. 그는 새로운 제도나 새로운 법칙을 만들지 않으신다.

[60] 나는 더 많은 다양한 시각을 아래에 서술할 것이다.

른 어떤 것들을 하도록 떠오르지 않았기 때문이다.[61] 당신은 "마땅한 응보를 받는다."[62]

3. 그것은 "위협"으로 이해될 수 있다. 만약 다른 사람을 해친 사람들이 그에 대한 보복을 당하는 것이 일반적 방식이라면, 이것은 그 사람들이 그러지 못하도록 할 것이다. 이런 개입은 여러 단계의 의미가 있다. 그 중 하나는 더욱 좁고, 정신적이고, 그리하여 더욱 현대적 의미가 있다. 이런 생각은 악한 행동을 개인적으로 미리 계획하면 죗값을 치루는 것에 대해 "두 번 생각"할 것이며, 따라서 비용/수익에 근거하여 악한 행동을 포기할 것이라는 것이다. "억제"는 이것에 대한 또 다른 현대적 용어다. 위협은 또한 덜 정신적이며, 더 원시적이고, 더 "교육적" 의미를 가진다. 어떤 범죄를 되갚는 보편화된 행위는 어떤 행위가 공격적인지 사회가 사람들에게 가르치려하는 하나의 방법이 되며, 따라서 그런 것들이 일어날 가능성이 낮기를 바라는 것이다.

4. 위에서 언급된 "모방"과 "위협"의 개념 모두는 보복retaliation에서 찾는 것으로 이해된다. 어근tal은 "그런" 혹은 "그와 같은" 이라는 의미를 가진다. 우리는 각각의 위협행위가 같은 종류와 수준의 또 다른 위협행동에 의해 "되갚기" 혹은 "바로잡기"를 필요로 함으로써 하나님이나 신들, 혹은 "도덕질서"가 실행의 균형을 잡는 것으로 이해되어야 한다고 믿어야 한다. "도덕질서"가 법정에서의 비유로 인식될 때, 우리는 "변호"로서 눈에는 눈, 이에는 이의 법을 말할 수 있지만, 예전 셈족의 환경에서 법정은 거기에 맞는 최선의 상징은 아니다.

---

61) 바일리, 32.
62) 우리는 민족학자 르네 지라르가 어떻게 "모방"을 폭력의 기원과 정부의 기원에 지대한 영향을 가져오는 해석으로 사용하는지 아래에서 보게 될 것이다.

5. 우리가 복수라는 단어를 사용할 때는, 위의 것 가운데 어느 것도 우리가 의미하는 것에 꼭 들어맞지는 않는다. 대개 보복이라는 용어는 고통의 요소를 함축한다.[63] "보복으로" 무엇을 하는 것은 비율, 혹은 한계나 장벽에 무관심한 것을 말한다. 이것은 "눈에는 눈"을 넘어선다. 보복적 사회나 개인적 복수를 하는 사람은 앙갚음을 요구하며 보복행위에 대한 도덕적 정당성을 요구하여 그런 행위를 함으로 말미암아 정서적 만족을 얻을 수도 있다. 어떤 이들은 범죄자를 벌함으로 타당한 동기를 나타내는 것으로서 "복수"를 맹세하기도 하고 어떤 이들은 복수를 거부하기도 한다. 다른 사람들은 정의에는 분노가 없다고 말할 것이다.

6. 위의 것 가운데 어떤 것도 우리가 말한 "속죄"의 의미와 부합하는 것은 없다. 이 용어는 이전의 사회질서에 해를 끼치는 것, 하나님이나 다른 신들의 의지를 거스르는 범죄를 지칭한다. 신의 진노는 달래야 하며 우주적 도덕질서는 균형으로 되돌아가야 하기에, 범죄자는 반드시 "갚아야" 한다. 어떤 종교적이고 문화적인 환경에서 신의 진노는 신인동형론적으로 이해된다. "하나님께서 몹시 노하셨다." 다른 환경에서 징벌로 회복되어야 하는 "균형"은 법정의 심판이나 거룩과 같이 냉철하고 객관적이다.

분명히 왜 살인자가 죽임을 당해서는 안 되는지에 대한 이런 몇 개의 가능한 특징이 모두 같지는 않다. 차이점은 중요하다. 우리는 현대

---

63) [편집자 주] 이 구절은 이 책의 5장, 지라르에 대한 요더의 마지막 저술의 제목을 예상한다.

논쟁을 되짚는 부분을 할애하여 이런 것들을 더 추상적으로 추후에 구분할 것이다. 하지만, 지금 우리는 단순히 노아 이야기를 이해하고자 한다. 이들 중에서 어떤 것이 가장 적합하게 그 사실을 묘사하는가? 이들 중 어떤 것이 가장 도덕적이거나 혹은 받아들이기 힘든가?

위의 것들 가운데 오늘날 사형을 도덕적으로 정당화하는 사람들의 대부분은 "위협"이 결합된, 어느 정도 제거된, 현대판 "법률"을 유지하려 할 것이다. 우리가 앞서 "억제"의 넓은 주제 아래 언급했던 것이 바로 이것이다. 이것은 고대 본문에서 최소한의 기반을 가진다.

다른 한편으로, 고대 이스라엘을 포함하여 고대 사회에서 실제로 나온 법적살인을 연구하는 대부분의 역사학자는 "모방"과 결합된 더 분노에 찬 "보복" 가운데 하나를 지적한다. 우리 시대에서 어떤 잔혹한 살해사건이 일어난 후 대중의 격렬한 반응을 바라보는 언론인들은 역사학자들에 동의할 것이다.

오늘날 우리의 논쟁은 이런 두 가지 해석 사이에 있는 차이점으로 왜곡되었다. 살인자를 죽이는 것은 악을 행하는 사람 자신에 대한 복수에 불타는 행위인가? 아니면 그것은 희생을 통해 더 균형을 이루기 위한 신성한 회복인가?

지금 이렇게 이성의 범위를 먼저 살펴보는 것은 독자의 주의를 일깨우기 위한 것이다. 우리는 창세기 본문이 원래는 그 첫 번째 듣는 이들을 위해 가졌던 의미들을 쉽게 알 수 있다는 가정에 대해, 그리고 고대의 의미가 현대 사회의 사형에 대한 이유와 어떤 직접적 연결을 가진다는 가정에 대해 경종을 울려야 한다.

따라서 창세기 9장 6절은 고통을 안겨준 모든 것에 정의의 균형을 잡으려면 또 다른 고통을 안겨야 한다고 말하는 도덕적 명령이 아니다. 그것은 범죄가 갚지 않는 결과를 범죄자에게 가르치기 위한혹은 다른 사람들을 가르치려고 범죄자들을 파괴하는 교육적 명령이 아니다. 그것은 건강한 도시를 어떻게 꾸려갈 것인가를 기술하는 정치적 명령도 아니다.

논의되는 단어들 아래 깔려 있는 질서는 제의적이다. 인간의 생명, 인간의 피는 신성하다. 누구든 그 피를 흘리는 자는 자신의 것도 박탈당한다. 비록 그것이 쉽게 타락하긴 하지만, 그런 "박탈"을 요구하는 것은 희생자 가족의 일부에 대한 보복이 아니다. 그것은 인간 생명의 신성한 품격을 즉각적으로 인식하며 사는 유기적 사회이다. 죽음을 승인하는 죽음은 제의적 축제이며 의식적인 것이다.

살인자의 죽음은 세속적이고 비종교적인 문제가 아니다. 그것은 희생적 행위이다. 모든 인간과 짐승의 피즉 생명는 하나님께 속한다. 짐승에게 이런 신성한 소유권을 존중하는 것은 희생제물의 피가 소비되어서는 안 된다는 것을 뜻한다. 인간에게는 죽임이 있어서는 안 된다는 의미이다. 만약 죽임이 있다면, 범죄는 우주적이고 의식적이고 종교적인 악이며 의식적 보상을 요구한다. 그것은 도덕적 문제는 아니다. 도덕에서 악을 더한 악으로 갚아봐야 좋을 것은 없다. 그것은 세속적이고 법률적인 문제가 아니다. 그것은 원래 정부가 없는 곳에서 언급된 것이다.

## 의식적 세계관과 문화적 변화

의식적 세계관이 우리가 가진 것과 다른 한 가지 방식은 개인적 책임에 대한 관심이 없다는 것이다. 사형은 사람을 받은 황소에 적용된다. 사형은 의도하지 않았거나 사고로 일어난 살인에 적용된다. 만약 창세기 9장 6절만의 의식적 세계관이 문자적으로 우리 문화에 적용된다면, 경범죄나 정신질환을 변호하는 조항이 없을 것이고 의도에 따라서 살인의 경중을 구분하는 것도 없을 것이다. 만약 사망사고가 일어나면, 우리는 붕괴한 다리의 계약업자를 처형하고, 탈선한 기차의 기술자들을 처형하며, 브레이크가 듣지 않는 자동차에 탄 운전자도 처형할 것이다. 모든 죽음마다 피가 흘러야하기 때문이다.

최근 몇 세기의 그리스도인은 그리스도 이후 존중되어야 할 구약의 법들을 어떻게 이해하고 설명할 것인지 시도하려고 그들을 세속적, 제의적, 그리고 도덕적 법칙으로 구분하는 것을 제시했다. 그들은 그리하여 "도덕적" 법은 항상 지속적으로 적용되어야 하나 제의적 법은 마지막 희생제사와 마지막 대제사장으로서의 그리스도 안에서 희생명령이 성취될 때 폐기되어야 한다고 설명한다. 몇몇 세속 법은 현대국가에 적용되어야 하며, 그 외의 다른 법은 오직 고대 이스라엘 정부를 위한 것이었다. 이런 삼중적<sup>실제로는 사중적</sup> 구분은 우리의 생각을 조직화하는 데 도움이 되지만, 모세의 책에 나온 사형조항을 신중히 연구하면 그 구별은 그 세계와는 맞지 않는다는 것이 분명해 진다.

노아에게 주어진 언약은 그런 구별을 포함하지 않는다. 우리가 "도덕적" 그리고 "세속적"이라고 부르는 요소들은 언급되지 않으며 구별되지도 않았다. 우리는 창세기 9장이 동물의 피와 인간의 피가 하나님께 속한 것이라고 말하는 것을 본다.<sup>확실히 희생적 개념이다</sup> 모세를 통해 주어진 언약은 역시 전체적이다. 오신 그리스도가 선지자, 제사장, 그리고 동시에 왕이었던 것처럼, 모세를 통해 마련된 언약도 도덕적이고 제의적이면서 동시에 세속적이지 서로 다른 것들과 구별될 것은 없다. 모세 이후 수세기동안 이스라엘에는 왕이 없었으며 "세속"이라고 불릴 만한 특별한 것이 없었다.

새로운 형태의 법 사이의 구별은, 비록 간접적이고 비논리적인 방법이라 해도, 타당한 곳을 위한 여지를 남기려고 이루어진다. 타당한 지점은 이런 구별이 암시하는 것으로 어떻게 법이 적용되는지 시간이 흐름에 따라 달라졌으며, 그런 변화 속에서 그리스도의 희생은 가장 큰 차이점을 갖는다는 것이다.

신약의 분명한 증언은, 특별히 히브리서에서, 그리스도의 제사장적 희생 속에서 옛 언약의 제의적 요구가 종착점성취와 종결의 의미를 모두 포함을 찾았다는 것이다. "단번에"는 좋은 소식이다. 비단 황소와 염소, 비둘기와 전병뿐만이 아니다. 사악한 이들을 위해 의로운 이 그리스도가 우리의 죄를 위해 단번에 죽으셨다히9:26-28; 벧전3:18는 사실은 예루살렘 제사장들에 의해서든, 혹은 다른 곳에서의 처형(자)들에 의해서 집행되었든 전체 속죄체계를 종결짓는 것이다.[64]

따라서 살인이 시작된 곳을 물음으로, 그리고 가인과 노아 이야기에서 무엇이 언급되었고 무엇이 언급되지 않았는지를 찾음으로, 우리는 구체적이고 기독교적인 이유로 사형 폐지를 말하는 가장 귀중한 언급을 찾게 된다. 뿐만 아니라 앵글로-색슨 민주주의가 히브리와 기독교 유산의 함축을 설명하는 우리 시대에서 더 효과적인 다른 이유들이 존재하지만, 이것이 복음의 중심에 가장 가까이 있는 이유다.

살인자를 살인에 노출시키는 피흘림은 우주적 질서의 이름으로 행해지는 속죄이다. 그리스도의 죽음은 속죄의 종말이다.

## 사회적 행위의 제의적 본질

우리는 살인자를 죽이는 것은 제의행위이며, 원시적인 것도 아니고 정치적인 의미가 아니란 것을 보았다. 사람들이 유명인사의 장례식에 모일 때나 그들의 집에 벽을 쌓고 총을 구입할 때, 그리고 깃발을 날리거나 모자를 벗을 때, 그 사건은 어떤 특정한 도덕적 명령이나 실천적인 사회적 목적에 대해 물음으로써 적합하게 해석되는 것이 아니다. 우

---

64) "처벌"의 주제 아래 [6부, 1, A를 보라] 우리는 감정의 문제로 곧 돌아갈 것이다.

리는 그것이 노아 이야기에 나타난 것처럼 이런 신성한 의미를 지닌 어떤 것을 간략하게 설명한다. 이제 우리는 그것이 여전히 오늘날의 상황이라는 것에 주목할 것이다.

사회가 생명을 앗아갈 때는 그런 행위가 명백히 그 사람의 행복well-being을 위해 일어나는 것은 아니다. 사람은 항상 수단이 아니라 목적으로 대해야만 한다는 일반적 도덕법칙과는 정반대로, 임마누엘 칸트에 의한 근대시대 속에서 대부분 단순하게 언급되듯이, 사람을 죽이는 것은 사람의 흥미를 위한 행동이 될 수는 없다. 그것은 공적 제의로서 사람들의 흥미를 위해 사회를 지배하는 엘리트의 흥미와 그들을 후원하고 사회 행복의 비전을 후원하는 자들의 흥미를 위해 집전된다.

부모나 교사가 아이의 볼기를 때리거나 범죄자가 교도소에 가거나 구류되는 그런 행동은 죄인에게 무엇인가를 "가르치고자" 하는 것이라고 주장할 수 있다. 심지어 철저한 심리학자나 사회 과학자조차 그런 사건은 아마도 무엇인가 다른 것에서 나온 진짜 "배움"이라고 우리에게 충고한다. 볼기를 맞으며 교육받은 아이는 자라서 십대 깡패나 학대하는 부모가 될 수 있다. 아이를 때리는 것이 가장 효과적으로 가르치는 것은 아마도 "바르게 하기"나 "만약 사고할 수 없으면 힘을 사용하라"는 것보다는 "과자통에 맛들이지 말라"일 것이다. 똑같은 것이 다른 처벌에서도 역시 사실일 수 있다. 감옥에 간 좀도둑은 거기서 전문 도둑의 기술을 배울 것이다.

따라서 "그들에게 교훈을 가르치라"는 주장은 종종 실제로 그릇된 것이다. 그럼에도, 그런 주장은 진지하게 계획되기도 한다. 범죄자들이 스스로 "범죄는 이익이 되지 않는다"고 배워서 다시는 범죄를 반복하지 않게 하는 것이 진정한 목적이 될 수 있다. 빗장 뒤의 시간이 그들로 하여금 다르게 생각하도록 할 수 있다.

## 갱생의 이유

흔히 "갱생"rehabilitation이라고 불리는데, 범죄자들의 변화에 대한 이런 개념은 범죄자들이 그들의 자유를 빼앗기는 것에 대한 진지한 이유로 주어질 수 있다. 범죄자들은 그들의 범행이 얼마나 잘못되었는가를 본다. 그들은 자신들이 사회의 통제 아래 있다고 확신한다. 그들은 진심이든 아니든 그들이 그 범죄를 되풀이 하지 않겠다고 약속할 수도 있다. 그들은 약속이 신뢰할 만한지를 자신들의 행동으로 보일 시간을 부여받으며, 거래를 배우거나 도움을 받아 학교를 이수할 수 있다. 이것이 바로 감옥이 뉘우침의 장소로서 "교도소"penitentiaries라 불리는 이유다. 교도소는 참회라는 의미의 'penitence'에서 나옴-역주 재소기간을 마친 어떤 범죄자는 범죄를 저지르지 않는다. 자유가 있는 미래의 삶이 가능한 한, 이것이 성공할 확률이 어느 정도는 있다. 이런 상황에서 조차 교도소에서 시간을 보내게 하거나 다른 형태의 처벌이 범죄자를 사회의 훌륭한 구성원이 되도록 준비시킴에 있어 영향을 준다는 것은 분명하지 않다.

그런데 생명선the line of life이 겹칠 때, "교훈을 가르치기" 이유는 모두 거짓이 된다. 치명적인 공적 제의로부터 "배울 수 있는" 유일한 사람들은 다른 사람들이다.

* 과거 범죄의 희생자들만약 그들이 살아있다면이나 그들의 친척들은 자신들에게 상처를 준 사람에게 상처를 되갚아 주는 사실에서 위안을 받는다. "보복"은 이것을 위한 평범한 단어다. 복수심에 불타는 것은 다른 사람의 고통에서 위안을 받지만, 개인적으로 선한 도덕적 품성은 아니다. 하지만 어떤 사람들은 정부에 의해 살인이 행해질 때는 바로잡혔다고 느낀다.

* 범죄의 피해자가 될 가능성이 있는 사람들은 자신들에게 범죄가 일어날 가능성이 낮아졌다며 안심한다. 우리가 본 것처럼, "억제"효과 속의 이런 확신은 종종 잘못 알고 있는 것이다.

* 범죄를 저지르지 않은 사람들은 그들이 붙잡혀서 처벌을 받을 수도 있으므로 범죄를 저지르는 것을 생각해선 안 된다고 주의를 받아야 한다. 하지만 사실 우리 집행체계의 한계는 가장 잠재적인 범죄자들의 마음속에 그런 위협을 그리 느끼게 하지 않는다는 것이다.

* 행정당국은 사회적 통제를 하는 자신들의 자세를 누리고 강화한다. 우리의 관습법속에 있는 아리안Aryan 봉건적인 근원에서는 어떤 국민의 생명을 앗아갈 권한을 군주의 주권으로 정의한다. 살인자들은 하나님의 도구가 되기를 표방한다. 그들의 통치권위는 국민 가운데 일부를 파괴할 권한을 가짐으로 합법화된다.

이제까지는, 다양한 동기의 몇몇 방식을 항목화하는 우리의 목적은 완성되지 않았지만, 사물의 복잡성의 의미와 단순한 설명의 미흡함의 의미를 독자로 하여금 널리 열어 두도록 하기 에는 충분했다.

## 3부: "눈에는 눈"을 다시 보기

시간을 거슬러 고대 이스라엘에서 현대에 이르기까지 움직이기 전에, 우리는 많은 사람이 생각하는 것은 불변하고 우주적 원리라는 개념을 따라가면서 다른 본문을 연구함으로 도움을 얻을 수 있다. 사형은 자기비평적 관심으로 논의되기보다는 하나님이 일반적으로 "정의"의 기본의미로서 요구하거나 명령하시는 평등한 보복의 넓고 근원적인 논리 가운데 하나라고 널리 알려져 있다. 우리는 나중에 보편적이고 철학적인 진리라고 주장되는 평등한 보복의 개념을 살펴볼 것이다. 우리는 여기서 많은 사람이 평등한 보복의 개념이 표현되었다고 생각하는 구약의 본문들을 자세히 살펴봄으로써 도움을 받을 수 있다.

산상수훈마5:38에서 예수가 그것을 하나님나라의 의가 초월하는 전통적인 가르침 가운데 하나로서 언급하였기 때문에, 우리는 이런 운율이 있는 법칙,

눈에는 눈
이에는 이

를 매우 중요한 히브리 유산의 일부나, 심지어는 신성한 의를 정의한 한 부분으로 생각하는 경향이 있다.65) 사실 그렇지는 않으며, 그런 사실은 추적해볼 만한 가치가 있다.

이 법칙은 전체 모세 법 중에서 오직 3번만 나타나며, 원문 상에서 핵심이 되는 문맥에서는 나타나지 않는다. 이제 이들 하나하나를 주의 깊게 살펴보자. 출애굽기 21장 24-27절에서는 두 사람이 싸우는 동안 상해를 입은 여성의 특별한 사례를 위한 배경을 보여준다. 만약 그 여성이 임신하였고 그 상해 때문에 유산하였다면, 보상은 법정에서 정해야 할 것이다. 태아의 생명은 명백히 경제적 가치로 배상될 수 있다. 하지만, 그 여성이 목숨을 잃었다면 이에 대한 처벌은 다음과 같다.

---

65) 다음을 참고할 것. 칼 바르트(Karl Barth). "The Command of God the Creator", in *Church Dogmatics* 3/4, (Edinburgh: Clark, 1961), 442-43: "특별히 어떤 큰 죄를 저지른 사람들이 갈보리에서 실행된 사형으로 말미암은 용서에서 벗어날 수 있는가 예수 그리스도는 세상 죄인들을 위해 십자가에 못 박히셨는데, 어떻게 우리가 사형을 마련할 속죄의 생각을 계속 할 수 있단 말인가"

목숨에는 목숨

눈에는 눈

이에는 이

손에는 손

발에는 발

화상에는 화상

칼에는 칼

채찍에는 채찍

오직 첫 번째 명사의 짝만이 문맥상 관련 있다는 것이 중요하다. 격언의 나머지는 기억에서 나와 반복되었는데, 그것은 당시 법률적 구전 지식의 일부였기 때문이다. 비록 이것이 현재에는 쓸모가 없지만, 그것은 모든 처벌이 범죄에 들어맞게끔 하려고 시적 상응의 기념celebration of the poetic fittingness으로 암송되는데, 심오한 우주적 대칭의 고대 근동적 시각을 다시금 상기시킨다. 만약 이런 법칙을 문자적으로 이런 사례에 적용한다면, 우리는 사형이 여기서 돌발적으로 시행되어야 한다는 것에 주목한다. 종교적 세계관으로 보는 다른 곳에서 그러는 것처럼, 살인이 의도적이었느냐 아니냐 하는 것은 우리 시대에서보다는 그리 중요하지 않았다.

레위기 24장 17-22절에서 배경은 서사적이다. 야웨에게 질문이 던져진다. 신성모독 행위에 대해서 처벌을 가해야 하는지에 대한 신탁을 사람들이 요청한다. 신탁이 그들에게 준 대답은 모든 공동체가 신성모독자에게 돌을 던져야 하지만, 이 명령에는 다음이 따라 붙는다.

만약 사람이 다른 사람을 죽인다면 그는 죽어야 한다.

만약 사람이 동물을 죽인다면 그는 그것을 보상해야 한다.

생명에는 생명으로,

만약 사람이 이웃을 다치게 했다면,

그도 그렇게 당해야 한다.

다친 팔다리에는 다친 팔다리로

눈에는 눈,

이에는 이,

상처를 가한 것처럼

그 상처도 그렇게 가해져야 한다.


그리고 그 서술은 이스라엘의 아들들이 신성모독자를 돌로 죽이는 것에 대해 계속 이야기하기 시작한다. 이 본문은 마지막 죄악과 처벌이 야웨에게 올려진 질문에 전혀 적합하지 않다는 점에서 특이하며, 서사적 틀을 잡음에 포함된 어떤 특정한 죄악은 같은 법칙에 의해 다루어지지 않는다는 점에서 더욱 기이하다. 하나님을 저주한 것에 대한 처벌은 하나님이 저주하시는 것이 아니라 백성이 돌을 던지는 것이다.

이 격언의 세 번째 발생을 더욱 신중히 살펴보면, 같은 주제를 다루지 않는다. 사실 이것은 일반적 보복 관념과 공식적으로 상충된다. 신명기 19장 19-21절의 정황은 법정에서 증거를 위한 일련의 법칙들이다. 누군가가 유죄로 확정되려면 항상 한 명 이상의 증인이 필요하다.[66] 위증죄의 처벌은 위증을 한 사람이 허위로 기소한 사람에게 하려 했던 그대로 당해야 한다는 것이다. 대칭의 요소 "그가 형제에게 행하려 했던 그대로 행하라"가 존재하지만, 이것은 거짓 기소자가 허위로 기소한 것

---

[66] 이 구절의 상징적 의미가 갖는 결정적 표본은 다음의 책제목이 된다. 라이트(J. H. Christopher Wright), *An Eye for an Eye: The Place of Old Testament Ethics Today*. 분명히 발행인들은 구약이 제기한 윤리적 문제의 대표되는 구절들을 크게 고려했다(영국의 초판

때문에 처벌을 받는다는 의미는 아니다. 오히려 이것의 의미는 그가 부당하게 그 형제를 기소한 것에 대해서 공정하게 유죄로 그를 다루어야 한다는 것이다

> 생명에는 생명으로
> 눈에는 눈
> 이에는 이
> 손에는 손
> 발에는 발

우리는 다음과 같이 요약할 수 있다. 세 건의 발생사건 각각마다 짝의 리스트가 어떤 다른 주제를 다루는 가장자리에 그려진다는 것이다. 이들 중 어떤 것도 본문의 중앙에 위치하지 않는다. 이 세 가지 사례 중에 어떤 것도 계시, 새로운 정보를 나타내는 신탁으로 드러나지 않는다. 레24장에서는 신탁의 본문에서 암시되었지만, 논리적으로 그런 사례에만 한정되지도 않으며 그것이 문자 그대로 적용된 것도 아니다 이 세 가지 사례 가운데 "눈에는 눈" 법칙이 실제로 일어났던 것을 구술한 것은 하나도 없었다. "생명에는 생명"을 말한 두 가지 언급 가운데 어떤 것도 살인자의 처벌은 그의 생명을 빼앗는 것이라고 말하지 않는다.

짝의 리스트는 이미 알려진 대로 쉽고 자명하게 기억되는 민간적 지혜이며, 언제든 적용되게끔 하도록 시적 대칭의 의미로 인용되었다. 그것은 설명할 필요는 없다. 탈리오 법칙lex talionis, 피해자가 입은 피해와 같은 정도만큼 가해자에게 가한다는 보복법-역주, 67)은 언약이 요구하는 새롭고 핵심

---

은 다음의 제목이 붙었다. *Living as the People of God*. 하지만, 이 연구의 본문에서 라이트는 세 가지 "눈에는 눈" 구절 가운데 어떤 것도 해석하지 않는다. 심지어 그는 오직 처벌의 전체적 개념에 대해서만 잠깐 언급한다, 166.

적인 계시로서가 아니라, 모든 사회적 비준의 근원에서 상식적이고 자연스러우며, 경험에서 나오는 전모세적 법칙이자 모방적 반영의 정제로서 가장 잘 이해된다. 여기에 모세적이거나 히브리적인 것은 아무 것도 없다.

예수가 같은 담론에서 어떻게 "나는 율법을 폐하려고 온 것이 아니라 완성시키러 왔다"고 할 수 있었는지를 설명하고 "눈에는 눈"을 더 이상 적합하지 않은 것으로 생각하려는 사람들은, 모세의 본문 속의 대칭적 조항이 보복을 규제하는 구체적 의미를 가졌으며, 만약 규제되지 않았다면 자연스럽게 증가했을 것이라고 종종 주장한다. 창4:15의 야웨 혹은 창4:24의 라멕의 모델 이후 그러면 그 구체적 의미는 "눈 하나에는 오직 눈 하나, 이 하나에는 오직 이 하나"였다. 그리하여 그 대칭적 법칙은 이미 제한으로 나타났다. 이것은 그 논리적 귀결의 제한에 대한 관심을 가짐으로 예수가 나중에 "성취하신" 그 방향으로 가는 첫 번째 발걸음이었다.

특히 모세법 속의 다른 곳에서 나타나는 수많은 사형이 실제로는 불균형적 것에 우리가 주목한다면 이것은 매우 타당한 주장이다. 동해복수법talion을 지속적으로 적용하는 것은 그리하여 전체 모세규정보다는 덜 치명적일 것이다.

이런 해석은 또한 "율법"에서 인용된 것을 넘어서 "같은 방향으로 더 나아가는" 것 같은 마태복음 5장에 나타난 5번의 대조법, "그러나 나는 너희에게 이르노니"와 상충하지 않고 잘 들어맞는다.[68] 하지만 우리가 여기서 관련하여 보는 세 가지 특정한 동해복수법은 이런 오직 한쪽 눈 주장을 명쾌하게 해 주지는 못한다. 이 주장은 타당성이 있지

---

67) 신17:6과 민35:30을 참고하라. 신약성서는 마18:16; 딤전5:19, 히10:28 그리고 은유적으로는 요일5:7에서 증거의 규칙을 언급한다. 랍비적 재판관행은, 이미 1세기까지는, 정황적 증거에 근거하여 누구에게 선고를 내리는 데 매우 주저했다.

만, 모든 고대법에 나온 동해이상의 보복의 자리를 기본적으로 이해하는 기초 위에 있어야만 한다.

모세문헌에서 "간접적 동해복수법"이라 불리는 것은 없다는 것은 주목할 만하다. 예를 들어 같은 시기에 있었던 다른 법에는 만약 주택이 붕괴되어 주인의 아들이 목숨을 잃었다면, 건축가의 아들이 그 대가로 죽음을 당해야 한다는 내용이 있다. 히브리법에서 그런 대칭에 대한 관심은 존재하지 않는다.[69] 거짓말을 한 사람에게 거짓말을 하고, 강간범을 강간하거나 도둑의 물품을 훔치는 것과 같은 개념은 없다. 모세법에 있는 몇 개의 사형조항 가운데 대부분에는 그런 대칭이 없다.[70]

따라서 대칭적 고통을 부과하려는 욕구는 고대 문화에서 자연적인 반사작용으로, 시적으로도 적절하지만 항상 적용할 수 있는 것은 아니다. 그것은 야웨의 신탁에서나 혹은 보편적인 도덕적 이성에서 나온 계시가 아니다. 그것은 도덕적 명령이라기보다는 미학적 명령이고, 규범적 안내라기보다는 일반적인 문화적 반영이다. 예수는 분명히 이것을 고려하지 않았다.

### 4부: 예수와 세속질서

신약에서 형벌로서의 사형을 언급한 유일한 곳은 요한복음이다.8:1-11 한 여인이 간음죄를 지었다고 하여 예수께로 끌려왔다.[71] "모세는 이런 경우에 법에 명한 대로 여인에게 돌로 쳐 죽이라고 우리에게 명했

---

68) 보복의 개념에서 가장 통용되는 라틴 용어는, 그것이 계시된 의의 새로운 폭로로서 의도되거나 받지 않은, 일반적인 이교도 사회 지혜의 한 부분임을 보여준다.
69) 나의 책 『근원적 혁명』에서도 나는 같은 주장을 폈다. 지금 나는 그 주장을 철회하지는 않지만, "눈에는 눈" 등의 원래적 사용이 마지 신성한 법인 양 언급되었다는 점에서 과대평가했다.
70) 바일리는 모세법과 관행이 영향을 받는 많은 방법을 열거하는데, 우리가 "인도적"이라고 부르는 방식이며, 사회를 둘러싼 법칙과는 대조된다(Capital Punishment: What that Bible Says, 27-30). 유사한 대조는 다음 책에서 지적된다. Wright, An Eye for an Eye, 166.

소. 당신은 무엇이라 하겠소?"5절 우리가 읽은 "서기관과 바리새인"의 의도는 예수를 시험에 빠뜨리기 위한 것이었다. 즉, 그들은 하나님의 의지를 정의하거나 실행하는 것을 실제로 돕고자 한 것이 아니었다. 그들의 주된 동기는 간음을 없애버리는 것이 아니라 오히려 예수가 성전에서 가르치는 동안 주장한 권위를 계속 행사하도록 예수에게 도전한 것이었다. 7절 예수는 도전을 피하지 않았다. 따라서 우리는 우리의 연구와 관계되는 그의 반응을 올바르게 잡아낼 수 있다.

예수는 "모세"즉 레20장과 신22장의 율법가 간음현장에서 잡힌 여성과 함께 있던 남성 없이도 그 여성을 비난할 수 있다고 말하지 않았다고 잘 지적했다. 그들은 왜 남성 없이 여성을 예수에게 데려왔을까? 예수는 남성우월주의와 여성의 희생에 대해 중요한 지적을 할 수 있었다. 하지만, 예수는 그러지 않았다.

예수는 율법이 요구하고 판사가 그러는 것처럼 그 죄에 대한 그들의 보고가 실제로 정확한가에 대해 도전할 수 있었지만, 그러지 않았다. 예수는 사형조항이 율법에 있다는 것을 부인하지도 않았다. 이미 수세기 이전부터 유대교 지방당국의 장구한 유산으로 자리 잡은 랍비 법정이 사형을 선고한 것처럼, 그는 여성의 편에 서지도 않았다. 같은 복음서에서 나중에 "유대인이" 본디오 빌라도 앞에서 논의한 것에 따르면 18:31, 즉 로마법 아래 유대교 당국이 실제로는 어떤 사람을 죽일 권한이 없었다는 점을 예수는 분명히 지적하지도 않았다. 이런 모든 반응은 들어맞아 왔다. 전체 기술에서, 우리는 그들 모두를 고려해야만 한다. 하지만, 예수는 우리가 우선해야 할 다른 두 가지를 지적하고자 했다.

"죄가 없는 자가 먼저 돌을 던지라."7절, 72) 만약 사형이 하나님의 행위로 이해되었다면, 사형은 확실히 고대 이스라엘에서 그렇게 이해되었다 판사와 사

---

71) 바일리의 상세한 수치는 17개이다(Capital Punishment, 19-22).

형집행인은 도덕적으로 비난 보다 높이 있어야만 한다. "이 말을 들을 때 사람들은 나이가 많은 이로부터 시작하여 하나하나 돌아갔다."9절 제일 먼저 부적격판정을 받은 사람은 왜 나이가 많은 사람이었을까? 사형에 대한 기독교적 도전은 예수가 한 곳, 즉 다른 사람들을 죽일 권위를 요구하는 사람들의 자기 귀속적 의로움에 도전함으로써 올바로 시작해야 한다.

둘째로, 예수는 이 여성에 대한 공격을 용서하는 자신의 권위에 적용했다. 예수는 그녀의 죄를 부인하지는 않았지만, 그녀와 관계되어 그녀를 짓누르던 처벌에 대해서는 무죄를 선언했다. "더 죄를 짓지 말라"11절 예수는 그녀가 용서받았던 죄에 따라, 종교적 죄와 세속적 죄의 차이가 없음을 알았지만, 인과응보는 여전히 이루어져야만 했다.

물론, 이런 이야기를 하는 요한의 관심은 사형의 합법성에 대한 새로운 정보를 자신의 독자들에게 주려고 한 것은 아니었다.[73] 그의 증언은 아버지가 보내신 유일한 사람으로서 예수의 권위에 대한 것이었다. 이것이 바로 우리의 포인트다. 우리는 율법 자체를 공부하는 것이 아니다. 우리는 예수의 구세주 되심이 기도 못지않게 율법과 죄에 대한 사회적 처벌에 적용된다는 것을 배운다. 죄를 용서하는 자로서 예수는 죄인의 행동을 지배하는 죄의 힘뿐만 아니라 유죄를 선고하고 처벌을 명령하는 힘도 없애고 있다.

### 예수의 복음은 더 낮은 세속 질서의 도덕 수준을 용인한다.

신명기 24장에서 용납한 이혼처럼, 마태복음 5장에서 예수가 바로

---

72) 8장의 첫 번째 설화는 몇몇 고대 사본에는 빠져 있으며, 어떤 이들은 원래 복음서의 부분이라는 의혹을 갖는다. 하지만, 이런 구절들이 원래 요한복음에 있었다는 것을 의심하는 학자들조차도 그것이 진짜 전승을 나타낸다는 것을 인정하는 경향이 있다.

73) 유죄를 입증하는 증인을 데려 온 사람이 먼저 돌로 쳐야 한다는 것은 신17:7 조항의 일부이다.

잡은 법의 왜곡처럼, 로마제국의 유대와 갈릴리 지역에서 예수나 바울이 대항하지 않은 노예제도와 압제받는 존재처럼, 사형은 어떤 공식적 합법성을 요구하는 사회에서 하나님의 거룩한 의지를 침해하는 것들 가운데 하나이다. 비강압적인 복음이 그런 방식으로 "세상을 통치"할 수 없기 때문에 복음은 그런 것들을 세속 사회에서 즉각 제거하지는 않는다. 사물이 존재하는 방식을 용납하는 것은 승인이 아니다. "본래부터 그랬던 것은 아니다."마19:8 예수는 이혼에 관한 모세의 이혼조항에 대해 문자적으로 언급했지만, 사도 시대의 그리스도인은 이교도의 힘이 통치하는 세상에서 다른 관점에 대해 같은 방식으로 생각했다.

구원받은 공동체로 살도록그리고 성령으로 가능한 부름 받은 곳에서 공동의 사랑과 용서의 새로운 수준은 직접적으로 더 큰 사회에 강요할 수는 없다. 하지만 그것이 복음이기 때문에, 즉 그것이 현실 세계를 위한 진정한 복음을 나타내는 것이기에 그것은 필연적으로 빛과 소금으로서 작용할 것이다. 이것은 어느 곳에서든 진실이다. 더 명백하게는, 그것은 수많은 시민이 사회의 가치를 위한 어떤 종류의 기독교적 재가를 요구하는 앵글로 색슨 세상에서의 사례가 되어야 한다. 만약 그리스도가 단순히 선지자와 제사장이 아니라 왕이시라면, 교회와 세상의 경계는 도덕적 진리에 스며들 수가 없다. 예수의 삶과 죽음, 그리고 부활이 인간이 되는 규범으로 나타나는 십자가를 지며 용서하는 사랑과 존엄성은 그들이 알든 모르든 간에 모든 인간을 위한 규범이 되어야 한다. 우리는 누군가에게, 비록 신자에게조차 그런 규범을 완벽하게 수행하며 사는 것을 기대할 수 없다. 하지만 그것은 다른 규범은 없다는 것을 증언할 예수를 따르는 자들의 소명이다. 그런 소명을 따르지 않을 전략, 1세기에 이루어지지 않은, 그리고 우리 시대에 이루어지지 않은 전략은, 세속의 몸체가 그들을 존중할 사람들의 신앙과는 관계없는 사회를 소유하고 사회에 부여하는 것이다. 대안은 사람들의 불신앙의 수용 속에서 일하는 것으로, 나는 이것을 세속 질서의 낮은 도덕 수준을 "용납하는 것"이라고 부른다.

어떤 이들은 그리스도의 이름으로 사형에 도전하는 것은 무정부상태를 옹호하는 것이라고 주장한다. 만약 죄인이 용서 받아야 한다면, 오직 죄 없는 자가 "먼저 돌을 던질 수 있다면", 그들은 우리가 어디에서 멈출 것인가를 묻는다. 이것은 모든 정부를 파괴하는 것인가?[74]

이 질문은 항상 진실로 여겨지지는 않는다. 그것을 묻는 대부분의 사람은 오늘날 간음에 대한 처벌로 사형이 합당하다는 것을 옹호하면서 모세법을 따르려 하지는 않는다. 그들은 거역하는 아들을 돌로 쳐 죽이지 않으면 사회가 붕괴할 것이라고 실제로 믿지는 않는다. 그럼에도 이 질문은 주목할 만하다. 이것은 기독교 윤리학을 비기독교 사회에 접목시키는 데 있어 진정한 문제를 나타낸다.

그 질문이 만드는 첫 번째 오류는, 기독교적 사회비판을 해석함에서 물어야 할 올바른 질문이 어떻게 "사물을 그들의 논리적 결론에 이르도록" 하는지를 가정한다는 것이다. 이런 가정은 모든 것을 왜곡시킨다. 기독교적 사회비판은 타락한 세상을 말해준다. 그런 비평은 하나님 나라에서 궁극적 기준을 끌어오기 때문에,또 다른 궁극적 기준은 없으므로 "그들을 논리적 결론으로 이끌어 오는 것"은 그 나라의 존재를 의미하는 것이다. 하지만, 그런 일관된 적용은 신앙을 요구한다. 그것은 그것이 사실로서 반항적인 세상의 능력과 의도를 넘어섰다.

그리스도인은 타락한 사회에서 그것을 기대할 수 없다. 따라서 "이것이 어디로 이끌 것인가?"를 물어봄으로써 그리스도인의 소명을 약화시키는 것은 문제 전체를 왜곡하는 것이다. 세상이 반역한다는 사실로

---

74) 바일리는 서사적 본문 속의 도덕적 의미를 보는 것은 과장된 반감이라고 표현했다 (*Capital Punishment*, 40, 70.

말미암아, "세상"은 기독교적 사회비판이 "극단적으로" 이끌 수 없을 것이라는 것을 보증한다. 그리스도의 부활과 승천은 아무것도 이루어질 수 없는 상황은 없다는 것을 보증한다. 세상은 한 번에 하나씩 올바른 방향으로 나아가는 한 걸음을 걷도록 도전을 받으며, 사랑의 의의 근사치 속에서 품위 있는 수준으로 올라가도록 도전을 받는다.75) 맹세를 지키지 않는 것마5:33-37; 약5:12이 진실을 말하는 것을 무너뜨리지 못하는 것처럼, 그리고 피통치자의 동의the consent of the governed의 개념이 국가의 권위를 파괴하지 않는 것처럼, 사형에 도전하는 것은 정부를 전복시키지 않는다.

세속 질서는 사실이다. "지나친" 사랑의 비판을 밀어붙임으로 세속 질서가 없어질 수도 있다는 것은 생각조차 할 수 없다. 모든 원시적 정부처럼, 창세기 9장은 보복을 요구하지 않는다는 것을 우리는 이미 보았다. 그것이 이미 존재하지만, 오히려 보복을 억누르기 때문이다. 따라서 그리스도인그리고 민주주의 속의 신자이라면 국가가 폭력적인 보복적 잠재성을 제지하기를 바랄 것이다. 그런 폭력적 잠재성은 우리의 옹호를 필요로 하지 않는다. 그것은 이미 존재한다.

위에서 언급한 무서운 개념, "무정부"는 문법적 개념이고 지적인 건설이자 상상적인 실체다. 그런 현실은 없다. 독재자에서 제도적 민주주의에 이르기까지 여러 가지 형태의 정부가 있으며, 독립적 종족에서 "나라"를 거쳐 제국에 이르기까지 다양한 힘의 집중화가 존재한다. 지하세계가 잘 조직된 곳, 혹은 내전이 있는 곳에서는 같은 영토를 두고 두 세력이 권위를 주장한다. 얼마나 효과적으로 권력이 국민을 통치하

---

75) "사형의 적대자들은 시민 정부의 이론을 제시하지 않는다." 클라크(Gordon H. Clark), "Capital Punishment and the Bible", 10. 합리적 철학자로서, 클라크는 인간의 정의에 대해 무엇인가를 말할 권리를 가지려면 그 분야에서의 모든 것을 다루는 이론을 가져야만 한다고 생각했다.

는가에 대해서는 많은 차이가 있을 수 있다. 권위는 위임되거나 장악되기도 한다. 권위는 지혜롭게 혹은 제멋대로, 공공연하게 혹은 숨어서, 헌법이 있든 없든, 피지배자의 동의가 있든 없든 행사될 수 있다. 하지만, 이런 모든 가능성에도 불구하고, 권위는 항상 존재한다.[76] 권위가 복지와 사회의 안정에 거의 기여하지 않는 것처럼 보이는 매우 드문 경우에서, 그 이유는 결코 기독교적 사랑의 방향에서 나오는 비평이 아주 효과적이었기 때문이라는 것이 아니다.

"무정부"의 무서운 개념은 사회연구에서 나온 것이 아니다. 그것은 사물을 자신들의 "논리적 결론"에 맞추려는 정신적 종용의 산물로서, 그 종용은 타락한 세상과는 맞지 않는다.

"우리는 어디서 멈출 것인가?"라는 논의가 가진 두 번째 오류는, 어떤 분명하고 확실한 정의의 개념이 존재하며, 항상 어느 곳에서든 같은 의미를 지니고, 거기에 죄와 벌에 대한 정확한 논리적 혹은 수학적 등식이 있다는 것과 더불어 그런 "정의"는 반드시혹은 가능하면 모두 존중되거나 근본적으로 거부되어야 한다는 개념이다. 실생활에서는아울러 분명한 논리에서는 처벌의 "공정함"을 측정할 확실한 기준이 없다. 모든 문화와 시대는 무엇이 공정한 보복인가에 대해서 매우 다른 개념을 갖는다. 범죄자가 인간인가, 성인인가, 자유로운가, 건전한 정신을 가진 사람인가, 그리고 범죄자가 자신들이 어긴 법을 아느냐에 따라 문화마다 견해 차이는 크다. "상응한" 것이 무엇을 의미하느냐를 판단함에서도 큰 의견차가 있다. "눈에는 눈"은 신체적 상해가 있을 때 가능할 수 있고[77] "황소에는 황소"는 물질적 손실일 때 적용이 가능하다. 하지만, 간음이나 탐욕에 걸맞은 처벌은 무엇인가? 우리는 앞서 거짓말을 한 사람에

---

76) 다음을 참고할 것. Yoder, 『국가에 대한 기독교의 증언』, (대장간, 2012), 60.
77) 위 주장은 국가에 관한 권리와 관련 있다. 냉철한 사회과학은 사회를 하나로 엮는 다른 종류의 비국가적 권위(부족질서, 시장, 학교, 종교, 연예 등)가 항상 있는 것이라고 덧붙

게 거짓말을 하라는 명령이나 강간범을 강간하라는 명령이 존재하지 않는다는 것을 확인했다.

정의는 방향이지, 성취가 아니다. 정의는 상대적이지 절대적 개념이 아니다. 도덕적 행위는 조금 더 공정하거나 조금 덜 공정할 수 있지만, 우리는 사랑과 완전히 별개인, "사랑을 너무 강조"하는 것은 위기에 빠지게 할 것이라는 이상적 정의가 없다는 것을 안다. 지혜의 부족은 곧잘 정의를 약화시킬 수 있다. 정의는 개혁을 위한 이상적 계획에 의해, 적절한 대안을 제시하지 않는 사회적 비평에 의해, 사랑의 본질을 정서적으로 잘못 이해함으로, 혹은 질서의 정도가 얼마나 거대한지를 인식하지 못함으로 약화될 수 있으며, 우리가 비판하는 사회는 상호 존중을 이미 이루어내고 있다. 하지만 너무 많은 사랑이 정의를 위험에 빠뜨리지는 않는다.

### 양보는 하지만 다른 주님은 없다

예수는 유일한 선지자, 제사장, 그리고 랍비가 아니라 주님이자 왕이라는 것이 초기 기독교의 전통적 고백이다. 이 단어들은 정치적인 이름들이다. "그리스도"기름부음 받은 이라는 이름조차 원래는 왕을 지칭하는 것이었다. 그리스도의 법에 집중하기에 적합하지 않은 어떤 삶의 영역이 있다는 것을 시인할 때, 그리스도인은 그들의 주님을 부인하기 시작한다. 물론 비그리스도인은 우리가 그들의 정치에 우리의 종교를 들이지 않아야 한다고 주장할 것이다. 하지만 그런 이유는 예수가 대중적 영역과는 무관하기 때문이 아니라 그들이 주 예수와 관련되고 싶지 않기 때문이다.

만약 우리가 죽임을 당하신 어린 양이 "권세와 부와 지혜와 힘과 존

---

일 것이다.

귀와 영광과 찬양을 마땅히 받으실 만하다"계5:12라고 고백한다면, 우리는 십자가를 정치에 관련시키는 것이다. 만약 우리가 누가 예수를 십자가에 못 박았는가를 묻고 왜 그랬는가를 묻는다면, 십자가는 그 시작부터 정치적이다. 비록 수많은 이웃이 독실하지 않다고 해도 우리가 그리스도에 대해 믿는 것은 우리의 모든 행위에 적용되어야 한다. 물론 불신앙 및 우리 이웃의 대조적인 신앙은, 우리의 불순종에 덧붙여, 어떤 사회도 하나님의 법을 완전히 지킬 수 없다는 것을 의미할 것이다. 사회가 그의 법에 미치지 못할 때, 하나님은 그의 영광을 위해 그런 불순종조차 어떻게 사용하실지 아신다. "섭리"는 하나님이 역사를 주관하시며, 하나님의 의지를 거스르는 타락한 세상을 고려하시어 당신의 힘을 주권적으로, 구속적으로 발휘하신다는 사실을 위한 전통적인 기독교 용어이다. 그것이 정치적인 영역에서든 다른 곳에서든, 섭리는 불신앙에서 나온 낮은 수준의 행동을 그리스도인이 정당화하거나 옹호하기 위한 이유가 아니다.

"권세"가 하나님께 속한 것이라고 선언하는 로마서 13장 1-7절에서의 바울의 말이 바로 내가 말해온 것이다. 사람들은 곧잘 권세가 하나님 아래에 있기 때문에, 그리스도인에게는 국가가 하는 것을 비판할 근거나 그런 비판을 안내할 기준이 없다고 해석해 왔다. 바울은 그렇게 말하지 않는다. 바울은 정부가 "우리에게 유익을 주기 위해서"4절 존재하며, 정부가 "바로 이런 일을 하는데 힘을 쓸 때혹은 힘을 쓰는 한"6절 하나님의 일꾼이라고 말한다.[78]

베드로전서 2장 13-17절과 병행하며 이런 표현들은 정부를 심판하는 개인적 통치자들의 독재적 심판에 달려있는 것이 아니라 선하고 올

---

[78] 하지만, "눈에는 눈"에 대한 3개의 본문 가운데 하나인 신19:19-21에서는, "동등하게" 처벌되어야 할 범죄는 눈을 다치게 하는 것이 아니라 눈을 다친 사람에 대한 위증죄임을 주목할 것.

바른 질서의 기준을 표시하는 것이다. 국가 그 자체를 따르는 것이 아니다. 이 말은 그것이 압제적으로 사용하는 것과 같은 무기를 사용하여 부당한 국가에 대항함으로 우리가 반란을 일으키도록 권한을 부여하는 것이 아니다. 하지만 그것은 압제를 밝힐 기준과 압제를 고발할 근거를 우리에게 부여한다. "살인하지 말라"는 것보다 더 정부가 하는 일에 간단히 적용할 수 있는 기준은 없다.[79)]

로마서의 구절은 다른 본문에서 더 빈번하고 더 분명하게 언급된 신약 성서의 진리가 유일하게 적용된 것이다. 폭넓은 주장은 "그리스도는 주"빌2:11; 고전12:3라는 것이다. "주님"으로서 그리스도의 지위는 교회에만 적용되는 것이 아니다. 그리스도는 "모든 정권과 권세, 능력과 주권, 그리고 모든 이름 위에"엡1:21; 빌2:10; 고전15:27; 마28:18 찬양받는다. 우리가 본 것처럼 개신교 전통은 "섭리"라는 용어를 같은 것을 말할 때 사용한다.

세상은 그리스도를 주로 인정하지 않는다. 그러나 그의 주되심은 1989년 조지 부시가 대통령이 되는 것이 모든 미국시민과 그를 좋아하는 외국인에게 달려 있지 않은 것처럼, 혹은 그가 대통령에 당선되어 취임하는 것이 그들에게 알려지는 것에 달려있지 않은 것처럼, 세상의 인정에 달려있지 않다. 어떤 반체제적 힘처럼 정부는 독립적이고자 할 수 있으며 주인이 되고자 할 수 있다. 하지만 그리스도인은 그런 요구가 잘못된 것이며 그런 노력은 결국 실패할 것이라는 것을 안다.

여기서 정부에 대한 그리스도인의 시각을 일반적으로 논하는 것은 우리의 주제가 아니다.[80)] 그리스도의 지배가 주는 유일한 고백은 현재 우리의 목적을 위한 충분한 결론을 낳는다. 사도들이 말한 것처럼 만약 그것이 다른 어떤 주인이 아니라 예수 그리스도가 하나님의 오른 손으

---

79) 나의 책 을 참고할 것. 『예수의 정치학』, (IVP, 2007), 207-208.

로 이 세상의 힘을 지배한다면, 그런 지배의 목적, 목표, 그리고 기준은 바로 육체로 계실 때 예수께서 우리에게 보이신 것과 같다. 예수는 멸하려고 온 것이 아니라 구원하려고 왔다. 그의 통치를 근거로 생명을 파괴하는 것이 정부의 임무가 될 수는 없다.

### 사도가 생각한 검

신약의 서신들은 사형에 대해 침묵한다. 사도들은 통치자들에 속해 있으라고 독자들을 가르친다. 통치자들은 "너희의 이익을 위하여"롬 13:4 통치하도록 되어 있다. 법을 깨뜨리는 사람들은 스스로에게 천벌이 내리기를 빌지만, 서신서에서 특정한 처벌에 관한 언급은 없다. 통치자들은 우리로 하여금 "경건하고 품위 있는 삶과 조용하고 평화로운 삶"딤전2:2을 살도록 해야 한다. 통치자들은 "악을 행하는 사람에게 벌을 주고 선을 행하는 사람에게 상을 주"벧전2:14어야 하지만, 상이나 "처벌"에 대한 구체적 내용은 담고 있지 않다.

바울이 로마인에게 통치자가 "공연히 차고 있지 않다"롬13:4고 쓴 "검"machaira은 재판권위의 상징이지, 전쟁이나 사형 무기가 아니다. 로마제국에서 검은 군인이나 사형집행관의 무기가 아니었다. 그런 세속질서는 본문의 주제이지만, 국가가 생명을 빼앗는 것은 아니다.

노아와의 언약에서 나오는 동물희생제사나 살인자를 죽이는 것에 대한 조항은 서신서에 암시되지 않으며, 사도들도 그들 모두 유대인이었다 로마 법정을 모세의 처벌조항을 적용한 것으로 생각하는 사람은 없었다.

서신서들은 사회가 하나님나라로 가도록 권고함에서 복음서들보다는 덜 언급한다. 이것은 놀랄 일이 아니다. 서신서들은 로마/지중해 문

---

80) 라세르(Jean Lasserre), "The 'Good' in Romans 13", in *On Earth Peace*, ed. Donald F. Dumbaugh, 130-35.

화에 있는 극소수의 사람으로 구성된 신자들에게 쓰여 졌던 것이다. 그들에게 즉각적으로 효과적인 사회비판을 고려할 여지는 없었다. 반면, 복음서들은 신성한 정의의 히브리적 개념이 별로 생경한 것이 아니었던 환경에서 예수의 영향을 이야기한다. 예수의 자애로운 요구혹은 제안는 그의 청중 모두에게 받아들여지지는 않았지만, 그들은 유대인 청중을 생각할 수 없던 것은 아니었다. 인격적 하나님, 돌보시는 하나님, 간섭하시는 하나님, 의로우신 하나님, 대하기 어려운 하나님, 꾸짖는 하나님의 개념예수의 메시지와 그의 용서하시는 실천의 바탕이 되는 개념은 예수의 유대인 청중에게는 이해가 되었지만, 다신교적 로마인에게는 이해될 수 없었을 것이다.

따라서 선한 시민 사회를 위한 구체적 안내를 신약에서 찾는 것은 형식적으로는 그릇된 것이다. 만약 그런 방안이 주어졌었다면, 그런 방안은 1세기 지중해의 조건들에 들어맞도록 쓰였으므로 우리를 당황하게 했을 것이다. 우리는 오히려 궁극적인 인간의 가치와 구원의 본질을 향한 일반적 방향을 찾아야 할 것이고, 그런 뒤에는 우리 시대에 그런 의미들이 무엇을 말하는지 물어야 할 것이다. 이런 것은 우리가 시작한 히브리적 시각의 근본 관점이 시민적 처벌이 아니라 의식적 속죄에 관한 것이라는 것을 기억할 때 가능하다.

## 5부: 문화를 변화시키는 그리스도

우리가 생각해야 할 성서 시대와 우리 시대 사이의 차이점 가운데, 수많은 새로운 정치 제도와 문화적 시각이 특별히 최근 몇 세기 동안 앵글로색슨 세계에서 발전해 왔다. 우리가 그런 문제들을 여기서 공부할 수는 없지만, 그런 것들을 확인하지 못하면 그것들에 관한 시험되지 않은 가정들호의적이든 그렇지 않든을 무의식적으로 만들게 된다. 이런 발전들 중에서 직접적 혹은 독특하게 기독교적인 것은 없지만, 일반적으로 그것들은 성서에서 나온 이해들을 가진 사회에 끼친 영향에서 파생된 것임을 이성적 논의의 결과에 의해서든 역사적 경험에 의해서든 볼 수가 있다.

1. 우리 문화는, 창조부터 각 사람에게 부여되어 어떤 특별한 수행이 요구될 필요 없이 혹은 몇몇에게만 특권으로 부여되지 않은, 개인의 인간됨으로 개인들에게 속한 "권리"의 개념을 발전시켜 왔다. 이런 철학적 개념은 우리 공화국의 기초에 언급되었다. 철학적으로 이런 사상은 도전받을 수 있다. 이런 개념은 개인적이며, 모든 "권리"가 모든 사람을 납득시킬 수 있는 방식으로 되어 있는지를 정의하기 어렵다. 이 이론을 앞서 주창했던 사람들은 이것이 여성이나 다른 인종에게 적용되는 것이라고 믿지는 않았다.

그럼에도, 각 사람에게 부여된 이런 "권리"의 개념은 우리 시대에서 하나님의 형상에 따라 지음 받은 모든 인간의 신성을 이해하도록 우리가 찾은 가장 좋은 방법이며, 정부의 침해에 맞설 가장 좋은 방법이다. 모든 인간은 태어나는 순간부터 누구도 빼앗을 수 없는 생명의 권리를 가졌다고 말하는 것은 피의 성스러움을 말하는 성서와 유사성을 갖는다. 이런 권리를 빼앗을 수 없다는 것은 비록 그 권리를 가진 자라고 해도 이런 권리는 이전될 수 없다는 것을 뜻한다. 사람은 사람을 노예로 팔 수 없다. 사람은 누군가 그릇된 행동을 했다고 살 권리를 몰수할 수는 없다.

2. 헌법적 민주주의사법권의 독립, 표현, 출판, 집회의 자유를 보장하는 특별한 미국적 방식; 인신보호법(Habeas corpus); 정당한 법적절차의 권리(빠르고 공정한 재판, 무죄추정, 불리한 진술을 하지 않을 권리는 힘을 가진 이가 공권을 오용할 수 있는 선

천적 성향을 다스릴 건전한 방식을 제공한다.[81] 어떤 특별한 상황에서 적법절차의 권리가 피고인을 보호할 때, 이런 권리들은 종종 "범죄자를 보호"하는 것으로 그려지기도 한다. 이렇게 생각하는 것은 미국의 설립자들과 초기 그리스도인, 그리고 심지어 오늘날 세계 사회에서 비민주적으로 통치를 받는 다수의 사람들 속의 도덕적인 사람들에게, 인간의 존엄성을 주로 위협하는 것은 무죄를 입증하여 개인 범죄자들을 처벌받지 않게 하는 것이 아니라, 오히려 국가의 절대적인 힘으로 처벌하는 것이다.

그렇지만 앵글로색슨 체계에서 행정부보다는 법정이 어떤 가치, 특별히 피고인의 권리를 지키기 때문에 유감스러운 독단이 우리 사회에 부여된다. 만약 어떤 소송이 매사추세츠 주나 캘리포니아 주에서 미국 대법원에 가게 되면, 이것은 개인의 권리를 향상시킬 수 있다. 만약 어떤 소송이 조지아 주나 플로리다 주에서 온다면 그렇지 못할 수도 있다. 법정에 의한 범죄의 희생자는 말할 것도 없고, 정부 자체가 일반적으로 희생자를 보호하지 않는다는 사실은 법정을 통해 가망 없어 보이는 이슈로 싸우는 작은 자원봉사자단체의 주민법안의 발의에 굉장히 중요한 사회적 변화를 남겼다. 법정에서 승리한 가치는 입법부에 의해 또다시 무너질 수 있는데, 이 입법부는 선동행위 또는 드문 잔혹행위의 영향이 공평함이나 연민보다 더욱 쉽게 선거를 흔드는 곳이다. 그럼에도, 한계를 인식하고 국민에게 수단을 제공하는 정부를 위해서는 현대의 대안적, 성서적 시각보다는 이런 견제와 균형의 체계가 더욱 적합한 것으로 나타난다.

---

81) 나는 이것의 일부를 다음의 책에서 제시했다. 『국가에 대한 기독교의 증언』 그리고 *The Priestly Kingdom*, 151-71.

3. 지난 150년 동안 점차 발생했던 한 가지 커다란 변화는, 미성년자들과 정서적으로 무능력한 사람들의 책임을 축소시켜 고려하는 점이다. 심지어 사형제도의 존속을 강하게 주장하는 하그van den Haag조차 아이들이나 정신이상자들의 죽음을 요구하지 않는다.[82] 확실히 이런 변화는 유대교와 기독교가 지닌 인도적 정서가 오랜 기간 끼친 영향의 한 부분이다. 무고한 사람을 위한 도피성과 다수증인을 요구하도록 한 모세조항에서 이런 영향은 이미 확실히 나타난다.

4. 현대의 모든 사회는 지난 두 세기를 지나는 동안 사형집행의 현저한 감소를 보였다. 수많은 범죄를 위해 사형을 마련한 법은 법전에서 점차 삭제되어 간다.[83] 법의 사형선고는 유죄로 밝혀진 사람들에게 덜 빈번하게 내려진다. 사형선고는 항소에서 더욱 자주 기각된다. 비록 이것이 발생하는 정도가 몹시 불공평할지라도, 정의의 특징은 대체로 자비로 누그러뜨려져 왔다. 캘리포니아 주의 대법관 라이트Wright는 1972년에 비록 법전에 명시된 사형법을 원하는 사람들조차도 사형법을 덜 적용한다고 썼다. "실제로 사형을 부과하거나 집행할 것을 촉구하는 사람들 가운데에도, 사형은 점점 더 많이 거부된다… 현실에서 우리 사회가 하는 것은 [법전에서] 그것이 사형의 수용에 관해 말하는 것과 일치하지 않는다."[84]

라이트는 여기서 "진보적인" 로비작업이나 국선변호인을 묘사하는 것이 아니라, 검찰관, 배심원, 그리고 항소법원 본선의 일을 언급한다.

---

82) 위의 표현은 법적으로 정확하거나 완전한 것이 아니다. 이런 가치들 가운데 일부는 관습으로, 일부는 중요성으로 권리장전의 특정한 조항 속에서 정의되거나 보호되었다.
83) 하그는 내가 그런 것처럼, 정신이상은 "무죄"를 찾기 위한 근거보다는 적절한 처벌을 가려내는 요소로 고려되는 것이 좋다고 주장했다(The Death Penalty: A Debate).
84) 1800년 즈음하여 영국에서는 사형에 해당하는 범죄가 무려 220개가 넘게 있었다. 다음을 참고할 것. 케스틀러(Arthur Koestler), Reflections on Hanging, 7.

이렇게 성장하는 인간화1958년의 법정판결, 트로프 덜레스(Trop v. Dulles)를 인용하며 라이트는 그것을 "성숙해가는 사회의 진행을 표시하는 진화하는 품위의 기준"이라고 불렀다는 물론 우리 사회의 여러 가지 요소에 기인하지만, 이들 대부분은 히브리 적이고 기독교적인 동정의 가치, 즉 인간 생명의 존엄성이 획득되거나 쉽사리 몰수되는 것이라기보다는 하나님의 선물이라는 신념에서 나왔으며, 또한 민주적 경험이 양성하는 후기 기독교적 공평의 의미에서 나왔다.

5. 가장 민주적인 사회들에는 인종이나 계급에 근거한 차별이 부당하다는 인식이 수년간 점점 강해지는 경향이 있다. 이미 2세대 이전에 싱싱SingSing 형무소의 루이스 로스Lewis E Lawes는 가난하지 않은 자들은 사형에 처해지지 않는다고 언급했다.[85] 궁핍한 개인들과 변호해줄 민간분야 대리자들의 인맥이 두텁지 않은 사람들을 위한 국선변호인 체계는 여전히 공정함과는 거리가 있지만, 적어도 우리 사회는 일반적으로 정의에 대한 불공평한 접근의 문제를 알고 있으며, 어떤 사건에서 법정은 이 문제를 고려할 것이다.

하지만 이런 형태의 점진적으로 "인간화되는" 변화는 새로운 종류의 부당성 가운데 으뜸이다. 최고형이 선고되는 것이 덜해질수록이미 지난 문단에서 본 것처럼 사형이 선고되는 희생자가 임의적으로 선택될 가능성이 커진다. 법률이 개정될 때까지 현존하는 사형을 폐지했던 1972년의 퍼먼 결정퍼먼 vs 조지아을 이끌어 낸 "변덕스럽고 임의적인" 불공평이 바로 그것이다. 사형에 해당하는 죄로 밝혀진 대부분의 사람을 살리고 오직 몇 사람에게만 사형을 집행하는 것, 그리고 범죄의 특별한 본질을 근거로 하는 것이 아니라 인종, 재력, 혹은 그 사람들에게 사형을 집행

---

85) *People* [California] versus *Anderson*, 1972.

하려고 한 국가를 기반으로 몇몇 사람을 선택하는 것은 8차 헌법 개정이 금지한 "잔인하고 특이한 처벌"로 반박되거나, 혹은 "임의적이고 변덕스러운" 것과 동일시되고, 14차 헌법개정안이 제시하는 "평등한 보호"를 거부하는 것이다.

6. 자유로운 종교의 행사를 헌법적으로 보장하는 것과 "종교의 설립"에 관한 정부의 행동을 금지하는 것은 "교회와 국가의 분리"의 개념으로 발전되어 왔다. 우리 사회에서 종교적 다원주의는 점점 늘어나 이 개념이 신앙에 기초한 도덕적 신념을 대중적 삶에 연결시키는 것을 더욱 어렵게 한다. 이것은 입안자의 의지framers' intent와 권리장전을 어떻게 읽을 것인가에 대한 복잡한 논쟁을 촉발한다. 공화국의 아버지들은 분명 어떤 종류의 종교적 중립성을 바람직한 종교적 헌신으로서 "설립"할 의도는 없었다. 공적 관심사에 포함되어야 할 종교적 관점들 가운데, 그런 것은 공백이 생기거나 복잡한 타협을 위한 여지를 남긴다.

몇몇 개신교 근본주의자와 로마 가톨릭은, 어떤 사회적 가치와는 다른 인간 생명의 존엄성이 종파적 다양성의 문제가 아니라 자연적인 도덕법 문제이기 때문에, 그런 "구별"이 시민 정부에서 하나님의 의지를 드러내는 것을 고수하는 사법권을 빼앗을 수 있다는 것을 부인한다. 이것은 직접적으로 오직 사형과 관련된 문제는 아니다. 오늘날 실제 정치에서 가장 당면한 경쟁적 관련성은 사실상 낙태문제이다. 만약 일관적으로 본다면, 이런 주장은 또한 사형에도 적용되어야 한다. 오늘날 미국 가톨릭에서는 그 주장이 낙태의 그릇됨과 병행한 것으로 사형에 맞서 적용된다. 다른 한편으로 어떤 근본주의자에게는 비록 그리 많지 않은 "생존권" 옹호자들이, 논리적으로는 그들이 반드시 그렇게 주장해야 하는 것처럼 보이듯, 사형은 낙태에 대한 처벌이어야 한다고 공개적으로 주장한다 해도 그 주장은 사형에 유리하도록 적용될 수 있다. 그런 갈등은종파의 차이에도 불구하고 "자연"이나 "하나님의 법"이 오직 한 가지를 가르친다고 생각하는 사람들 사이에서 자연도덕법은 모든 이에게 분명하다는 그들의 주장을 논리적으로 약화시킨다. 만약 자연도덕법이 모두에게 명백하다면 여기에 이견이 없었을 것이다. 이것은 최종 권위를 가진 계시를 해석하고자 하는 사람을 더 겸손하게 한다. 이것은 그리스도인이 공적 장소에서 시민들과 더불어 대화를 나눌 때, 그들은 이웃이 따를 수 있는 용어로 자신들의 가치를 적절히 표현해야만 한다는 것을 의미하기도 한다. 따라서 사람들"진보주의자", 휴머니스트, 유대인이 창조와 십자가에 관해서보다는 생명의 존엄성을 지지한다는 것은, 사형을 반대하는 그리스도인에게 불리하게 적용되지 않는다. 창조와 십자가는 그리스도인에게서 가장 분명한 것이며, 여기서 나는 이것을 계속 사용해 오고 있다.

이런 발전을 동시에 되돌아보도록 하자. 우리는 그들을 복음의 압박 아래 있는 문화적 변화나 혹은 인간화라고 말할 수도 있다. 사회적으로 건설적인 몇몇 그리스도인은 아직 주의 깊게 생각해보지 않았기 때문에 "휴머니즘"이 기독교적 헌신에 반대되는 것인 양 말해 왔다. 그런 방법을 선택한 사람이 소수이듯이 창조자이자 구원자이신 하나님의 관심에서 "인간"의 가치를 분리하고자 하려는 방법들이 있는 것은 사실이다. 사람이 무신론적이거나 "세속적" 준거 틀 속의 "휴머니스트"가 될 수도 있다는 것은 사실이다.

하지만 우리는 "인간"의 "소유권"을 창조와 구원을 부인하는 사람들에게 넘기는 것을 거부해야만 한다. 인간을 자신의 형상대로 지으신 창조의 하나님은 최초의 휴머니스트였다. 서구문화절뚝거리고 그 자체로 불완전하지만, 현실이 된에서의 "인간화" 이야기는 그의 몸 된 교회를 통해 부분적으로 이루어진 예수의 아버지, 아브라함의 하나님의 작업의 일부이다. 그런 문화의 인간화는 개인적 영혼의 구원과 같은 것도 아니고 예배를 위한 모임에서 하나님을 찬양하는 것과 같은 것도 아니며, 궁극적인 하나님나라의 도래와 같은 것도 아니지만, 우리가 감사해야 하는 복음의 열매이자 우리에게 책임이 있는 발전을 위한 복음의 열매이다. 다른 가치체계를 믿는 사람들은 인간화 과정 속에서 공유한다는 사실과 그들 중 어떤 사람들은 그것이 악을 없앨 수 있는 것처럼 과대평가할 수 있다는 사실은, 예수의 추종자들이 그것을 거부하거나 혹은 불신자들이 그것을 수행하도록 할 이유가 없다.[86]

## 6부: 이유의 충돌

우리는 논쟁의 한 가운데에서 시작했으며, 따라서 우리는 성서적 배경들 속의 몇몇 주요 주제를 포괄하는데 주목했다. 우리는 성서적으로 세워져야 할 그들의 시각을 추정하는 사람들의 가정을 검토했다. 우리는 어떻게 기독교적 관심이 성서시대에서 우리시대로 이동하는지를 지켜보았다. 이제 우리는 그 문제의 상태를 종합하는 것으로 나아갈 수 있다.

모든 사회는 범죄가 반드시 처벌되어야 한다고 믿는다. 하지만 왜 이것이어야 하는지에 대해서는 동의가 이루어지지 않았다. 처벌을 해야 한다는 이유들은 너무도 많이 있다. 비록 같은 단어들이 사용되었을 때조차 의미는 달라진다. 일부 학자들은 논리적 스펙트럼을 따라 이런 이유들을 펼쳐 놓고자 했다. 예를 들면 거버Gerber와 매카나니McAnany는 처벌, 갱생rehabilitation , 억제, 그리고 "사회적 보호"의 네 가지를 열

---

86) 범죄자를 교정시키는 분야에서 가장 존경받는 알카트라즈의 더피(Clinton Duffy of Alcatraz)와 샌 쿠웬틴의 윌슨(Lawrence Wilson of San Quentin)과 같은 몇몇 전문가는 법의 효과적 이행을 위한 그들의 관심이라는 명목으로 사형을 반대하기에 이르렀다는 것은 주목할 만하다. 윌슨은 교도소장들이 사형에 반대하는 자신에게 동의했다고 기록했다(Ian Gray and Moira Stanley, *A Punishment in Search of a Crime*, 123).

거했다. 콘라드Conrad는 같은 네 가지를 나열했으나 이들을 처벌, 개심 reform, 위협, 그리고 무력화incapacitation라고 불렀다.[87]

이렇게 정돈하여 나열하는 것은 논쟁이 열거보다 더욱 질서정연하다는 첫인상을 줄 수도 있다. 가장 예리한 논쟁가 중 하나인 하그Ernest van den Haag는 "처벌" 자체가 의미 있는 개념이라는 것을 부인했지만 "정의"는 의미 있는 개념이라고 생각한다. 결국 그가 생각하는 "정의"는 다른 사람들이 "처벌"이라고 부르는 것이다. 어떤 때에 우리는 단어 사용이 다르다는 것을 의식하면서 특정 유형의 질서를 만들고자 해야 한다.

1. 처벌은 지금 우리가 해석으로 방향을 전환해야 하는 정당성의 첫 번째 범주이다. 신중한 관찰자라면 "처벌"의 영역에서 결국 반드시 악을 악으로 갚는 것을 정당화할 때 세 가지 크게 다른 기준을 구별해야만 한다:

A. 어떤 범죄의 희생자, 혹은 살인사건에서 가까운 친족과 이웃은 감정적으로 범죄자에게 고통이 가해질 것을 바란다. 여기에서 가장 간단하고 더욱 정확한 단어는 "복수"다. 그것을 요구하는 감정은 분노다. 하그는 이것을 "모든 사회가 만족시켜야할 보편적으로 느끼는 감정"이라 불렀다. 하지만 분명히 채워져서는 안 되는, 깊고도 넓게 느껴지는 감정들이 존재한다. 인종차별과 외국인혐오는 역시 깊고도 넓게 느껴지는 감정이다. 하그가 또한 이야기한 것처럼, 거의 보편에 가까운 역사의 경험에 비추어 보면 최근 몇 세기에 이르기까지 정교한 고문을 필요로 했으며, 즉시 죽이는 것을 자비의 형태로 여

---

87) 내가 위에서 언급하고 아래에서 반복한 것처럼, 수많은 "인도적" 혹은 "진보적" 논의들은, 이 책에서는 다루지 않음에도, 타당하다.

기도록 했다. 하지만 오늘날 우리는 그런 욕구를 법적으로 채우지 않으며 하그는 우리가 그래야 한다고 권하지 않는다.[88]

B. 하나님B/1이나 다른 신들B/2 혹은 "도덕질서"B/3가 처벌을 요구한다는 생각을 가질 수도 있다. 한쪽 면에서 악이 행해지면 다른 면에서 고통을 가함으로 보상되는 곳이 전통적인 균형의 의미지이다. 하지만 왜 두 번째의 잘못으로 첫 번째의 잘못을 바로잡아야 하는지는 쉽게 설명할 수 없다. 그것을 보편적인 도덕적 명령으로 간주하려면 더 논의해야 한다.

C. 범죄자의 존엄성은 범죄자들이 스스로 그들의 죗값을 치를 것을 요구한다고 생각될 수도 있다. 인간이 되는 것 가운데 하나는 자신의 행동 결과에 대한 책임을 지는 것이다. 경제적으로 성인이 된다는 것은 약속을 할 수 있으며 그 약속을 지키는 것이다. 똑같은 것이 어떤 이의 죗값을 치르는 것에 적용되어야만 한다. 어떤 때에는C/1 사회가 범죄자들에게 그들의 "응당한" 처벌을 받는 것이 사회로 들어오는 재허가의 값이라고 말한다. 어떤 때에는C/2 개인이 자신의 죄를 알고 죗값을 지불하고자 한다. 20세기 중반의 유명한 성공회 변증가 루이스C. S. Lewis는 갱생3 아래으로서 처벌의 "인간적" 개념에 대항하여, 범죄자의 인간적 존엄성의 한 부분으로서 응당한 처벌의 개념 혹은 사회적으로 기인한 범죄의 개념을 강하게 주장했다.[89]
어떤 범죄자들은 사형집행을 받고 싶어 한다. 일부 심리학적 치료이

---

88) Rudolf J. Gerber and Patrick D. McAnany, eds., *Contemporary Punishment: Views, Explanations, and Justifications*(Notre Dame, Ind.: University of Notre Dame Press, 1972). [편집자 주] 요더는 아마도 다음의 책을 쓴 하그와 공저한 콘라드를 언급하는 것 같다. *The Death Penalty Debate: A Debate*.

론은 "죄책감"을 개인이 가진 처벌받고자 하는 힘의 구조를 둘러싼 철저히 내면화된 가치체계로 본다. 하지만 범죄자들이 자신들은 죽어야 한다고 생각한다는 것이 그들이 죽어야 한다는 것을 증명하지 않는다.

이런 세 가지실제로는 적어도 다섯이나 여섯 가지 다른 논쟁 가운데 어떤 것이 처벌의 "진정한" 의미일까? 우리의 주장은 정확하게 그런 문제에 대답할 권리가 없다는 것이다. 이 논쟁은 굉장히 복잡하다. 이들 모두를 어떤 것이나 다른 것으로 귀결시키는 것은 기만하는 것이고 스스로 속이는 것이다. 이들 아래, 다시 말해 문화적 역사의 깊은 곳에는 위의 B(하나님이나 신들)와 다소 유사하지만, 똑같지는 않은 두 가지 다른 단계가 있다.

D. 이것만 놓고 보았을 때 창세기 9장 6절의 문자적 의미는 일반적 범죄나 하나님의 명령에 맞서는 도덕적 범죄를 거론하는 것이 아니라 구체적 피흘림에 대해서만 거론한다. 이 구절은 처벌을 위한 일반적 법칙으로서 동해복수법lex talionis이나 모세법의 형벌조항을 덮지는 않는다. 노아와의 계약에서 동물세계와 창조주 하나님과 연결되는 우리의 희생적 시각은 신성모독을 없애는 것이다. 생명인 피는 그것을 주신 하나님께 속한다. 살인자들은 신성모독 행위 때문에 자신들의 생명을 빼앗긴다. "처벌"은 여기서 가능한 용어지만, "속죄"라는 용어가 더욱 적합하다. 그 준거틀은 사회적 계약이 아니라 성례적 우주sacral cosmos이다. 그것이 회복시키는 "균형"은 우주적이고 제의적이지, 도덕적이거나 법적인 것이 아니다.

---

89) Van den Haag and Conrad, *The Death Penalty: A Debate*, 13.

E. 문학비평가에서 문화인류학자가 된 르네 지라르에 따르면, 위의 B와 D의 기저를 이루는 실재는 전역사적 문화거래로서, 전역사적 사회에서 질서 유지를 위한 원시적 보복이 대리자를 죽임으로 대체된 사건이다. 이런 원시적이고 대리적인 의식적 죽임이 "효과"를 발휘하려면, 다시 말해 사회를 진정시키는 효과를 가지려면 그것의 의미가 반드시 신화와 시의 문화적 책략으로 덮여야만 한다. 지라르가 했던 것처럼, 그것은 오직 신중한 고고학적이고 인류학적인 탐구의 힘으로만 밝혀질 수 있다. 지라르의 가설을 해석하고 평가하는 것은 우리로 하여금 너무 멀리 나가게 하는 것이지만,[90] 그는 기본적인 사회적 사실을 이해하려고 현대의 문화연구에 가장 진지한 노력을 기울였다. 즉, 사회의 생존능력은 폭력적 보복을 하고자 하는 준보편적quasi-universal 욕구가 동시에 정당화되고 완충되고, 만족되고 전환되며, 인정되고 거부되어야 한다는 것을 고려하는 방식이다.

2. "무력화", "예방", 혹은 "사회적 방어"라는 표제로 우리는 사형뿐만 아니라 투옥을 정당화하는 수많은 명분을 찾는다. 그런 행위는 과거의 범죄를 "바르게 함"에 근거한 것이 아니라 누군가가 저지를 수 있는 미래의 범죄를 막는데 근거한다. 비록 살인을 저지른 사람의 상습적 범행률은 다른 범죄에 비해 낮지만, 풀려났을 때 다시 범행을 저지를 사람들이 분명히 있다. 이런 정당화가 이미 감옥에 갇혀서 해를 끼치지

---

90) 루이스의 특별한 관심은, 만약 어떤 사회 엘리트가 사회로 복귀하는 것의 가치를 우리 스스로 결정하지 못하도록 한다면, 그것이 압제적이 된다는 것이었다. 그는 사형에 관한 영국의 논쟁으로 말미암아 이런 시험을 적게 되었다. 하지만, 그는 모든 살인자의 인간적 존엄성이 그로 하여금 죽고 싶어 하도록 만들어야 한다는 주장으로까지 자신의 주장을 확장시키지는 않았다. 다음을 참고하라. "The Humanitarian Theory of Punishment" and "On Punishment: A Reply to Criticism", in *God in the Dock*, 287-94 and 295-300.

않는 사람을 죽일 필요가 있다는 것에는 의심의 여지가 있다. 이런 고려는 과거의 범죄가 아니라 미래의 가망에 근거하는 차별을 부른다.

3. "갱생"이나 "개선"이란 이름 아래, 우리는 더 나은 사람이 되도록 그들을 도움으로 범죄자들의 감금을 긍정적 서비스로 만드는 시각을 찾는다. 어떤 감옥은 이런 이해로 "감화원"reformatories 혹은 "회개하는 집"penitentiaries으로 불려 왔다. 사회는 사람들을 자유롭게 하기 전에 그들을 좋은 사람이 되도록 할 권리가 있다. 어떤 이들에게는 이것이 "사회적 방어" 개념의 하위범주이다. 또한 이것이 인간의 본성을 더욱 긍정적 시각으로 표현하는 것이다. 그것이 범죄자들의 개성과 조건을 다루어 방치가 아니라 기준에 의해 그들의 자유를 조종할 범죄자들의 인간적 존엄성을 모욕한다는 루이스의 주장을 우리는 주목해야 한다. 루이스는 이런 정신을 다른 이슈, 즉 사람은 자신의 범죄로 말미암아 비난당해선 안 되며 기회의 부족, 좋은 부모 모델의 결핍, 혹은 다른 결백을 밝혀 줄 고려들의 결여로 말미암아 처벌받아서는 안 된다는 "진보적" 시각에 대한 그의 비판과 연결한다.[91] 그리하여 이런 범주 역시 단조롭다기보다는 복잡하다. 하지만, 우리의 목적에 비추어보면 이것은 그리 중요한 것은 아닌데, 왜냐하면 이것은 전반적으로 처벌에 적용할 수 있는, 사형을 정당화하려고 절대 사용할 수 없는 네 가지 표준적 이유 가운데 하나이기 때문이다.

4. 이제 우리가 시작했던 억제, 혹은 위협이 남아 있다. 그것에 맞서

---

91) 나는 다음의 글에서 지라르의 사고에 대한 간략한 이야기를 제공했다. *Religion and Literature* 19, no. 3 (Autumn 1987): 89-92. 속죄와 사형에 관한 기독교적 사고에 대한 지라르의 중요성은 슈와거가 잘 정리했다. Raymund Schwager, *Must There Be Scapegoats* [편집자 주] 사형을 언급하는 지라르의 생각에 대한 요더의 가장 확장된 논의는 이 책 5장에 포함되었다.

는 주장들은 이전에 다루었다. 우리가 계속해 나갈수록 일반적으로 모세의 율법으로 억제하는 것으로 상정되는 동일시와 처벌에 대한 "우주적 질서"의 체포영장이 그릇된 것이라는 생각은 점점 분명해 진다.

## 어떤 시각이 옳은가?

그런 복잡한 스펙트럼의 시각에 직면하여, 일반적인 우리의 지적 방어기제에는 지나치게 단순화하는 것과 파문하는 것이 있다. 우리는 왜 어떤 시각이 분명히 옳으며 다른 것들을 무효화하는지에 대해 들어야 한다. 하지만 자유 사회에서의 토론 법칙이나 복음은 그것을 허락하지 않을 것이다. 우리가 그것을 가치가 있다고 여기든 아니든, 그것들은 이 토론의 모든 부분이다. 때때로 가장 강력한 힘을 가진 사람들은 가장 도덕적으로 가치가 적은 것예를 들어 보복 혹은 이전의 세계관보복적 세계질서, 두 번째의 잘못이 올바름을 만드는 곳에 의지하고 있다. 여기서 우리가 적절하게 간직해야 하는 것은 구약에서 그리고 인간 사회에 있는 우주적 응보의 존재에서, 사형의 배경적 "이유"에 관한 일반적인 옳은 지식이 아니라 그 보편성의 사실이다. 다양한 "이유들"는 모두 적합하고, 누군가에게는 모두 의미가 있으며, 도덕적으로 더욱 접근하여 검토해 본다면 모두 의심스럽다.

이런 복잡성의 한 가운데에서 우리의 관심은 오히려 기독교 복음이 말해야만 하는 것을 분별하는 것이다. 우리는 이미 히브리적 이야기의 지속적 주제가 죄 있는 자들을 구원하시는 하나님의 개입이라는 것을 봐 왔다. 이것은 원형적 살인자인 가인을 하나님께서 치명적인 보복의 행위에서 구원하심으로 시작된다. 비록 [하나님이] 피의 복수 개념을 존재하게 [하셨지만], [하나님은] 희생의 환경에서 [그것을 제한하셨으며], 모든 희생의 피에 대한 하나님의 질투어린 소유권과 병행하여, 그렇게 함으로 라멕이 위협한 보복의 증가를 [막으셨다]는 점에서 그것은 노아와의 언약으로 지속된다. 제정법이 이스라엘 국가 시대에 지속되어 온 것은, 비록 그것이 이웃 민족의 것처럼 [지켜졌다] 할지라도 그 가혹함이 완화되었다는 점에 있다. 간접 보복은 없었으며, 사고로 생긴 살인자를 위한 도피성이 있었고예배의 장소로서, 창세기 9장의 성례적 관련이 지속된다, 또한 형을 선고하려면 최소한 한 명 이상의 증인이 필요했다.[92]

이런 문제들에 대한 성서의 증언은 장구한 이야기이면서, 영원하지 않은, 율법이나 진리의 불변하는 언어자료이다. 우리에게 문제는 이야기가 시작되는 곳인종차별, 미신, 노예제도, 신성한 전쟁, 일부다처제, 그리고 여성의 학대가 있는의 문화적 실체가 아니라 그것이 이끌리어 온 곳이다. 그 방향은 예수를 향하고 있으며, 모든 약한 자와 외부인, 노예와 외국인, 여성과 아이, 가난한 자와 범죄자의 존엄성을 승인하는 것으로 향한다. 이것은 이러니저러니 할 것 없이 외부인outsider이 특별히 고결한 사람이라는 근거 위에서가 아니라 하나님의 은혜의 근거 위에서 이루어진다.

우리의 목적을 위한 이야기의 정점은 그리스도의 십자가가 죄의 희생을 종결했다는 것이다. 우리가 의도한 것처럼 창세기 9장의 희생적 세계관은 문화적으로 쓸모없는 것으로 여겨져 신약에서 폐기된 것이 아니다. 그것은 오히려 히브리서가 그리스도의 죽음이 모든 희생의 종말이라는 핵심적 주제를 가질 때 상정되며 성취된다. 가장 원시적이고 문화적으로 폭력에 대항한 폭력의 가장 기본적 뿌리는, 죄 없고, 주저하기도 하지만, 궁극적으로 부당한 사형집행의 희생을 기꺼이 받아들인 예수에 의해 자유롭고 비폭력적으로 수용된다.[93]

---

92) 루이스가 정신이상, 지체, 혹은 압력에 기초한 모든 무죄주장을 이런 근거로 반대했는지는 확실하지 않다. 그는 아이들에게 법적 책임이 없음을 받아들이고자 했는데, 이것은 그의 주장의 철저한 적용을 이미 약화시킨다.

그리스도의 사랑이 우리를 휘어잡습니다.

우리가 확신하기로는,

한 사람이 모든 사람을 대신하여 죽으셨으니,

모든 사람이 죽은 셈입니다. 고후5:14


가장 전통적인 신학적 용어로 그것을 말하자면 피흘리는 속죄의 종말, 창세기 9장 6절에 언급된 제도의 종말폐기로서가 아닌 성취로서은 의로운 종교 기득권층에 의해 잘못 고발되었으며, 정당한 정부에 의해 잘못 처형된 성자의 무고한 죽음이다.

로마지배에 의한 평화Pax Romana와 백성의 행복이란 이름으로 의로운 자를 부당하게 비난함으로써요11:50, 18:14, 인간의 의로움을 주장하는 사람들은 그것을 시행하는 바로 그 행위로 사형의 의로움을 주장하는 것을 반박했다.

이것이 그것을 말하는 구체적인 기독교의 방식이다. 간디와 지라르가 우리에게 보여준 것처럼 사람은 그것을 보려고 그리스도인이 될 필요는 없다. 이 세상의 힘을 가진 자는 이러한 용어로 그것을 이해하지 않을 것이며, 우리는 그것을 번역할 방식을 찾을 것이다. 우리는 하나님의 차별 없는 섭리 아래 모든 인간의 통일성을, 창조주에 의해 수여된 빼앗을 수 없는 권리를, 부분적으로는 지역 사회의 상황의 결과가 되는 범죄를, 그리고 빼앗을 수 없는 삶의 권리와 인간이 악을 행했다고 잃을 수 있는 것이 없음을 말할 수 있다.

이 모든 번역 혹은 비유로는 충분하지 않다. 하지만 이들은 모두 다문화 민주주의 속에서는 논의의 타당한 부분이 된다. 이들은 세속 격언

---

93) 바일리는 다음의 책에서 일반적 처벌의 요인들이 완화되는 방법들을 나열한다. *Capital Punishment*, 27-31.

으로서 그 자체로 진리가 아니라, 그들이 가리키는 것, 다시 말해 조물주the Maker와 모델the Model이 기꺼이 희생되었을 때, 모든 인간의 보복을 감당하며, 가치 있든 아니든 살인자에 의해서만이 아니라 우리 모두에 의해서 얻어진 죽음을 죽음으로 세계 역사의 위대한 반전을 가리키는 것이다.

### 7부: 일관성의 시험

합법적 죽음에 관한 대중적 논의가 어떻게 흐려졌는지 내가 보여주고자 하는 문제를 통해 우리의 순례를 진행하는 동안 이것은 처음 있는 일이 아니다. 내가 진정으로 논의하고자 하는 것은 어떤 생명이든, 심지어 죄를 지은 생명이라도 신성하다는 것이 아니라 오히려 그 사례의 비일관성이 대개 사형에 기여한다는 것이다.

### 당신은 정말로 그것을 의미하는가?

아마도 법정최고형의 존속을 옹호하는 사람들이 가장 강하게 믿는 주장은 현재 집행되는 사형을 하나님이 이미 명령하셨다는 것이다.노아에게 주어진 언약의 넓은 의미이든, 혹은 더 합리적인 논의이든 이것은 그들의 시각이 성서적으로 보증되었다고 확신하는 사람들이 고수하는 자기신뢰적 신념이다.

우리가 여기서 반드시 시험대 위에 올려놓아야만 하는 것은 의심 없는 자기신뢰로서, 즉 "내부에서" 접근하는 것이다. 우리는 이렇게 생각하는 사람들이 믿는 것이 사실상 일관적이지 않다는 것을 보여줄 것이다. 사형을 옹호하며 고대 성서적 논의를 사용할 것을 요구하는 사람들의 대부분은 사형을 일관성 있게 적용하는 것이 무엇인지에 관한 도전을 아직 접해보지 않았다. 심지어 이 주제에 대해 가장 강력하게 주장하는 책에서조차 그런 일관성의 대가가 무거워졌다는 증거는 없다. "사형은 성서가 명령하기 때문에 그릇될 수 없다"고 말하는 것과 "나의 국가와 나라의 사형법은 하나님이 명령하시는 것"이라고 말하는 것 사이에는 굉장한 거리가 있다. 예를 들면,

* 법정에서 사형에 해당되는 죄를 지었다고 밝혀진 사람들은 사형을 선고받지 않고 어떤 가벼운 처벌을 선고받는다. 창세기 9장 6절을 문자적으로 하나님의 마지막 말씀이라고 진정으로 생각하는 그리스도인은 특별히 극악무도한 사례뿐만 아니라 이런 모든 선고가 더 혹독해져야 한다는 것에 공격적으로 행동하려고 한다.

* 많은 사람들이 사형선고를 받지만 결국 사형이 집행되지 않는다. 새로운 증거가 나타나 그들이 결백하다는 것이 드러나면 살아 있는 채로 석방되는 보기 드문 몇 가지 사례가 있다. 어떤 사람들은 그 기소에 대해 협상을 벌이고, 어떤 이들은 행정적 관용에서 이득을 보며, 어떤 이들은 경찰이나 검사들에 의해 행해진 절차상의 오류 덕분에 항소에서 살아남고, 어떤 이들은 감옥에서 죽거나 죽임을 당한다. 창세기 9장 6절이 유효한 제정법이라고 옹호하는 그리스도인은 특별히 첫 번째 범주에 있는 사람들을 살리는 데 관심이 있으며 다른 모든 사람의 사형을 확신하고자 한다.

* 일반적으로 모세법은 우리가 살펴본 것처럼 고려를 완화시키는 것에 대한 언급이 없으며 계획성의 부족에 대한 조항도 없다. 자동차사고나 의료상의 과실로 말미암은 모든 죽음에서 누군가는 죽는다. 정신이상뿐만 아니라 젊은이들을 변호해선 안 된다. 사형을 옹호하는 보수

적 기독교문헌에서는 이런 변호나 항변을 경감시키는 것이 완전히 없어지든지 존중되든지에 관한 신중함이 거의 없다.

* 현대 법학의 근거로서 신성한 계시를 주장하는 사람들은 그들이 말하는 계시에 대해 보통 분명하지 않다. 모세법은 반항하는 청소년, 자신의 처녀성에 대해 남편을 속이는 신부, 간음, 안식일을 준수하지 않음, 동성애, 그리고 거짓 예언에 대해 분명히 죽음을 명령한다.[94] 만약 이것이 진정으로 사형을 옹호하는 현대인이 의미하는 것이라면 그들은 1차 헌법개정과 정반대되는 미국 내에서의 사실, 특별히 어떤 종교적 공동체의 성서에서 나온 조항의 직접적 적용이 어떤 특정 종교의 설립을 구성하고자 하는 것에 대해 솔직하게 말하고 다뤄야 한다. 그들은 정당한 민주적 절차를 통해 이런 법안을 얻고자 하는가? 만약 민주적 적법절차가 통하지 않는다면, 그들은 법을 자신들의 손에 넣을 생각인가?

다른 한편으로, 만약 그들이 사형을 옹호하는 것을 호소하는 것이 모세법 전체가 아니라면, 그리고 창세기 9장 6절에 따라 그들이 살인자에 대한 처벌로서 오직 사형을 말한다면, 그것은 노아와의 언약이 모든 인간에게 적용되지만, 모세법은 그렇지 않다는 이유로 지적으로 이해될 것이다. 하지만 노아에게 하신 하나님의 말씀에 대한 창세기의 보고는 법적 본문이 아니기 때문에 그것은 매우 다른 주장이 될 것이다. 모세의 책에 나온 사형조항 대부분은 유야무야하게 되었다. 노아에게 하신 말씀의 핵심은 오직 살인만이 되돌아 올 피흘림에 대한 이유라는

---

94) 특이하지만, 심오하게 지라르는 문화인류학과 문학사에 대한 자신의 새로운 통합의 용어로 같은 점을 지적한다.

것이다.

성서적 이유로 사형법을 유지하는 것에 찬성한다고 생각하는 동료 그리스도인이 사실상 일관적이지 않다고 내가 지적할 때 내 관심사는, 그들이 죽음을 초래하는 정부를 위해 더욱 일함으로 더 일관적이어야 한다는 것이 아니다. 일관성은 만약 적합하지 않은 통치나 시각에 적용되면 미덕이 되지 않는다. 비일관성이 죄는 아니지만, 자기기만이나 자기모순의 가능성을 나타내는 표시일 수 있다. 비일관성은 사람이 즉시 인정한 이유로 할 것을 하지 않을 수도 있다는 것을 보여준다.

나의 관심사는 오히려 사형존속지지자의 주장이 명백히 기독교적이라고 생각하도록 이끌어 온 사람들이, 자신들이 실제로 원하는 것은 결국 더 많은 이를 죽이는 것이 아님을 인식해야만 한다는 것이다. 그들이 진정 원하는 것은 범죄희생자에 대한 연민, 혹은 점점 폭력적으로 변하는 사회 속의 안전, 또는 생명의 신성함에 대한 극적 언급, 또는 그들 신앙의 가치가 사회에서 어떤 자리를 차지한다는 것에 대한 안심이다. 나 역시 그런 것들을 원하지만 우리의 시민질서가 더욱 피에 굶주리는 것을 요구한다는 것은 그것을 위한 길이 아니다. 이런 동료 시민들은 이것이 하나님이 요구하신 것이며 더욱 보복적인 법이 제공되어야 할 것이라고 믿도록 유도되었다. 하지만 그들은 실제로 그것을 깊이 믿지는 않는다. 만약 그들이 믿는다면, 우리 사회가 합법적으로 천배나 많은 범죄자를 죽이는데 헌신하는 미국시민자유연맹the American Civil Liberties Union에 대응하는 사형옹호가 있어야 할 것이다.

하지만 사실상"사실"은 검증할 수 있는 사회경험과 이성적 논의의 모든 이슈를 대하는 것 모두를 말한다 철저한 사형반대증언anti-death witness이 그러한 같은 목표희생자에 대한 연민, 안전, 모든 생명의 신성함을 단언함, 신앙의 처지에서 대중적 가치를 다루는 것에 더욱 더 도움이 될 것이며 그리스도인이 수세기 동안이나 이끌어 온 "인간화"의 과정을 지속할 것이다.

## 8부: 사형 그 자체가 살인이 될 때

도전받아야 하는 사형존속의 옹호에 대해 앞서서 말한 핵심은, 현대적 사형의 법적집행은 그들이 요구하는 성서적 선례처럼 중요한 방식이 되어야 한다는 그들의 신념그들이 후원해야 할 필요를 인식한다는 주장보다는 더욱 당연하게 받아들여지는 추정이다.

이제 우리는 사형존속주의자들의 전통의 진실성에 도전하는 또 다른 차원으로 자리를 옮긴다. 즉, 인간적 정의의 수단이 갖는 오류를 공언하지 못하는 것과, 그리하여 우리 사회의 힘의 체계의 보호 속에서 우리의 이름으로 국가에 의해 죽음을 당한, 작지만, 실제 무고한 사례들을 인식하지 못하는 것이다.

모든 인간 제도에는 오류가 있다. 이들은 사실의 오류이거나 해석의 오류일 수 있다. 기독교적 신념에 따르면 모든 인간은 죄가 있으며, 순수하고 정직하며 이타적인 것이 아니라 때에 따라 목적을 위해서는 법의 힘을 포함하여 힘을 사용한다.

시민정부의 민주적 시각이 지닌 위대한 가치 가운데 하나는 인간의 오류성에 관한 현실주다. 만약 독재자가 완벽하게 현명하고 선하다면, 독재는 가장 유능한 정부의 형태가 될 것이다. 우리는 표현과 집회, 출판의 자유를 필요로 한다. 그것은 헌법을 필요로 하며, 대다수와 개인, 선거의 권리, 그리고 오류와 오용된 권위의 실제적 가능성을 제어할 견제와 균형을 보장한다.

이런 종류의 교정 제어는 법정에서 항소권을 통해 더 높은 법정에 의해 행사된다. 하지만 절대로 바로잡을 수 없는 법적 오류가 하나 있다면, 그것은 바로 잘못된 사형선고이다. 사형은 법적 절차가 오류가 없고 모든 증거를 가진다고 가정한다. 하지만 우리는 정부의 어떤 다른 기관에서도 무오성이나 전지전능함을 가정하지 않는다.

마르키스 라파예트Marquis de Lafayette는 "인간 판정의 무오성이 나를 납득시킬 때까지, 나는 사형의 폐지를 요구할 것이다"라고 확신 있게 말했다.95) 그의 친구 토마스 제퍼슨은 실제로 같은 말을 한 것으로 인용된다. 누가 먼저 말했는가에 상관없이, 성서지향적 사물의 시각을 찾는 사람들이 모든 인간 생명의 신성함과 모든 인간 제도의 오류성을 믿어야 했던 프랑스의 귀족 장군이나 이신론적 연방지지자보다 더 심오한 이유를 찾지 않는 것인가?

기독교적 냉철함은 우리로 하여금 실수를 되돌릴 수 없는 어떤 사회적 관행도 믿지 말 것을 요구한다. 부당한 투옥이라는 조금 덜한 처벌조차도 누군가의 일생에서 결코 돌아 올 수 없는 수십 년을 빼앗는다는 점에서 되돌릴 수 없다. 대부분의 사법권에 유죄선고와 형벌의 덜한 처벌을 잘못 받은 사람들에 대한 보상 기준이 없다는 것은 우리 사회의 익숙해진 부당함 가운데 하나다.96) 하지만 무고한 사람에게 부여된 죽음은 절대적으로 구제 불능한 오류이다. 그것은 사람들의 이름으로 수행되는 살인이다.

보커드Borchard, 프랭크Frank, 스탠포드Stanford, 그리고 비도Bedau의 저작은 무고한 사람들이 유죄선고를 받았다고 알려진 몇몇 사례를 열거한다.97) 그런 사례들은 많다. 이런 일들은 악의 없는 혹은 악의적인

---

95) 다음을 참고할 것. Lloyd R. Bailey, *Capital Punishment*, 17-22.
96) [편집자 주] 요더는 "The Case Against the Death Penalty"에서 참고문헌을 제시하지는 않지만, 비도(Hugo Adam Bedau)는 이런 인용을 소개하면서 다음과 같이 언급한다. "그가 목격했던 프랑스 혁명의 과도함이 지난 이후 1830년, 프랑스 의원들과 대담을 나누며 라파예트(Marquis de Lafayette)는 이렇게 말했다. '인간의 판단의 무오성이 나를 입증할 때까지 나는 사형폐지를 요구할 것이다.'"(미국시민자유연맹, 1992, 다음의 웹사이트에서도 확인 가능하다. http://users.rcn.com/mwood/deathpen.html, 2011년 1월 1일 접속됨). 비도(Bedau)는 이 내용을 다음의 글에서 인용했다. *Charles Lucas, Recueil des Débats des Assemblées Législatives de la France sur la Question de la Peine de Mort*(Paris: 1831), pt. II, 32.

허위증언, 신원오인, 혹은 잘못 해석된 상황증거 때문에 일어난다. 그 사례의 본질을 생각할 때 이런 특정 사례들이 드러난 것은 우연이다.[98]

마찬가지로 그런 사례들을 사형집행 이후 사법상으로 다시 검토하는 것은 좀처럼 가능하지도 않을뿐더러 별로 유용하지도 않다. 미국 법률체계에는 오심을 기록할 책임이 있는 기관이 없다. 그런 오류는 어떤 언론인의 사심 없는 호기심을 통해서, 희생자 가족의 끈질긴 요청을 통해서, 혹은 나중에 진범의 고백을 통해서 드러난다. 피고인의 무죄를 입증해 줄 수 있는 사실에 소매를 걷고 나설 사람이 없으므로, 우리가 아는 것보다 훨씬 더 많은 사례가 있음이 분명하다. 싱싱 교도소의 로스Warden Lewis Lawes는 동료들을 대신하여 정부가 사형을 집행한 사람들 50명 가운데 한 명이 무고한 사람이라고 예상했다. 다른 사람들은 5%로 추정한다.

사형존속 지지자들은 현재의 형벌적용을 감시하는 사람들의 증언이 안심시킬 수 없음에도, 그런 오심의 위험이 경미하다는 주장을 계속 편다.[99] 하지만, 기독교적 자세는 법적으로 인가된 살인의 비율이 5퍼센트인지 혹은 2퍼센트인지를 가지고 옥신각신해서는 안 된다. 그런 살인이 어쨌든 발생할 수 있다는 것이 문제다. 오류를 범할 수 있는 시민 질서는 생명에 대한 절대적 권위를 절대로 주장해선 안 된다. 그것은 그 자신이 가진 명예의 이름으로 되돌릴 수 없는 결정을 내릴 수도 있는 권리 자체를 거부해야 한다.[100] 법정은 실수를 할 수 있다는 두려움

---

97) Eugene B. Block, *And May God Have Mercy: The Case Against Capital Punishment*, 1. 어떤 때에 주의회는 대중의 외침이 있다면 사법에 의한 잘못된 투옥에 대해 법을 개정할 것이지만, 우리의 법률체계는 그릇된 오심으로 피해를 입은 사람의 보상받을 권리를 인식하지 않는다.

98) 보커드(Edwin M. Borchard), *Convicting the Innocent: Errors in Criminal Justice*, 374, 415; Barbara and Jerome Frank, *Not Guilty*; Hugo A. Bedau and Michael L. Radelet, "Miscarriages of Justice in Potentially Capital Cases", *Stanford Law Review* 40.1: 21-180; 또한 다음을 참고할 것. Charles Black, *Capital Punishment: The Inevitability of Caprice and Mistake*.

99) 다음을 참고할 것. Bedau and Radelet, "Miscarriages of Justice."

으로 정상적인 재판절차를 방해하지 말고 그들이 할 수 있는 한 최선을 다해야 하지만,[101] 이것은 오직 심리審理, review와 새로운 증거를 위한 문이 열려 있을 때에만 확신을 가지고 행해질 수 있다.

사회제도의 오류성에 대한 기독교적 냉철함이 필요하다는 것을 고려하기 시작한 지점은 무고한 사람들의 위기였다. 하지만 그 체계에서는 다른 죄의 사례들이 있다. 우리의 법정은 인종과 계급의 측면에서 일상적인 차별이 있다. 상담할 권리가 이론적으로는 모두에게 있지만, 오직 부유한 사람들만이그리고 자발적 대행인이 특별히 유망한 사례들을 맡게 되는 소수의 개인들만 충분한 법적 도움을 장담 받을 수 있다. 특히 가장 많은 사형이 집행되는 텍사스 주, 루지에나 주, 플로리다 주에서는 같은 범죄를 저질렀다고 해도 코카서스 인종은 흑인과 같은 선고를 받지 않을 것이다. 또한 코카서스 인종에게 행해진 범죄는 같은 것이라도 흑인에게 저지른 범죄보다 더욱 가혹하게 처벌되며, 저지른 범죄의 비율로 보면 코카서스 인에게는 유죄선고가 덜 내려진다.[102] 공포나 보복이 아니라 편파적이지 않고 은혜로우신 하나님의 명예에 의해 동기부여를 받는 사형존속 지지자들의 주장은 이런 부당함을 능동적으로 방지하도록 해야 한다.

---

100) "조치들이 오직 잠정적이고 상대적이며 제한된 특성을 가지며, 초월되고 바로잡아야 할 위치에 항상 있어야 할 질서정연한 사회로서의 그 본질에 그것은 속한다. 하지만, 죽음으로 처벌함으로 그것은 무한하며 변경할 수 없고 회복할 수 없는 어떤 것을 하게 된다." Karl Barth, *Church Dogmatics* 3/4 (Edinburgh: Clark, 1961), 444.

101) 우리는 우리 사회에서 어떤 적법절차의 권리가 존중된다는 사실에 경의를 표한다. 미국대법원에서 헌법적 권리의 보호가 1970년대에 잠시 동안 사형집행을 보류시켰으며 어떤 종류의 선고들을 더욱 복잡하게 만들었다. 이런 권리들은 다양한 항소 단계를 통해 사형 사건의 기소를 굉장히 시간을 잡아먹고 비용이 많이 드는 것으로 만들었다. 정부예산 50만 불 이상을 잡아먹는 검사들은 드물지 않다. 만약 피고인이 부자라면, 실제로 가능한 지연은 끝이 없다. 사형을 없애는 것은 일부 법정에 지워진 부담을 크게 경감시켜 줄 것이다.

102) 법정은 이런 편견의 증거를 인식하며, 공판과정의 늘어나는 복잡성은 그것을 감안한다. 퍼먼 대 조지아(Furman vs. Georgia)의 배경에 대한 멜츠너(Michael Meltsner)의 언급을 참고할 것. *Cruel and Unusual: The Supreme Court and Capital Punishment.* 하지만, 특별히

사형이 도덕적으로 열려있어야 할 문을 닫고 잠근다는 사실은 법정 오류를 바로잡을 수 없는 명백한 악을 넘어서, 법의 집행에 바람직하지 않은 수많은 부가적 영향을 미친다. 사형을 집행하는 주에서 살인사건의 기소는 더욱 늦춰지며 법정과 납세자에 커다란 짐이 되는데, 그 이유는 변호에서 온갖 수를 다 쓰며 값비싼 항소를 다 해볼 것이기 때문이다. 캘리포니아 주에서의 한 사건은 10년이 넘게 걸렸고, 주는 50만 불 이상의 비용을 감당했다. 사형을 폐지한 주는 독립된 사형수 수감건물을 유지하지 않아도 된다.

게다가 형벌학자들은 법전에 있는 사형의 존재가 교도소 행정과 개혁이 가진 풀리지 않은 다른 문제들에 직접적으로 관심 갖는 것을 막아주는 상징적 차단이라고 말한다. 초만원을 이룬 감옥, 교육, 레크리에이션, 작업, 그리고 갱생, 그리고 가석방절차와 재사회화는 비극적으로 새로운 방안을 필요로 한다. 법전에서 사형을 지우는 것은 이들 중 아무것도 해결할 수 없다. 인간의 고통에 관점에서는 감옥 개혁 없는 종신형은 사실상 죽음만큼이나 힘든 운명이 될 수 있다. 하지만 법전에 있는 절대적 재가를 고수하는 문화적인 방어와 보복성이 그들을 적합하게 다루는 데 걸림돌이다. 가스실, 교수대, 전기의자를 존속시키는 것은, 이런 사형집행방법이 보복적 정서를 간직하며 국가가 절대적 힘을 갖도록 하면서, 다른 모든 문제에 대한 우리의 시각을 포장한다. 다른 나라의 교도소는 인간다운 생활조건과 갱생의 효율 면에서 미국 교도소를 앞선다. 어떤 사람들은 심지어 거의 집행되지 않는 때조차 사형이 극단적인 상징이 되는, 그 체계의 근원적 목적으로서의 보복 개념이

---

법정에 항소하는 도덕적 엘리트들이 투표에서 힘을 갖지 못할 때, 법정은 우리 문화의 깊은 부당함에 대한 치료제로는 약하다. 1970년대의 사건들을 통해 부분적으로 이뤄졌던 교화수단의 효과는 레이건 대법원의 통치와 새로운 입법부에 의해 크게 약화되어가기 시작했다.

우리의 교정사업 전체를 망쳐버렸다고 생각한다.

어떤 그리스도인은 "진보적" 혹은 "인간주의적" 형벌학자들이 하듯이, 범죄자를 처벌보다는 치료와 갱생으로 다루는 것이 범죄의 도덕적 본질을 부인하거나, 죄가 병이라는 핑계를 대게 될 것이라고 주장한다. 이것은 논점이 아니다. 논점은 도덕적 범죄가 있느냐 없느냐는 것이 아니다. 물론 도덕적 범죄는 있다.[103] 논점은 범죄자에 대한 기독교적 관점이 무엇이냐이다. 만약 우리의 우선적 사회적 집착이 사람들의 구원보다는 처벌 수단에 의한 추상적 도덕 질서를 보호하는 것에 있다면, 물론 공공의 범죄자들은 계속해서 우리가 가진 자기의self-righteousness의 가장 쉬운 희생자가 될 것이다.

## 9부: 조망에서 통합으로

### 사형의 합법성을 거부하며

지금까지 나는 처음 언급했던 방법에 충실해 왔다. 나는 한 번에 한 가지 이슈에 응답했으며, 현재 사회적 논쟁의 한 가운데서부터 이미 그 논쟁을 지배한 주제와 슬로건을 집어 들었다. 이것은 지금까지 양쪽에서 토론을 지속해 온 사람들의 가장 단순하고 가장 자기비판적인 가정들 가운데 일부에 의문을 제기하는 것을 뜻한다.

나는 십계명의 "살인하지 말라"라는 계명이 법적 살인을 직접적으로 금지한다는 순진한 주장을 반복하지 않았다. 그 주장은 너무도 간단하게 사형을 폐지해야 한다거나 철저히 제한해야 한다고 요구하는 일부 사람들이 만든 것이다. "살인하지 말라"는 계명이 지닌 의미는 원래 환경에서는 문자적으로 모든 살인을 배제하지 않는데, 왜냐하면 십계명은 합법적 살인을 뒷받침하는 다른 구절들과 나란히 모세의 본문 속

---

103) 다음을 참고하라. 보이드(George N. Boyd), "Capital Punishment: Deserved and Wrong", 162-65.

에 자리하기 때문이다.

그렇다고 해서 이것은, 어떤 사람들이 단순히 그 본문은 "살인하지 말라"는 의미라며 이 본문이 적절하지 않다고 선언하는 단순한 방법을 정당화하지는 않는다. 논리적으로 "살인"과 다른 죽임 사이의 구별은 그리 분명하지 않다. 우리 사회의 법은 각각 다른 수많은 살인의 정도와 과실이 있는 살해를 구분한다. 히브리어에는 인간의 생명을 취하는 수많은 단어가 있지만, 히브리어 용법을 볼 때 rsh<sup>ratsach로 표기되기도 한</sup> 다<sub>가여섯 번째 계명에 사용된 히브리어 동사</sub> 오직 "살인"만을 의미한다고 보기에는 몇몇 좁은 현대적 의미에서는 너무 드문 단어다. 그것은 법적 처벌민<sub>35:27</sub> 속의 살인을 포함할 수 있다. 최근 존경받는 몇몇의 히브리어 학자들은 6계명의 원래 의미가 "법을 네 손 안으로 가져가지 말라"였다고 제시한다.[104] 그렇다면 십계명에 나타난 이 단어는 가장 가까운 친척의 "피의 복수"와 함께 창세기 4장과 9장이 증명하는 원시적 형태에서 어떤 재판소의 심판권<sub>사울 이전의 "사사들"이나 이스라엘 마을의 "성문 앞 장로들"</sub>과 같이에 이르기까지의 변모를 증명하는 것이다. 그것은 원래 의미에서 원시적 방식을 표시하는 독단과 확대를 점검하는 규제 수단이 되어 왔다.

그러므로 "살인하지 말라"를 직역하지 말고, 우리는 인간 생명의 신성함이 율법에 근거한다고 확신해야 한다. 우리는 고대 히브리 사람들에게 "간음하지 말라"는 계명이 일부다처제, 노예첩, 그리고 축첩을 금지하지 않았다는 주장을 가진 성적 온전함의 요구를 상대화하지 않는다. 우리는 법정에서 거짓말하는 것으로 제한함으로 "거짓증언하지 말라"는 계명을 상대화하지 않는다. 기독교의 도덕 교육 속에서, 우리는

---

104) 다음을 참고하라. Yoder, "Exodus 20: 13 'Thou Shalt Not Kill,'" 394-99 [편집자 주: 또한 다음 요더의 글도 참고할 것. *To Hear the Word*, 2d ed., 38-46]. 쾰러(Walther Koehler)와 차일드(Brevard Childs)도 이 구문을 사용하는 학자들이다.

전형적으로 십계명에 있는 다른 계명들의 의미를 축소시키는 것이 아니라 확대한다.

우리는 이제 처음보다 더 관심있고 명확하게, 히브리 유산에서 법적 살인의 자리를 포함하여 어떻게 우리가 성서 이야기의 총체적 증언을 받아들여야만 하는가를 언급할 자리에 와 있다. 그런 법률은 간단하고 제도적인 명령영원하고, 공간을 초월하며, 문화나 신조와 상관없이 모든 사회에서 하나님의 요구으로 받아들여질 수는 없다. 히브리 성서는 시민법의 형태가 아니며 그와 같은 것이 되라고 요구하지 않는다. 만약 그런 본문 가운데 일부가 시민법으로서 적용되는 때와 장소가 있었다면, 기껏해야 여호수아 시대와 요시야 시대 사이라고 생각할 수 있다. 선지자나 후기 랍비, 혹은 신약성서의 가르침 가운데 어떤 것도 수많은 사형범죄와 더불어 고대 이스라엘의 시민법이 보편적이어야 한다는 것을 나타내지는 않는다. 그것은 기원전 6세기에 이스라엘의 국가로서의 지위와 더불어 유대인에 의해 그리고 심지어 하나님 그 자신의 손에 의해 폐기되었다.

시민통치가 있기 이전 노아와 맺은 언약 속에는 창세기의 다른 증언이 있었다. 우리가 본 것처럼, 피를 흘려야 하는 오직 한 가지 상황, 즉 우선적 피흘림이 존재했다. 이것의 뿌리는 시민질서를 보호하는 실제적 시각이 아니라 우주적 질서를 회복하는 성례의 시각이었다. 모방적 보복에 대한 이런 명령은 역사가 시작하기 전에창4장 존재했다. 하나님의 첫 번째 행동은 그것을 제한하는 것이었고, 반면 가인의 혈통은 그것을 확대시켰다. 우리는 신명기를 통해서는 출애굽기의 사례규정보다도 훨씬 적은 것을 얻기에, 창세기 9장의 방식을 시민법을 위한 기초로 삼을 수 없다. 미국식으로 사형을 집행하는 것은 모든 죽음을 또 다른 죽음으로 속죄하는 것에 한참 못 미친다.

그렇다면 우리는 이런 히브리 유산을 어떻게 받아들여야 하는가?

많은 유대인, 그리스도인과 현대인은 그것이 더 이상 쓸모없으며 무관한 것으로 여기고, 새로운 시각으로 우리 사회를 건설해야 한다고 생각한다. 그래서 그들은 우리 시대에 맞는, 사형에 반대할만한 수많은 다른 좋은 이유를 가졌다. 비록 내가 이들을 중요시하지 않는다 할지라도, 사실상 이런 "다른 좋은 이유들" 중의 대부분은 매우 설득력이 있다.

   * 사회가 갖는 일반적인 비인간화의 영향은 인간의 생명을 폐기할지의 여부가 우리에게 달려있다고 가정한다.

   * 비록 원치 않으며 도덕적으로 가치가 없다고 해도, 모든 인간의 생명이 신성하다는 것에 따른 보편적 인간에 대한 시각. 고대 이스라엘 사회 규범의 세부사항을 포기한 사람도 여전히 모든 사람 속에 있는 신성한 형상 개념을 이해한다.

   * 인간 권력구조의 부정확함과 오류성에 대한 겸손: 어떤 특정 개인의 생명이 가진 가치에 대해 언급하지 않아도, 정부가 가지는 의의 낮은 시각은 생명과 죽음에 대한 절대적 주권을 정부에 부여하는 것을 막을 것이다.

   * 법전에 명시된 사형의 존재가 어떻게 정의의 모든 집행을 더디게 하고, 비싼 값을 치르게 하며 그리 공평하지 못하도록 하는지에 대한 냉철함.

   * 경찰과 법정의 오류 때문에 죽은 무고한 사람들의 통계학적 숫자

에 대한 냉철함.

* 분노와 보복이 성숙한 인간답지 않게 하고 사회적 예의에 파괴적 요인이 됨에 따른 심리학적 이해.

일반적인 인간적 영역에 관한 이런 논의는 … 그것을 생각하는 시민 대부분을 강요하기에 충분하며 … 시민 처벌로서의 사형을 떠나 최근 몇 세기동안 서구 사회의 일반적 경향을 지지하기에 충분하다. 하지만 현재 우리의 과제에서는, 히브리 성서와 대중문화 속에서 보복의 요구가 실제 존재하는 것을 제쳐 두는 것으로는 충분하지 않다.

응징에 대한 이런 요구는, 사회과학의 미세조정에 달려있으며, "보복", "속죄", "모방" 혹은 다른 것으로 불릴 수도 있다. 하지만, 그것은 항상 그 자리에 있다. 그것은 여전히 번스Berns와 하그van den Haag의 강한 친親사형pro-death 주장 속에 있다.[105] 이 두 현대 저자는 가장 개방적으로 자신들의 어떤 특정한 비판적, 도덕적, 혹은 철학적 헌신에서의 논쟁을 포기했다. 갱생 모델에 관해 다른 사람들이 단순한 의존의 취약성을 보이는 것은 제외하고 그들은 보편적인 그리고 그들이 믿는, 유익한 인간적 현상으로서 보복적인 분노의 잔혹한 사실에서만 논쟁한다.[106] 번스나 하그 모두 최근까지의 역사적 관점에서, 그들이나 보복의 시각에서 범죄자의 가족들을 포함하여, 죽이기 전에 죄수들을 고문하는 것이 필요하다는 논리적인 결론에 이르는 그의 주장을 따르지 않는다. 번스는 심지어 모든 살인자가 가장 비도덕적인 것을 제외하고 죽어야 한다고 요구하지도 않는다.[107]

---

105) Walter Berns, *For Capital Punishment*, and Ernest van den Haag, *The Death Penalty*.
106) "본능적" 혹은 사회적으로 유용한 것으로 알려진 보복의 정당성을 옹호하는 인용모음집은 버거(Raoul Berger)가 제시하였다. *Death Penalties: The Supreme Court's Obstacle Course*, 135.

따라서 그들은 르네상스 이래 유대교와 기독교적 휴머니즘의 일반적 영향 속에서 다소 떨어져 있었다. 그들은 모든 상황에서 도적적 명령으로서가 아니라, 가장 최악의 상황에서의 정치적 명령으로서 처벌을 단언한다.

죽음을 죽음으로 구속하는 그런 심오한 요구는 현대의 합리성의 비판 아래 떠나가지는 않을 것이다.[108] 하지만 최종적 진술을 하는 세상도 살만한 곳은 아니다. 창세기 4장에서 야웨의 개입 이래 그것은 더 이상 마지막 진술이 아니다. 또 다른 이야기가 시작된 것이다. 그것은 우주적 질서를 보호하고 회복시키기 위한 억제와 희생의 이야기이다. 그런 이야기는 우주적 범죄자를 위해 완전히 무고한 자가 죽었으며, 그로 말미암은 모방적 보복의 메커니즘을 만족시키고 종결짓는 그리스도의 십자가에서 최초의 절정에 달한다.[109] 그때부터 계속하여 그 이야기는 우리의 것이다. 그리스도의 십자가가 죄로 말미암은 모든 희생을 끝내버린 그의 추종자인 우리가 만약 그를 마지막 진술로서 믿는다면, 그가 가능하게하고 명령한 용서의 방법과 악에 응답하는 새로운 스타일이 되어야 한다.

원수를 사랑하는 것은 세상 속에서의 신자들의 입장과 소명이 그리스도 자신과 가장 가까이 연결되는 곳에서 복음의 주제가 된다. 용서는 하나님 자신의 본성과 예수의 본보기와 명령에 의해 구술된 악에 대한 반응이다.[110] 우리는 사회가 살인자를 죽이고자 해도 그의 생명을 구하

---

107) 같은 책, 183.
108) 따라서 나는 사형에 반대하는 주장은 그것에 대한 대중적 요구 속에 있는 진실의 꾸러미를 인식하는 것에서 시작해야 한다는 철학자 나단손(Stephen Nathanson)의 위대한 저서(*An Eye for an Eye The Morality of Punishing by Death*)에 동의한다.
109) 여기서 나는 인류학자들의 의제에 대한 개방성을 논증하려고 넓은 의미의 언어를 사용한다. 그리스도인은 그런 희생적 사랑을 예수라는 이유로 생명의 근거로서 삼을 수 있어야 하고 삼도록 명령받는다. 하지만, 이것은 그것을 난해한 개념이나 다른 사람들을 위한 미스테리로 만들지 않는다.

려고 해야 한다. 사형이 그릇된 이유는 몇몇 사람들에게 사형이 적합하지 않기 때문이 아니라, 예수 이후로, 그 자격이 누가 인류에 소속될 권리를 가졌는지 우리가 결정해야 하는데 근거하지 않기 때문이다.

만약 성서가 시민사회를 위한 영원하고 불변하는 법칙으로서 근본적으로 읽혀야 하는 것이라면, 성서는 하나님의 실패를 기록해야 한다. 솔로몬이 죽은 이래로 줄곧 그 서사는 안정적인 국가적 신권정치의 어떤 비전에서 더욱 더 나아갔기 때문이다. 반면, 만약 성서가 의와 복지의 방향으로 인류를 움직이기 위한 하나님의 멈추지 않는 개입 이야기라면, 우리는 창세기의 앞부분을 최종적 제정법이라기보다는 그 이야기의 출발점으로 읽어야 한다. 우리는 마찬가지로 초기 이스라엘의 문서들을, 사실상 일어났던 전개들이 적절히 일어나야할 필요로부터 나와, 범죄를 위협하기 위해 증인을 승인하지 않고우리는 사실상 이런 법률들이 얼마나 오래 혹은 얼마나 꾸준히 집행되어 왔는지 모른다 누군가를 죽이지 않고서도 평화롭게 살 수 있는 사회를 향해 가기 시작하는 운동으로 읽을 수 있다.

하나님의 정체성예를 들면, 진정성 있고 신뢰할 수 있는 그분의 존재와 어떤 것이나 다른 사람과는 같지 않은 분은 모든 변화를 거스르는 영원함에 있지 않기에 does not consist in timelessness 창세기에 나오는 하나님의 첫 번째 말씀은 또한 그의 마지막 말씀이 된다. 이런 모든 세기를 통해 하나님의 정체성은 똑같은 방향으로 항상 움직이고 역사하시는 데 있다. 우리가 가장 잘 아는 이 "똑같은 방향"은 대부분 예수 안에서 분명해 지지만, 우리

---

110) 용서의 핵심에 대해서는 다음을 참고하라. William Klassen, *The Forgiving Community*; 용서의 의미를 위치시킴에 있어 범죄자나 적의 중요성에 대해서는 William Klassen, *Love of Enemy: The Way to Peace*. "우리가 용서한 것처럼 우리를 용서하소서"는 주기도문 속의 유일한 조건적 간청이다. 그것은 성령(요 20:21)의 은사와 더불어 그의 제자들에게 예수께서 권능을 부여한 임무이자, 기득권(마9:2)에 의해 가장 비판받아 온 예수 자신의 행동이다.

가 그 사실을 고백할 때, 우리는 고대 이스라엘 사건과 문서를 같은 방향으로 움직여 가는 그분의 사역이 지속되는 부분으로 이해하게 된다.

사형을 주장한다고 생각하는 일반적인 구약의 본문들을 우리가 주의 깊게 읽는다면, 그 본문들의 의미는 그렇지 않다는 것이 밝혀진다. 우리는 시민법, 신성한 우주적 질서의 단언, 그리고 하나님의 의지에 대해 알게 되는 여러 가지 방법 사이의 차이점을 더 심도 있게 분별하는 법을 배운다. 그 종류와 언어의 스타일에 따라 우리가 읽을 때, 그 각각의 자리에 있는 것 하나하나는 하나님이 사역하고 계시며, 예수가 궁극적으로 하셨던 것과 같은 길을 향하여, 스스로 희생하심으로 피의 보복을 끝내는 것을 향해 움직이신다는 것을 보여준다.

그 움직임은 베카리아Beccaria가 비종교적 상응으로 펼쳐놓은 이래 민주주의, 휴머니즘, 인신보호habeas corpus, 그리고 피소된 자의 다른 권리들의 파생된 형태로 수세기 동안이나 퍼져나갔다. [우리 시대에 이 같은 움직임은] 무고한 사람의 보호와 희생자의 회복과 더불어 그의 인간 존엄성을 존중할 범죄자에 대한 긍정적인하지만, 아직은 성공적이지 않은 반응을 찾는다.[111]

문헌에서의 기준적 기술은 세속 법철학자 베카리아와 필라델피아 의사인 벤자민 러시Benjamin Rush와 더불어 18세기 서유럽에서 일어나기 시작한 사형제도에 대한 도전을 보여준다.[112] 하지만, 그것은 정확하지 않다. 그것은 초기 기독교역사에서 지속적인 암류였다.

중세 교회법에서는, 피흘림과 어떤 관련을 가지는 것, 심지어 어떤 사람이 사형에 해당되는지를 법정에서 심사하는 것으로도 그 사제직을

---

111) Cesare Beccaria, *On Crimes and Punishments*.

112) Benjamin Rush, "An Enquiry into the Effects of Public Punishments upon Criminals, and upon Society (1787)" 그리고 "Considerations on the Injustice and Impolicy of Punishing Murder by Death (1792), in *Reform of Criminal Law in Pennsylvania*: Selected Inquiries, 1787-1819.

박탈시킬 수 있는 것이었다. 첫 번째 기독교 국왕으로 러시아인의 존경을 받는 블라디미르Prince Vladimir of Kiev는 988년 자신의 개종을 기리고자 사형을 폐지했다.

1527년 1월 5일, 취리히의 펠릭스 만츠Felix Mantz of Zurich가 개신교 정부에 의해 처형된 최초의 급진개신교도로서 익사선고를 받았을 때, 그의 기소내용 가운데 일부는 그가 "그리스도인은 통치자가 되어서는 안 되며, 검을 가지고 누군가를 처형하거나 죽이거나 처벌하면 안 된다"고 주장했다는 것이었다. 만츠와 같은 운동을 한 프리슬란트의 지도자, 메노 시몬스Menno Simons는 1556년 칼뱅주의자 마틴 미크론Martin Micron에게 시민의 살인병이 그리스도인 통치자가 된다고 썼다.[113]

1682년 윌리엄William Penn이 그의 퀘이커 식민지를 위한 왕권헌장 "위대한 행동"Great Act을 집필했을 때, 사형은 계획된 살인을 제외하고는 모든 범죄에 대해 폐기되었으며, 그나마 사형이 유일하게 남아있게 된 것도 왕의 명령이었기 때문이다. 따라서 1764년 바카리아와 1787년 러시가 표현하기 시작한 것은 계몽시대에 적응된, 더 오래되고 더 구체적으로는 낙태반대비판pro-life criticism을 하는 기독교적 전통의 새로운 국면이었다. 많은 그리스도인이 정치적 보수주의와 더불어 신앙적 헌신의 만연한 연계를 보지 못했던 것처럼, 그런 전통은 최근에 닳아 해어졌다. 어떤 사람들은 이상하게도 범죄자의 생명의 존엄성에 대한 관심은 죄의 그릇됨에 대한 관심과는 양립할 수 없다고 생각한다. 우리의 연구가 보여주는 것은 만약 우리가 원시시대 보복의 의식으로 사형의 문화적 근원을 더 심각하게 생각한다면, 우리는 또한 십자가에

---

113) 메노는 다음의 이유를 들었다: 만약 범죄자가 그의 죄를 회개하면 당신은 당신의 그리스도인 형제를 죽이는 것이다. 만약 그가 회개하지 않는다면, 당신은 그를 영원히 지옥에 넘기는 것이다. 심지어 이교도 스파르타 사람들도 범죄자를 죽이지 않고, 대신 그들을 감옥에 넣어 일을 시켰다.

비추어 죄인조차 죽일 권한이 없는 우리의 무가치함을 인식해야 한다
는 것이다.

# 5장. 당신이 초래한 인과응보: 선한 징벌

## 처벌행위의 정당한 사회적 기능

### 서문: 이어지는 단편들의 형성

비록 혼합된 형태이긴 하지만, 다음에 오는 것은 일관적인 주제의 묶음이다.[114] 그 여러 구성 단편은 몇 개의 하위문화 혹은 하위구분 속에서 병행하는 방식으로 같은 주장을 한다. 다른 존재에서 파생된 어떤 존재 속의 물질이 없이, 몇 개의 부문이 병행하는 방식은 그들 모두에게 흔한 "심층 구조"deep structure가 되는 것에 관한 무언가를 증명한다.

책의 마케팅book marketing은 가능한 문학적 모델 가운데 제한된 개수의 선택을 구술한 것이기 때문에, 그 꾸러미는 현재1995년 여름 "책"으로 여겨지지는 않는다. 이런 연구가 여러 학문분야에 걸치는 본질은 그런 요구들을 충족시키지 않을 수도 있다. 그것은 어떤 저널과 맞지 않을 수도 있다. 이질적이고 불완전한 본질에도 불구하고, "탁상"desk-top 패키지 속에 그것을 하나로 합치는 것은 그것이 비판을 위해 유포할 가치가 있다는 생각에서 나왔다.

내 분야인 기독교윤리학 자체가 다른 학문에 대한 통합과 비판적 목소리에 귀를 기울이는 것을 요구하는 학문이라는 간접적인 의미를 제

---

114) [역주] 서론에서 나타난 것처럼, "선한 처벌"은 결코 세련되지 않으며 공식적으로 마련되지도 않았지만, 1995년의 샬롬 데스크탑 출판을 통해 온라인으로 보게 되었다. (http://theology.nd.edu/people/research/yoder-john) 요더는 이 작업을 1992년에 시작했으며 1995년에는 처음 12 부분을 발행했고, 1997년에는 부록을 추가했다. 요더의 서문은 충분하게 이 자료의 독특한 본질을 규명해 준다.

외하고, 이어지는 페이지 속에서의 어떤 하위문화 혹은 하위구분도 나를 전문가로 그리지 않는다.[115] 다음의 본문 아래 있는 각주가 증언하는 것을 읽노라면, 나는 각각의 하위과목과 하위문화가 얼마나 좁은지 그리고 각각의 작은 세계에 속한 저자들이 그들의 의뢰인 집단 밖에서 이해할 수 있는 것들, 혹은 외부인이 보통 그들에게 물을 수 있는 질문들을 다루는 것이 아주 적다는 생각이 들었다.

일부 소장mini-chapter에 대한 주석 가운데 일부에는 어떤 하위과목의 영역에서 다른 곳에 이르기까지 상호참조를 위해 내가 노력한 흔적이 있다. 항상 그렇지는 않지만 어떤 때에는 어떤 장이 다음 장을 이끈다. 이런 연결과 가끔씩 있는 상호참조는 내가 한 장을 쓴다고 생각했을 때 초기 원고단계의 흔적들이다. 하지만 더욱 최근에 쓴 원고에서는 그런 상호참조효과를 포기했다. 모든 각주 역시 완성되지 않았다.[116] 장마다 와야 할 논리적 연속성이 없다. 그들은 오히려 대략 그것들에 대한 내 최초의 작업 순서연대기적으로로 나타난다.

동료 기독교윤리학자들은 밀하벤John Giles Milhaven이 최근의 저술한 책에 붙은 이름, 『선한 분노』에 주목할 수도 있다.[117] 그 책을 신중히 한번 이상 읽으며, 나는 그 책에서 받아들여지거나 거부될 수도 있다고 분명히 제시하는 도덕신학 속의 정확한 논지를 찾아 내지 못했다. 하지만 나는 우리가 그들의 합법성을 거부하는 한 우리가 다룰 수 없는 갈등에 대해서 인간이 반응하는 범주로 만들어 지는 또 다른 시각을 열고자 밀하벤과 함께 반체제적으로 그 의미를 나누고 있다.

---

115) 이 부인에 대한 한 가지 예외는 2부에서 시작하는 세바스찬 프랑크(Sebastian Franck)가 내 논문 의 연구 분야, 즉 16세기의 급진개혁을 표현했다는 사실일 수 있다. 프랑크를 1971년에 스페인어로 번역할 때 "왕에 걸맞은" 것에 대한 구절이 우연히 나에게 떠올랐다.

116) [역주] 가능한 한 많이 요더의 미주들을 채우려는 시도가 이루어졌다.

117) John Giles Milhaven, *Good Anger*.

"합법성"은 처벌의 사회적이고 도덕적인 자리 확인을 위한 정확하고 올바른 단어가 아닐 수도 있다. 직역하면 그것은 "법에 따라"를 의미한다. 하지만 법은 다양성의 폭이 넓다. 기껏해야 조금 덜 한 악으로 여겨지는 악과 의도적으로 고통을 일으키는 것에 대한 반응을 말하기 때문에, "선"은 확실히 너무 강하다. 하지만 우리는 도덕적 영역에서 그 용어를 사용할 필요가 있다. 아마도 "관용성" 혹은 "인내성"이 더 나은 표현일 것이다.

또 다른 제목은 "처벌의 사례"*The Case for Punity*이다. 사전에는 "처벌"punity이라는 단어가 없으며, 바로 그런 부재가 우리에게 무엇인가를 말한다. 이것과 대조되는 말은 "비처벌"impunity로서 가장 경멸적으로 사용된다. 처벌이 있어야만 한다는 것은 따라서 방치가 잘못되었다는 것을 상정한다. 처벌이 명령이기 때문에 "비처벌"은 그릇된 것으로 보인다. 내가 더욱 정중한 연구가 필요하다고 제안하는 상정이 바로 이것이다. "명령"은 신학적으로, 혹은 심리학적으로, 혹은 사회학적으로 근거가 있는 것처럼 생각한다. 우리는 그럴듯한 설명들 가운데서 하나를 선택할 필요는 없다. 그런 설명들은 아마 모두 타당할 것이다.

하지만 그것을 인식하는 것은 우리 임무의 시작일 뿐이다. 처벌을 가하는 것을 방해하는 다양한 세력이 있다. 이것들 중 일부는 용서처럼 영적으로 심오한 것이다. 어떤 것들은 무정부주의처럼 철학적으로 극단적이다. 또 어떤 것들은 그들을 보호할 죄인 친구들의 노력처럼 정치적으로 방어적이다. 따라서 "비처벌"은 비난의 용어가 되어 어떤 이들을 힐난하거나 혹은 피고인측의 처벌받지 않는 모든 이유를 질책하는 데 사용된다. 처벌을 받지 않는 이유가 선하거나 나쁘거나 혹은 논란의 여지가 있으므로 우리의 문제를 관통하는 간단한 방법이란 있을 수 없다.

이 페이지의 논지를 요약한다면, 처벌은 무시하거나 없애버리는 것보다는 묵인하거나 고통을 받는 것이 더 나은 것이다.[118]

독자가 곧 보게 되겠지만, 이 페이지들이 진술하는 학습절차의 대부분은 르네 지라르의 저서가 촉발시킨 것이다. 비록 지라르의 찬미자들 가운데 일부가 지라르의 분석을 아인슈타인의 "일반적 장이론"general field theory과 같이 모든 것을 설명하는 어떤 것처럼 만들려고 도가 지나치게 노력함으로 그에게 폐를 끼치고 말았다는 결론을 내렸음에도, 나는 지라르가 이 분야의 연구에 가장 창의적 공헌을 한 것에 대해 감사하며, 내 연구에 자극을 준 점에 대해서도 감사한다.[119] 그러므로 나는 초기에 작성된 몇몇 단락처럼 지라르와의 대화가 항상 필요하다는 것에서 따라오는 몇몇 부분을 거리낌 없이 해방시켰다.

## 1부: 뒤르켐: 하나님의 이름으로 혹은 우리의 이름으로

1893년, 현대 사회학의 아버지 가운데 하나인 에밀 뒤르켐Emile Durkheim은 그의 고전 『사회분업론』*The Division of Labor in Society*을 집필했다.[120] 일반 독자는 오직 부분적으로만 이해할 수 있는 방식으로 "동류성에 의한 기계적 연대"Mechanical Solidarity Through Likeness라는 의아한 제목으로 시작한 뒤르켐은 연구의 대부분을 처벌 체계에 집중했다.

---

118) 인내는 고통을 받아들이는 미덕이며, 고대 영어에는 "참을성(longsuffering)"이라는 용어가 있다. "견딜 수 있는"이라는 말은 영어에서 "인내심을 발휘한다"는 것에 가장 잘 들어맞는 단어일 것이다.

119) 지라르 자신은 그런 주장을 거부한다. 그는 "환원주의적 개념"이나 "형태의 다양성에 들어맞는 엄격한 틀"을 제공하려는 의도를 부인한다. 다음을 참고할 것. Robert G. Hamerton-Kelly, *Violent Origins*: Walter Burkert, Ren Girard & Jonathan Z. Smith on Ritual *Killing and Cultural Formation*, 106-11. 지라르는 자신만의 도구들을 매우 자유롭고 자신 있게 넓고 다양한 주제에 사용했지만, 그의 추종자들 가운데 일부가 추측한 것처럼, 그것이 모든 것을 설명할 수 있다는 주장은 거부한다.

120) 다섯 가지의 프랑스 판을 기초로 한, 조지 심슨(New York, Macmillan, 1933)의 영어 번역에서 인용함.

그는 일반화를 위해 수많은 자료를 제시하지는 않지만, 비교문화적 연구에서 그의 폭넓은 학식을 토대로, 처벌행위를 사회의 어떤 핵심 구성 성분으로 묘사한다.

> 원시적 사람들은 처벌을 위한 처벌을 했고, [그들은] 죄를 지은 사람을 특별히 고통 받게 하려고 고통을 가했으며 그들이 부과한 고통에 대해서는 그들 스스로 어떤 이점을 찾고자 하지 않았다 … 그들은 공정하게 반격을 가하거나 유용하게 반격하려고 하지 않았고, 오직 반격하는 것만 했다 … 기운이 다 빠졌을 때만 처벌의 영혼인 고통이 멈추기 때문이다.[121]

따라서 처벌의 반응이 증가되는 것은 사물, 인간, 그리고 사회 본질의 부분이다. 즉, 집합의식the collective conscience이나 공동의 양심에 활기를 주는 "고통"의 척도인 것이다.[122] "문제가 많은 질서를 단순히 회복하는 것으로는 충분하지 않을 것이다. 우리는 더 폭력적으로 만족할 수 있어야 한다. 범죄가 다가오는 것에 대항하는 폭력은 너무 강렬하여 충분히 생각하고 반응하기 어렵다."[123]

대부분의 문화가 처벌명령을 하는 그러한 "폭력"의 힘을 그들 스스로에게 설명하는 방식은 어떤 초월적 권위에 호소하는 것이다.

---

121) 뒤르켐(D rkheim), *Division of Labor in Society*, 85-86. 뒤르켐은 동물, 무생물적 대상, 혹은 무고한 사람들이 처벌의 대상일 수 있다는 사실로 이것이 증명된다고 주장한다.
122) 번역가 심슨은 다른 사람들이 "양심"보다는 "집단적 혹은 공동적 의식"으로 번역했을 것이라고 언급한다. 영어에서처럼 프랑스어에서도 두 용어가 구별되지 않는다는 것을 분별한 그가 옳다. 하지만, 그것은 "인식"(awareness)의 의미에서 "의식"(consciousness)보다 더 많은 것을 의미함이 분명하다. 그것은 어떤 종류의 도덕적 주장을 포함해야 한다.
123) *Division of Labor in Society*, 99-100.

속죄의 개념 밑바탕에는 우리보다 우월한 어떤 힘에 부합하는 만족의 개념이 있다 … 우리가 범죄의 억제를 열망할 때는, 개인적 복수를 하고자 하는 것이 아니라 우리가 … 우리 위에 있어 … 신성하다고 느끼는 어떤 것에 보복하는 것이다. 때때로 그것은 도덕성, 의무 … 와 같이 단순한 개념이다. 대부분 우리는 그것을 몇몇 구체적 존재-조상들, 신성-의 형태로 나타낸다. 실제로 처벌법이 처음부터 본질적으로 종교적인 것이 아니라 어떤 종교적 각인stamp을 항상 포함하는 이유가 그것이다. 왜냐하면 그것이 처벌하는 행위는 어떤 초월적인 것에 대한 공격으로 나타나기 때문이다.[124]

여기서 편집상의 "우리"는 뒤르켐의 것과 그 이전의 것을 포함하여, 뒤르켐이 모든 문화에 공통된 어떤 것을 묘사하는 것을 가리킨다. 비록 우리의 근대성이 가져다주는 분석이 그 근본에 즉각적으로 도전할 것이라고 해도 이런 요구는 지속된다.

분명히 이런 표상은 환영적이다.[125] 우리가 … 보복하는 것은 우리 자신이며, 우리가 만족시키는 것도 우리 자신이다. 피해자들의 정서가 발견되는 것은 우리 내부에 있기 때문이다. 하지만 이런 환영은 필요하다. 그들의 공동체적 기원, 보편성, 영구성, 그리고 고유한 강렬함으로 말미암아 이런 정서가 이례적인 힘을 가지기 때문에, 그들은 스스로를 의식이 더욱 약한 우리 양심의 나머지 부분에서 철저히 구별한다 … 그들은 우리의 일시적 생명 외부에 있는 대상에 우리를 묶는다.[126]

---

124) 같은 책, 100.
125) 예들 들면, 현대적 시각에서.

뒤르켐에 대한 수많은 분석이 있지만, 여기서 우리가 그것을 알아볼 필요는 없다. 그는 오직 전체 사회가 어떻게 일탈을 억누르는지에만 관심이 있다. 그는 개인 내부의intra-personal 혹은 대인관계적inter-personal 요인이나 모델, 혹은 비유지라르처럼 속의 억압적 과정을 철저하게 파헤치고자 하지 않는다. "선한 처벌"의 영역으로 들어가는 우리의 주장처럼, 그 지식분야의 기둥들 가운데 한 명[127]으로서 뒤르켐이 우리로 하여금 다른 과목과 직면하게 하는 다섯 가지 처벌행위의 편만함을 어떤 논쟁에도 영향 받지 않는 것으로 묘사했다는 것은 주목할 만하다.

* 그 행위는 보복적이다. 그것은 기본적으로 사회의 건강, 혹은 범죄자의 갱생이라는 이유에서 기인하거나 정당화되지 않는다.[128]

* 원시적이고 전통적인 신의 의지 개념 혹은 절대적 도덕질서가 더 이상 올바르지 않은 사회라 하더라도, 그 행위는 초월적 타당성을 요구한다.

* 사회과학자들이 그에 대한 도덕적 정당성을 입증할 수 없는 때조

---

126) *Division of Labor in Society*, 100. 뒤르켐의 고전적 공식의 가치는, 우리의 목적에서 보면, 그의 시대의 개인이론("소외"와 "신기루", 101)의 사용이나 그의 신경학("불안한 전류", "내층의 핵", "신경총(plexus)", 97)의 사용에 우리가 들어가는 것에 달려있지 않다. 어떻게 초월적이지 않은 처벌적 욕구가 초월적 정당성을 요구할지를 보여주기 위한 그의 주장은 그의 시대에 "과학"의 측면에 있는 그런 인과관계의 설명들과는 관계가 없다.
127) 데이빗 갈랜드는 이 근래 광범위한 연구(우리가 되돌아 갈)로 가장 존경받는 그의 책 *Punishment and Modern Society: A Study in Social Theory*에서 뒤르켐으로 자신의 이야기를 시작한다.
128) 갈랜드는 또한 그것이 결코 처벌 체계가 경제적으로 이롭다는 옹호자들이나 대리자들에 의해 주장된 것이 아니라고 지적한다. 사실상 그것은 사회가 기꺼이 지불해야 하는 어떤 것이다. 106.

차 그런 과정이 있다는 것은, 사회의 존속에 필수적인 여론이나 "일반 양심" 덕분에 유지되는 것으로 보인다.[129]

* 이런 패턴은 모든 사회에 존재한다. 그것은 지방적이거나 특정한 현상이라기보다는 어떤 사람들이 "자연적"이라고 부르는 일반적인 인간적 현상이다.

* 사회는 그것에 더 훌륭한 이유를 부여함으로 그 원시적인 단순성을 숨기면서 그 요인을 재해석하고자 한다.

갈랜드Garland는 니체를 인용한다. "잔인함 속의 쾌감은 실제로 오늘날에도 사라지지 않았다. 오직 우리의 위대한 연약함을 고려해 볼 때, 그 문제는 어떤 승화를 겪어야 한다 … [처벌은] 가장 애정 어린 비평의 양심 앞에서 검열을 통과하도록 상상적이고 심리학적인 용어로 번역되어야만 한다.[130]

이것은 처벌이 인간 실존의 구성요소라는 중요한 사실을 우리가 받아들여야 한다는 것을 단언하는 하나의 방식이다. 그 사실성을 논박하는 것에는 핵심이 없다. 도덕적 민감성이 그것을 무시하거나 계몽주의가 그것을 소실시키기를 바라도록 많은 사람을 변화시킨다고 하더라도, 우리 마음 속 처벌적 욕구의 무가치성에 대한 우리의 도덕적 민감성은 그것이 사라지도록 하지 않을 것이다. 그것이 주는 피해를 우리가

---

129) 뒤르켐은 이런 과정을 환상이라고 불렀을 뿐 아니라, 그것을 노동이 분업되는 보완적 방식에 대한 사회학자들의 설명적 관심에 적용시키는데 까지 나아가는 데 전혀 문제가 없었다. 그는 입법가, 경찰, 변호사, 판사, 교도관, 그리고 범죄자의 처벌적 과정에서 보완적 역할을 구별하여 분석하지 않는다. 그는(나중에 포컬트가 한 것처럼) 어떻게 통치자가 형벌 체계에서 이득을 얻을지 묻지 않는다.

130) 니체, *Genealogy of Morals*(in *The Birth of Tragedy and the Genealogy of Morals*, 200; in Garland, 63).

입증하는 것은 그것을 약화시키지 않는다.

## 2부: 불경죄LESE-MAJESTE의 문화적 긴요성:

*격언의 역사를 향한 문학–역사적 정찰: 여러 학문분야에 걸친 조사에 부친 전통적 서문*

### 그것은 악인들에 의해 더럽혀진 왕족에 어울린다

종교개혁의 "승화자"라고 불리는 사람 가운데 세바스천 프랭크 Sebastian Franck of Donauworth, 1499–1542란 사람이 있다. 그는 비누를 만들고 백과사전 연대기도 편찬하고 출판하면서 생계를 이었다. 그가 편찬한 것 가운데는 속담집도 있었다.[131] 다른 책은 "로마 이단자들" 목록으로, 교황이 이단이라고 선고한 사람들이었다. 이 사람들에 대해 프랭크는 언급하기를

> 틀림없이 그들 중에서 몇몇은 모든 종파와 조직 속에서 적그리스도[예를 들면 교황]를 가진 것보다 더 많은 성령을 그들의 작은 손가락 속에 가진 매우 소중하고 축복받은 사람들일 것이다. 이런 [적그리스도의 종파와 몸]은 교황의 성자달력에서 그들의 자리를 차지할 가치가 있다–그런 다른 사람들[예들 들면 프랭크가 관심을 두는 "로마의 이단자들"]은 [교황의] 이단목록에 가장 영예롭게 나타나는데,[132] 악인들에 의해 더럽혀지는 것은 명예인 반면눅6:22, 축복을 받는 것은 저주이다.눅6:22; 말2:2, 참고: 시109:28; 마5:11 악인들에게 악의 모든 종

---

131) *Sprichwörter / schöne / weise / herrliche clügreden / vnnd hoffsprüch / darinnen der alten vnd nachkommenen / aller nationen vnnd sprachen gröste vernufft vnnd klügheyt* (*Frankenfurt am Meyn: Fetruct bey Christian Engenolffen*, 1541), 여기서는 넬슨 스프링어와 조 스프링어의 호의로 고센에 있는 메노나이트 역사도서관에 소장된 1560년 제5판에서 인용됨.

132) "명예를 가진 인물"은 교황의 시각이 아니라 프랭크의 시각에서 뜻하는 것이다. 이런 사람들에게는 교황이 그들을 비난하는 것이 명예이다.

류를 가졌다는 말을 듣는 것은 찬사이자 축복이다. 그 철학자가 말
했듯이, "당신이 올바르게 말하고 행동할 때 음해당하는 것, 특별히
칭찬을 듣는 것이 수치가 되는 사람들에 의해 더럽혀지는 것은 왕에
상당하는 대우이다." 그리스도는 이런 것을 증명하신다.마5:11, 10:17-
25; 요15:18-25 따라서 그들은 이런 [교황의] 명부에 자리를 차지하면서
찬란한 영예를 누렸다.133)

프랭크는 그렇게 함으로, 특히 고통을 받을 이유가 없음에도, 고통
을 진리의 표시로 여기는 자들을 위한 기나긴 선상에서 자신의 자리를
잡았다. 아래로부터의 구원 이야기를 같은 방식으로 읽은 후기 역사학
자는 아놀드Gottfried Arnold, 1699, 134)였으며, 우리 시대의 니그Walter Nigg
와 라가즈Leonhard Ragaz가 있다.

넓은 의미에서, 이런 모든 가치가 반전되는 기록은 어떤 격변의 시
간 동안 많은 사상가에 의해 만들어진 표준 수사적 이동a standard
rhetorical move이다. 고통은 진정한 교회의 표시라는 것은 그것을 말하는
가장 폭넓은 방식이다.135) 하지만 신의 표시로서 고통을 보는 이런
일반적 시각보다 더욱 정확한 것은 프랭크가 익명으로 "그 철학자"로
부터 인용한 격언이다. 특정한 형태의 고통으로 묘사되는 것은 명예훼

---

133) 하이놀드 파스트(Heinold Fast)에 있는 프랭크의 현대 독일판 *Der linke Flügel der*
*Reformation*, 234에서 인용되었으며 334에서 가져 옴. 프랭크의 *Chronica, Zeytbuch vnd*
*geschychtbibel*(Strasbourg, 1531)을 따름.
134) Gottfried Arnold (1666-1714), *Unparteiische Kirchen- und Ketzerhistorie*, 1688.
135) 나는 내 1967년의 글 "세상 속의 사람들"(1994년에 *The Royal Priesthood*, 86-101로 재발
행됨)에서 "교회의 표시"의 개념과 십자가가 그들 가운데 하나라는 신념을 검토했다.
16세기의 아나뱁티스트들이 어떻게 쯔빙글리와 아마도 에라스무스에게서같은 개념
을 이어받았는지는 나의 책 *Täufertum und Reformation in Gespräch*(Zürich: EVZ-Verlag,
1968), 191-200에 나와 있다. [편집자 주] 이 책은 다음의 영어판으로 발행되었다.
*Anabaptism and Reformation in Switzerland: An Historical and Theological Analysis of the*
*Dialogues between Anabaptists and Reformers*, trans. David Carl Stassen and C. Arnold Snyder
(Kitchener, Ontario: Pandora Press, 2004).

손으로서, 고통 받는 사람은 어떤 지위의 사람이라는 사실과 관련되며 그 이유는 그가 행한 선이라는 사실과 관련 있다.

그의 이름을 말하지 않고 프랭크가 암시하는 "그 철학자"는 아마도 안티스테네스Antisthenes, 444-365,[136])일 것이며, 그는 소크라테스의 제자이자 디오게네스의 스승이었다. 그는 "견유" 학파의 창시자로 알려졌다. 그의 저작 가운데 온전히 남아있는 것은 없지만 몇몇 단편이 고전문헌 곳곳에서 인용된다.[137]) 이런 특정한 격언은 디오게네스 라에르티오스Diogenes Laertius의 가장 솔직한 시각으로 이야기 된다. "플라톤이 그를 욕했다는 것을 듣자 그[안티스테네스]는 '선한 일을 행할 때 욕을 듣는 것은 장엄한 것이다' 라고 말했다."[138])

이 구절은 또한 에픽테토스Epictetus[139])와 아우렐리우스Marcus Aurelius,[140]), 그리고 알베르투스Albertus magnus[141])도 인용했다. 플루타르크Plutarch는 안티스테네스에게 명예를 돌리지 않고, 같은 생각을 알렉산더 대왕의 일생에 섞어 알렉산더의 조신들이 그를 나쁘게 말하는 것을 알렉산더가 참았다고 언급했다. "그는 먼저 매우 온화하게 자신에 대한 이런 취급을 처리했으며, 은혜를 베풀고 욕을 듣는 것은 왕의 일

---

136) 안티스테네스를 항상 믿지는 않았던 에픽테투스나 마르쿠스 아우렐리우스와 같은 사람들이 그 구절을 사용했을 때, 프랑크가 우리가 다가갈 후기 자료들 가운데 하나를 언급했으리라는 것도 배제되지 않는다. 저작권이 없던 시절에는 전임자의 어떤 격언을 빌리는 것이 부도덕한 것은 아니었다.

137) Fernanda Decleva Caizzi, ed., *Antisthenis Fragmenta*.

138) *basilikon, ephé, kalôs akoúein; Caizzi* Nr. 150; Diog L. VI/3.

139) Caizzi Nr. 20A, 30, from Arrian. VI/6/20; *prátein m n ʻeú, kakôs dʼ ʼakoúein*.

140) *Meditations*, VII/ 36, Caizzi 20B, 30. 그 동사는 에픽테투스에서 쓰인 것과 같다. *Meditations*에서도 다른 병행적 표현들을 찾을 수 있다. "[그의 양부 T. 아우렐리우스]안토니누스의 제자로서 모든 것을 하라. 그가 결국 자신을 부당하게 비난하던 사람들을 비난하지 않고 그들을 어떻게 참았는지를 기억하라(VI/30)"; "누군가가 너에게 그릇된 일을 할 때 이런 생각을 하라 … 그는 잘못을 했고 … 너는 그를 불쌍히 여길 것이다 (VII/26)."

141) 앞서 인용한 세바스천 프랑크의 격언들과 속담들에서 인용됨, 43: *reguim est benefacere et malem audire*.

이라고 말하곤 했다."[142]

아마도 우리의 목적에서는 알렉산더 대왕과 아우렐리우스가 진정한 왕은 금욕주의적 평정을 가지고 그의 역할의 이런 대가를 받아들일 준비가 되어 있어야 한다는 개념을 나타내는 사람일 수도 있다. 그나 그녀가 이것이 사물의 본질이라는 것을 받아들일 때는 왕이 아닌 사람도 예를 들면 안티스테네스가 원래 썼던 글에서 왕과 같은 것이다.[143] 왕은 그런 명예훼손을 받아선 안 되지만, 그것을 받아들인다. 그것은 그 영토와 함께 한다.

신화나 제의, 혹은 시민적 처벌과는 관련 없는 고전을 통해서 하나의 격언이 자리를 내어 주며, 우리가 가진 다른 문헌들에 더욱 주목하게 하는 이런 자료의 가치는, 다른 시각에서 보면 그것이 다른 학문 속에서 우리가 관찰해야 할 자료와 병행한다는 것이다. 권위를 가진 사람들이 쓰러져야 한다는 사실은 어떤 우주적 적합성을 단언한다. 그런 직무상의ex officio 고통은 모순으로서가 아니라 역할의 존엄성의 일부이다.

### 3부: 안티스테네스 이후

#### 고전적 격언에 숨어 있는 문화적 실재: 희생양으로서의 족장

비록 이러한 것들이 이 궤도 각각의 끝에서, 그 자신의 환경과 그 자신의 이유로 격언을 반복하는 사람들이라 할지라도, 명예가 훼손되는 것이 왕족에 상응하는 것이라는 개념은 자명하지 않으며, 고대 그리스 안티스테네스의 견유학파 또는 16세기 스트라스부르크프랭크 휴머니스트

---

142) *Plutarch's Lives*, Loeb Classical Library (1971), 344-47.
143) 나는 왜 안티스테네스가, 정부와 관계를 맺지 않고, 그리고 플라톤이 그를 학대했을 때, 귀족의 속성(*basilikón*)을 지닌 왕 같은 존재가 좋은 것이라고 생각했는지 설명하려 하지 않는다. 이것은 그 격언이 안티스테네스 이전에 전역사를 가졌음을 잘 보여준다.

의 일반적인 반문화적 반영의 필수적 부분도 아니다. 모욕당하는 권력자들이 적합하다는 것은 실제 세상에 대한 더 세세하고 정확한 형태의 관찰이다. 그것이 증언하는 기준 가치를 뒤엎는 것은 프랭크의 일반적인 고통의 자리 시각과는 다른 문화적 장소[144], 다시 말하여 사회가 사회적 지위의 불안정성과 필수적 능력the indispens ability을 반복함에 의한 한계적 제의liminal ritual의 특별한 영역을 시사한다.

현재 이런 과정을 나타내는 용어는 "전가"scapegoating이지만, 이 용어는 정의상으로 주의를 필요로 한다. 이 단어는 레위기 16장 9-22절에서 사용되었는데, 이 부분은 언어상의 실수를 잘 나타내는 곳이다. 그 히브리어는 흔히 "보내어 지는 양"으로 번역되는데, 원래는 아마도 "아자젤Azazel을 위한 양"을 의미한다. 아자젤은 사막에 사는 어떤 악한 영적 존재의 이름이며, 짐승은 그를 위해 희생된다. 쫓겨난 양에는 아무런 위풍당당함이 없다. 그럼에도 그 단어는 인류학이나 인종학의 언어로 자리 잡아, "악을 멀리 내어 쫓는" 많은 문화에서 의식적 실행의 전체적 영역을 가리키기 위해 "희생양"scapegoat이란 용어로 쓰이게 되었다.

모든 제의적 백과사전의 어머니가 되는 프레이저Frazer의 『황금의 가지』Golden Bough, [145]는 신이나 여신을 죽임으로, 또는 강 하류로 떠내려 보내는 배나 동물, 아니면 쫓아버리거나 죽일 사람 위에 악혹은 마귀을 씌워둠으로써 "악을 없애"는 수많은 방식을 나열한다. 이런 형태는

---

144) 프랭크의 사상에 대한 대부분의 해석자는 *Gelassenheit*(양보 혹은 놓아 주기)에 대한 그의 일반적 사상과 그리스도를 따르는 그리스도인의 삶 속에서 고통의 자리를 종교개혁 이전의 마지막 신비주의에서 얻고자 한다. 하지만, 그것은 에라스무스와 쯔빙글리와 같은 르네상스 인물의 사상에서도 발견된다. 안티스테네스와 마르쿠스 아우렐리우스와 같은 견유학파와 스토아학파에게는, 고통을 받아들이는 근거가 달라야만 했다.
145) James George Frazer, *The Golden Bough*(New York: Macmillan, 1922). 아마도 더욱 이해하기 쉬운 1940 요약판에서, 왕들을 죽이는 것은 XXIV장, 264-83, 그리고 악을 축출하는 다른 방식은 LV-LXIV장의 538-658.

너무도 많아 독자들은 이런 모든 실행의 분명한 공통점을 찾는데 어려움을 가지게 된다. 그런 다양한 문화를 "이해하고자" 하는 독자들이 만약 어떤 인류학자가 모든 문화를 이해하도록 해 줄 것이라고 믿는다면, 맹신적이라고 불릴 것이다.

문학비평가에서 문화역사가와 철학자로 변신한 르네 지라르는, 자신이 모방mimesis이라고 부르는 사건이나 관습이 어떻게 단순한 문화 속에서 폭력의 보급을 묘사하는지에 대한 이해를 기반으로 무척 관련 있지만, 상당히 다른 관습들을 구별해 냄으로 희생양의 개념에 대한 더 큰 일관성을 가져오려 했다.146) 지라르의 혼합은 세 가지 주된 자료에서 나온다. 고대 그리스 신화, 프레이저가 묘사한 것과 같은 원시 부족의 관습, 그리고 중세 유대인과 마녀박해.147)

지라르의 대단하고 야심찬 이론은 일거에 두 가지 근본적 이슈를 다룬다.

* 폭력을 응징하고 만장일치로 희생자에 대한 공동체의 적대성을 지시함으로써 모방적으로 늘어나는 폭력의 사악한 순환을 일으켜 평화를 유지하기 위한 방법으로서 원시적으로 발생한 시민조직의 기원.

146) 지라르는 먼저 그의 책 *Violence and the Sacred*과 이후 *The Scapegoat*으로 말미암아 널리 읽히게 되었다. 다음의 나의 리뷰를 참고하라. *Religion and Literature* 19/3 (Autumn 1987), 89. 지라르의 사상에 대한 좋은 입문서로는 다음을 보라. James G. Williams, *Religious Studies Review* 14/ 4 (October 1988), 320-26. 더 최근의 요약본으로는 다음을 보라. Hamerton-Kelly, ed., *Violent Origins*. 성서적 유사성은 다음에 의해 최초로 추구되었다. Raymund Schwager, *Brauchen wir einen Sündenbock* 3d ed. 희생양의 주제를 넘어서서 지라르의 가장 최신판은 "복음서의 사탄"에 관한 강의로, 1992년 11월에 미국종교학술원 (the American Academy of Religion)에서 소개되었다.

147) 이런 각각의 영역에서, 어떤 자료를 사용하며 그것을 어떻게 읽을 것인지를 선택하는 지라르의 방식은 내가 평가할 역량을 넘어선다. 여기서 나는 어떻게 전문적으로 그것을 입증하거나 무효화할 것인가에 대해 분명하지 않은 상태로 그의 혼합을 알린다.

* 영웅/희생자의 죽음을 이야기함과 동시에 근본적인 희생사건을 재해석함으로 기념하는 신화와 의식의 기원.

일단 이런 시각이 신뢰를 얻으면 그것은 다른 문제에 대해서도 새로운 실마리를 줄 수 있다. 지라르가 언급하는 프랑스적이고, 포스트모던적이며 지적인 세상에서 가장 독창적이고 놀라운 것은, 일반적인 히브리적 세계관과 특별한 예수의 죽음이 희생양을 기반으로 하는 문화의 보편적 구조 속의 급진적 단절을 나타낸다는 주장이다. 그러므로 그는 성서의 권위도 아니고 계시나 교학권magisterium의 전통적 개념이 아니라, 문화기술법ethnography이 조명하는 역사적 사실들을 기반으로 기독교 독특성그리고 진리의 의미의 역사적 논증과 같은 것을 건설한다.[148] 그의 작업은 아주 자극적이라서 지라르식으로 다른 사람들의 글을 읽는 학자들 사이에 이미 학제간의 모임이 형성되었다.[149] 지라르의 동료들과 숭배자들의 이런 모임이 가져다 준 대부분의 작업은 다음의 몇 가지 주제에 집중된다. 사회적 구조, 신화, 그리고 의식의 원시적 기원을 분석하기; 속죄의 성서적 개념을 재해석하기; 그리고 예수의 십자가처형의 독특성을 묘사하기.

지라르는 어떤 사람에게 더욱 가치 있어 보이는 일련의 다른 문제들, 다시 말해 어떤 원시적인 숙청이 그들을 따로 구별하도록 주장되든 주장되지 않든, 태고적 위기를 넘어 우리의 일상적인 현대적 경험에 이르기까지 살아남은 모방과 전가의 차원에 별로 관심을 기울이지 않았

---

148) 지라르는 먼저 예수의 영향에 대해 강하게 의견을 진술한다. Things Hidden Since the Foundation of the World(trans. Stephen Bann and Michael Metteer, 158-63, 180-85, 205-15).

149) 폭력과 종교에 관한 학회는 회원목록과 회보, 저널, 국제컨퍼런스, 그리고 미국종교학술회의 상황에 맞춰 회기를 갖는다.

다.[150] 모방적 폭력의 메커니즘은 다른 심리학적 관점들과 달리 왜 미국사회가 사형에 그리 열성적인지를 설명할 수 있는가? 이런 관점은 국내의 학대를 이해하도록 도울 것인가? 인종폭동은 어떤가? 이란, 이집트, 이스라엘, 혹은 텍사스에서의 새로워진 종교 정치적 "근본주의"는?

더 좁은 질문은 지라르가 가진 시각이자, 나는 그의 시각이 더욱 더 해석에 도움이되리라 생각하지만, 정작 그는 추구하지 않는 안티스테네스의 격언에 가장 적합하게 들어맞는 희생양의 부분집합이다. 즉, 족장에 대항하도록 유도된 폭력이다. 때때로 희생양은 리더가 아니라 다음과 같은 아웃사이더들이다: 유대인, 마녀, 집시 혹은 불구자. 이것은 지라르의 태고적이고 중세적인 사례에 가장 잘 들어맞는다.[151] 때때로 그것은 다음과 같이 이름 모를 무고한 자이다: 잘생긴 젊은 남자나 여자, 혹은 임의로 잡힌 사람.[152] 만약 그것이 단순한 저울이라고 생각한다면, 그 저울의 다른 끝에는 희생자가 왕이 되는 더 집중된 전가scapegoating 의식이 있다.[153] 사회는 동시적으로든 혹은 연속적으로든 왕을

---

150) *Violent Origins*, ed. Robert G. Hammerton-Kelly, 73-105의 "발생적 희생양삼기"에서, 지라르는 이것 중 일부를 이런 차원의 문제가 거의 없는 양 넌지시 빗대어 언급한다. 그의 참고문헌의 미로는 그가 더 말할 수도 있는 다른 부분들을 추적하지 않고 독자로 하여금 그 대화를 이어가도록 한다. 나는 그의 추종자 가운데 몇몇에게 이런 이슈들에 대해 그가 집필했던 곳을 찾도록 도움을 요청했다. 지라르는 이런 시각들의 사회과학적 혹은 사회복지적 적용이 자신의 분야가 아니라고 말한 것으로 인용된다.

151) 그의 책 희생양의 언급에서의 시작점은 중세 유럽에서의 문화적 위기이다. 가장 분명한 희생자로 "유대인"이 있었다. 집시와 불구자들에게 유사한 악이 닥쳤는데, 신학적으로 자격을 갖춘 그들의 상이함이 또한 이미 당연한 것으로 여겨졌기 때문이다.

152) 레위기 16장의 염소조차 다수에 의해 선택된다. 다음을 참고하라. Shirley Jackson's short story "The Lottery", in *The Lottery: And Other Stories*. 따라서 희생자의 "유죄"는 어떤 의미에서는 의문의 여지가 없지만, 어떤 유형의 의식적 전이는 그렇지 않다.

153) Frazer, Golden Bough, 267-93. 프레이저는 또한 희생양의 다른 유형을 묘사한다(540-90). 지라르는 오이디푸스와 디오니소스에게 가장 관심을 두지만, 쿡(Captain Cook)을 비롯한 아프리카와 폴리네시아의 모델들이 존재한다. 반-국왕 폭력에 관한 다른 사례들은 다음에서 살펴볼 수 있다. Mark R. Anspach, "Violence Against Violence", in Mark Juergensmeyer, ed., *Violence and the Sacred in the Modern World*, 11-25.

모욕하고 영예롭게 하고, 죽이고 부활시킬 방법을 찾는다. 때때로 죽임
은 문자적이며 의식적/상징적이다.[154] 권력이 이동함에 따라 때때로
실제로 합당한 부족 족장 그 자신에게 죽음이 가해진다. 아니면 희생자
는 그와 같이 옷을 입은 대리인이나 아들이 된다. 그의 모욕당함과 거
부당함은 어느 정도 공동체의 적대감을 덜어 낸다. 그의 회복혹은 기억속
의 그를 기념 사람들의 연합을 갱신하고, 원시적 환경에서는 원시적 살
인의 실재를 후세의 기념식 참석자들에게는 비밀로 한다.

정리하면, 집단으로 권력자를 공격하는 것그럼으로써 부족이 서로 분열되는
잇따른 사악한 관계의 소용돌이를 회피하고 차단함과 동시에 그의 법칙에 대항하는 분개를 제
거한다과 그를 없애는 것은 공동체의 응집력을 위해 효과가 있다. 일단
그들이 권력자를 희생 제물로 삼으면, 그들은 자신들에게 준 그의 희생
에 영예를 부여한다. 비록 지라르가 속죄적인 국왕살해에 대한 몇 가지
고전적 사례를 심도 있게 해석했지만, 현대 사회에서 계속하여 희생양
이 되는 리더들의 사회적 이용성을 논의하지는 않았다.[155]

## 두 가지 유형의 희생양을 자세히 살펴보기

"국왕"과 "익명" 형태 사이의 구조적 혹은 상황적 차이점을 진지하게 분석하지 않는 지
라르의 기술은 결점 가운데 하나이다. 그는(Hamerton-Kelly, *Violent Origins*에서) 왕이 최
고의 자리에 있는 이방인인 반면, 다른 범주들(젊은이, 유대인, 불구자, 외국인)은 언뜻
보기에 외부인이라고 말한다. 그것은 굉장히 심오한 범주의 차이를 무시하는 충분하
지 못한 설명이다. 그 형태들은 비난의 시점에 중요하게 달라진다. 익명의 희생양과 임
의적으로 선택된 이방인은 개인적으로 무고하다. 반면, 족장은 어느 정도 유죄라는 점
이 선언되어야 하며 혹은 어떤 종교적 의식에 의해 유죄가 되어야만 하여 그의 파멸이
우주적 긴요성으로 인식된다.
154) 프레이저는 국왕살해가 매 8년 혹은 12년마다 행해지는 문화를 설명한다. 다른 문화
에서는 통치자의 기력이 쇠해지기 시작할 때 국왕살해가 발생하며, 어떤 문화에서는
매년 시행된다. 그 직무에 대한 후보자의 숫자를 축소시키는 경향이 빈번하다. 다음을
참고하라. Frazer, *Golden Bough*, 264-93.
155) 왜냐하면 지라르가 예수의 최종성을 중시하기 때문이다. 규범적 언급이면 괜찮다. 예
수의 십자가 이후에는 더 이상의 전가(scapegoating)가 없어야만 한다. 하지만, 우리의
관심사는 서술적이다. 사실상 희생양삼기는 지속되며 우리는 어떻게, 그리고 특히 왜
그것이 시행되는지 알고자 한다.

지라르가 범주를 분명히 하고자 한 방법 하나는 네 가지 다른 "희생
양삼기"의 사용을 구분하는 것이다.[156] 그는 그 용어가 나오는 레위기
의 용법을 규범적이지 않은 것으로 구별했는데, 이는 아주 정확한 것이
다. 이미 위에서 보여준 것처럼 비록 충분히 논의되지는 않았지만, 그것이 보
트나 동물 위에 의식적으로 실려 마치 실체인 양 "악"이 내보내진 관습
을 그가 따로 구별한 것프레이저가 여기서 연결하는은 설득력 있다.[157] 이미
보여준 것처럼 두 가지 다른 중요한 차이점이 있지만, 지라르는 실제로
그것을 명확하게 하지는 않았으며, 만약 그 체계가 그 분야를 다루는
것이라면 중요한 것임에 틀림없다.[158] 우리는 지금 그것들을 확인할
것이다.

그의 가장 단순하고 사실적인 공식에서[159] 지라르는 전가 유형의 과
정이 우리의 일상적 사회에서도 지속된다고 언급한다. 여기에서의 희
생자는 이름 없고 무고한 사람이지 우두머리는 아니다. 그것을 하는 사
람들은 스스로를 부끄러워하기 때문에, 그런 절차는 실제로 수행되기
어렵다고 그가 생각한 것 같다.

> 부당한 차별의 희생자들은 희생양이라고 불리는데, 다른 사람들의
> "죄"로 말미암는 것뿐만 아니라 … 모든 종류의 긴장, 갈등, 그리고
> 어려움 때문에 특별히 그들이 비난당하거나 처벌 받을 때 그러하다
> … 하지만, 희생양삼기는 의식 있는 행동으로 여겨질 수는 없다…
> 희생양 삼기는 망상의 요소가 그것을 시작할 때까지는 효과를 발휘
> 하지 않는다.[160]

---

156) "발생적 희생양삼기" *Violent Origins*, ed. Hamerton-Kelly, 73-105.
157) 프레이저가 "희생양"이라는 단어를 사용한 것은 오직 이것과 연결할 때다.
158) 잘 다가가지 않는 지라르의 문헌 가운데 이 문제에 대해 더 언급하는 구절들이 있을
    가능성이 있다.
159) "발생적 희생양삼기" *Violent Origins*, ed. Hamerton-Kelly, 73-105.

이것은 분명 너무도 간단하다. 지라르가 독창적으로 기록한 것처럼, 먼 과거에서 일어났던 집단공격이 없었다고 스스로를 속이기 위해 어떤 사회는 사람들의 안녕을 목적으로 현재의 우두머리가 버림을 받아야만 했던 방식을 별로 믿음직스럽지 못하게 재해석했을 가능성이 있다.[161] 그렇게 함으로 그를 모욕하고 축출하는 것을 정당화하며, 그에게 어떤 죄를 뒤집어씌우는 공동체의 행위는 적절한 사회적 위생social hygiene으로 풀이되며 어떤 교훈을 사회에 남기는 것으로 이해되거나, 혹은 다른 희생자들의 죗값을 지불하는 것으로까지 이해될 수 있다. 그가 모으려 한 것을 해체시킴으로, 지라르의 방식으로 지라르를 넘어서고자 내가 제안하는 점이 바로 이것이다.[162]

1. 사회가 내부적 긴장의 해소를 위한 일상적이고 지속적인 사회적 과정으로서의 "전가"(a)와 원시적 폭발에 의해 사회적 조직이 시작되었다고 지라르가 믿는 것(b) 사이에는 차이가 있다. 전자는 규칙적이고 반복적이며 관찰할 수 있지만, 후자는 의식에 숨겨진 것이자 지라르의 예리한 탐구에 의해 밝혀진 것이다. 후자의 주제에 관해서 내가 그의 언급에 도전하거나 덧붙일 생각은 없다.

---

160) "발생적 희생양삼기" *Violent Origins*, ed. Hamerton-Kelly, 74. "망상의 요소"에 대한 이런 숭배는 앞서 진술했듯이 *The Division of Labor in Society*에서 나온 뒤르켐의 언급을 상기시킨다. 이것은 공동체의 자기방어가 실제로 무엇인지를 기만적으로 하나님의 탓으로 돌리는 것이 신화의 신뢰성에 필수적이라는 것이다.

161) 이사야에 나오는 JHWH의 종처럼, 분명히 예수는 대신 고통 받는 역할을 하도록 다수에 의해 선택된 익명의 무고한 사람들의 범주보다는 유죄로 선포된 저명한 사람의 범주에 더 잘 들어맞는다.

162) 내가 여전히 연구해야 한다고 주장하는 "지라르의 방식"의 표시는, 우리가 처벌 욕구의 사회과학적 사실성으로 시작하여, 그것을 잘 해명하기보다는 그 현실을 존중하는 것이다.

2. 이미 살펴보았으나 충분히 설명되지는 않았는데, (a) 익명의 사람과 임의로 선택된 외부인을혹은 중세 프랑스에서의 유대인 살해나 아즈텍이 제물로 바쳤던 젊은이들처럼 특정한 희생자무리 가운데 하나를 죽이는 것과 (b) 족장을 죽이는 것에는 차이가 있다. 전자는 사실상 개인적으로 무고하지만, 족장은 그의 죄를 규명하는 특별한 방법으로 응당한 처벌이 가해져야 했다.

임의로 선택된 자가 무고한 사람일 때 관찰자로서 우리는 선택의 임의성에 관심을 기울이며, 극적인 제물바침과 일상적 현실생활 사이의 공백에 관심을 둔다. 그것은 우리에게 불안과 부당한 느낌을 남긴다. 제의와 일상생활의 거리는 그런 공백으로 확인된다. 반면, 그 희생자가 권력을 가진 사람일 때 그런 희생은 다르게 입증되어야만 한다.

앞서 언급한 여러 가지 차이점 가운데 안티스테네스로 시작했던 사례는 I/a와 II/b이다. 지라르는 이런 모든 차이점을 건드렸지만, 그가 할 수 있었던 것만큼 혹은 우리가 이런 지혜를 윤리학이나 사회적 행위로 옮기고자 할 때 우리가 필요로 하는 만큼 그것들을 분류하지 않았다.

희생양삼기 현상에 대한 지라르의 가장 최근의 언급은 우리가 이미 해머튼–켈리Hamerton-Kelly선집에서 주목했던 것이다.[163] 그는 초기의 언급에서처럼 희생양삼기의 과정, 예를 들면 실제 개인적 죄라기보다는 다른 이유로 개개인을 처벌하는 것은 우리의 문명화된 현시대가 부끄러워해야 하는 것이며, 그 진실을 밝혀내는 유일한 방법은 그의 비교문화적 탐구라고 계속해서 주장한다. 이것이 내가 이미 제기한 문제이자, 우리를 이런 논문의 핵심으로 이끌 요지이다.

---

163) "Generative Scapegoating", in *Violent Origins,* 73-105.

## 방법에 대한 또 다른 생각들

르네 지라르가 여러 학문분야에 걸쳐 평범한 독자에게 보여준 도전은 일상적 신뢰성의 기준에 영향을 받지 않는다. 이것은 지적 예의와 관련된 삽입어구를 필요로 한다. 어떤 표본을 전형적인 것으로 고려할 것인지고전문헌에서 발췌한 것이든 인류학 분야의 데이터에서 발췌한 것이든에 대한 지라르의 선택, 그리고 어떻게 의미를 상징이나 이야기로 돌릴 것인가에 대한 지라르의 개념은 내가 잘 아는 분야에서 내가 물어야 할 "증거"의 형태로 나를 납득시키지는 못한다. 소소한 세부사항에 관해 더욱 비판적으로 세심해지는 대신, 지라르가 자신의 전문성을 논증하는 방식은 의심의 유익을 주장하는 것이었다. 가설이 덜 평범할수록 즐기기는 더 쉬운 것 같다.

때때로 지라르의 표현방식은 회의적인 독자가 어떤 유형의 "증거"를 요구하는 곳에서 논의하는 부분들을 활기차게 뛰어 넘는다. 그가 호소하는 넓은 배경읽기는 거의 문서화되지 않았다. 이런 유형은 "언어" in language로 표시된 세미나의 기록, 『세계의 기초 이래 숨겨진 것』*Des Choses Cach?es depuis la Fondation du Monde,* 164)의 구성방식, 그리고 에두름, 환영, 과장법과 반동ricochet으로 논의하는 그의 프랑스적 방식Gallic style으로 따라가기에는 여전히 어렵다. 나는 절반은 프랑스인이라서 프랑스적 방식을 재미있게 읽는다. 그럼에도 그것은 초보자들, 심지어 가장 호의적으로 생각하는 사람조차 이해하기 어렵다. 따라서 내 관점에서 호의적인 성향의 비판이 시도해서는 안 되는 것은 의심되는 각각의 요점을 시험하는 것이다. 나는 차라리 지라르의 준거의 틀 속에 뛰어들어 그 일관성을 위한 통합을 시험하겠다.

나는 아무도 귀 기울이지 않는 지라르를 거부하려고 이것을 쓰는 것

---

164) 지라르 저서의 프랑스 제목으로서, 영어로는 다음과 같이 번역되었다. *Things Hidden Since the Foundation of the World*(1987).

이 아니라, 공정하지만 비판적인 해명의 기회를 주는 것이 왜 쉽지 않은지 그리고 왜 내가 하나씩 비평하는 모든 근거를 손대고자 노력하지 않는지를 변명하는 것이다. 그럼에도 나는 그의 의도와 정신적 방식을 진지한 자극으로서 받아들인다. 벽돌을 한 번에 하나씩 천천히 쌓아 올리는 방법이 아니라, 전체적으로 인상적이고 조명하는 형태gestalt로 단번에 뛰어 오름으로 길을 낼 수 있다고 믿는 고조된 역량이 그의 저서에 남아 있지만, 어떻게 따라야 할지가 불분명한 방관자와 더불어 논의에서 벗어난 진지한 회의자가 발생한다.

하지만 그것은 또한 지라르의 창조적 조망의 약속을 가져오기 위해, 그가 풍경을 바꾸어 온 방식을 존중하며, 그가 이미 검토한 모든 자료를 다시 볼 필요가 없다는 것을 의미하기도 한다. 내가 그의 통합의 선상을 따르지만, 그 한계를 넘어서 그의 것과 같이 부가적인 관찰을 추론한다는 것이 충분해야만 한다.

### 같은 주제에 대한 대안적 접근

미국에 많은 추종자가 있는 또 한 명의 뛰어난 프랑스인 폴 리쿠르 Paul Ricoeur 또한 기초적인 문화적 반영으로서 처벌의 주제에 관심을 기울인다. 그의 "처벌의 신화해석"은 신화라는 주제에 관한 연구시리즈의 한 부분으로서 카스텔리Enrico Castelli에 의해 1967년 로마에서 소집된 컨퍼런스가 만들어낸 『고통의 신화』Le Mythe de la Peine에 두드러지게 등장한다.165) 종교와 처벌의 정의에 집중하면서 그러나 겹치는 용어가

---

165) Enrico Castelli, 문장의 신화: 인본주의적 연구를 위한 로마국제센터주최 심포지엄 논문집 및 철학연구학회(Le mythe de la peine: Actes du colloque organisé par le Centre international d' Études humanistes et par l' Institut d' Études philosophiques de Rome: Rome), 7-12 janvier 1967. 이런 연결 속에서 "신화"라는 용어의 기술적 의미는, 처벌의 사회적 현상이 전혀 현실 같지 않다는 것이 아니라 그것을 실행하도록 사회가 스스로에게 부여하는 평계가 상상적이며 재해석의 여지가 충분하다는 것이다.

거의 없고 대화도 없이, 리쿠르는 지라르가 추구한 수많은 주제를 추구한다. 리쿠르의 준거 틀은 헤겔철학적 용어로 해체하고 재해석하는 것이다. 그는 지라르와 출발점을 공유한다. 설명되어야 할 어떤 것으로서 처벌 현상과 함께 당혹감이 있으며, 그로 말미암아 그것이 잊혀 지지 않으면서도 뒤에 남겨질 수 있다는 것이다. 그 자신의 법칙으로 철학적 체계를 발전시킴에도, 그는 또한 기독교적 헌신을 존중하는데 관심을 둔다.

## 4부: 무고한 고통의 힘

### 지라르가 한 설명의 기초를 넓히며

지라르와의 더 깊은 대화로 되돌아가기 전에 비록 그의 글에서 논의되지는 않았지만, 직접적으로 그의 주제와 밀접한 관련이 있는 다른 관심사에 주목함으로 우리의 그림을 더 넓히는 것이 유용할 듯하다. 앞서 인용했던 "무고한 고통의 힘"The Power of Innocent Suffering은 마틴 루터 킹Martin Luther King Jr. 목사가 간디에게 배웠던 도덕적이고 사회적인 원리를 묘사하는 방식이다. 고통이 힘을 가진다는 것은 한 가지 이상의 방식으로 단언될 수 있다. 그 개념이예를 들면, 그것에 대해 사고하는 그의 방식 간디에게서 나온 킹 목사의 고백이긴 하지만, 고통과 힘 사이의 연결은 두 사람에게 같은 형태는 아니었다.[166]

보스턴 대학의 박사학위가 있는 흑인 침례교인인 킹에게 그런 설명은 배후에 있는 사람 같은person-like 섭리이다. 킹이 자주 인용했던 로웰James Russell Lowell의 말로하면, 하나님은 십자가의 뒷그늘에 서 계신

---

166) 1955년의 크리스마스까지, 킹은 간디를 출처로 언급했다. 다음을 참고할 것. David J. Garrow, *Bearing the Cross: Martin Luther King, Jr., and the Southern Christian Leadership Conference*, 32. 간디는 자신이 톨스토이에게서 아이디어를 얻었다고 말했다. 하지만, 간디는 그 전승에 더 많은 것을 덧붙였다: 톨스토이와 다르게 간디는 종교적 우주론으로 그것을 파헤쳤으며, 간디는 그것을 전략적으로 자의식적 방식으로 이행했다.

다.[167] 나는 간디를 분명하게 이해하지는 못하지만, 그의 힌두교 정신 속에 기도, 금식, 브라흐마차랴brahmacharya, 자기정화, 168)로 말미암아 에너지를 이동시키는 우주적 그물이 있는 것 같으며, 그리고 천한 노동menial labor이 여론과 사법적 항소의 공공연한 정치적 역동성보다 더욱 깊게 나아가는 방식으로169) 이내 압제자를 변화시키는 것 같다.[170]

서로 맞물린 다른 전통의 줄기는 "속죄"로 불리는 이론들이다. 예를 들면 지라르가 그리스도의 죽음을 필수적으로 그리고혹은 구원하시는 효과로 생각하기 전에 기독교 사상가들이 사고하는 방식인 것이다.[171] 어떤 이들에게 죄는 신성한 통치자가 가진 의로운 법칙을 통한 질서나

---

167) "악의 원인이 번창한다 해도 / 진리는 홀로 강하다. 그녀의 몫이 처형대라고 해도 / 그리고 왕좌위에 있는 것이 그릇된 것이라 해도 / 처형대는 미래를 흔든다 / 알려지지 않은 어둠 뒤편에 / 그 그림자 속에 하나님이 계신다 / 자신의 것을 계속 감시하면서." James Russell Lowell, "Once to Every Man and Nation", in *Boston Courier*(Dec 11, 1945). 로웰 (Lowell)은 왕의 가장 유명한 연설이 담긴 제임스 멜빈 워싱턴의 모음집에서 여섯 번 인용되었다: *speeches: A Testament of Hope: The Essential Writings and Speeches of Martin Luther King, Jr.* (San Francisco: HarperSanFrancisco, 1991). 개로우(Garrow)의 『십자가를 지며』 (Bearing the Cross)는 가장 중요한 왕의 자서전 가운데 하나이며, 제목과 권두 삽화 속의 그런 그림의 사용에도 불구하고, 개로우는 그 의미를 그리 명확히 하지는 않았다. 그것은 다음의 책에서 더 잘 해석되었다. James H. Cone, *Martin & Malcolm & America: A Dream or a Nightmare*, 125-31.

168) 브라흐마차랴(brahmacharya)는 성적 금욕으로, 자기고행(self-privation)이나 악의 욕망의 거부가 아니라 (일부 서양의 금욕주의는 이해할 수 있는 것처럼) 도덕적 에너지의 경로로 간주된다.

169) 더글라스(James W. Douglas)는 그의 책에서 이런 유형의 희망을 단언한다. *The Non-Violent Cross: A Theology of Revolution and Peace*. 물은 바다로 가는 길을 찾을 것이다. 진리는 바람이나 태양처럼 그 길을 결국 분명히 갖게 되는 힘이다.

170) 간디는 동양의 정서가 서양보다는 훨씬 인내력 있으며, 그렇기에 긴 안목으로 보면 갈등을 더욱 지속하게 한다고 지적한다. 간디는 킹이 한 것처럼 책 이름을 『왜 우리는 기다릴 수 없는가』(Why We Can't Wait)라고 짓지 않았을 것이다. 다음을 참고하라. Romain Rolland, *Mahatma Gandhi*, 60-62. 다음의 책에서, 슈리다라니(Krishnalal Jethalal Shridharani)는 고대 인도의 문화적 기원에서 그런 문화가 어떻게 적절하게 기초를 놓을 수 있었는지에 대해 갈피갈피마다 간디의 시각에서 간단하지만, 인상 깊은 묘사를 만들어 냈다. *War Without Violence: The Study of Gandhi's Method and Its Accomplishments*, 167-72.

171) 속죄하다(atone)라는 단어는 본질상 화해하다(reconcile)와 다를 바 없이 원래 분리된 몸통들을 하나로 합치는 것을 의미했다 하지만, 신학 영어에서는 처벌과 속죄를 포함하여 그리스도의 십자가를 설명하는 총체적 분야를 가리키게 되었다.

균형에 맞서는 위배행위이다. 여기에서 사용된 비유는 법을 어기는 성인의 행동이며, 균형을 회복시키려면 "만족"이 필요하다.[172]

또 다른 사고의 줄기는 속죄 비유가 젊은이의 반항과 같다는 것이다. 문제는 법을 어겼다는 것이 아니라 창조적으로 결속된 충성이 더럽혀졌다는 것이다. 해결책은 아버지의 고통혹은 아버지가 보낸 아들의 고통으로서, 이것이 죄인의 마음을 감동시키고 돌아서게 하는 것이다. 신학자들은 죄인의 관점에서 구분하면서 이것을 "주관적" 시각이라 부른다.

세 번째 고전적 줄기는 범죄를 역사의 의로운 흐름이 전환된 것으로 본다. "잃어버린" 사람은 길 잃은 아이혹은 양와 같거나 반항하는 어른과 같다. 중요한 것은 인간이 오직 의로운 이의 고통에서 나온 힘의 포로가 되었다는 것이다. 종이 그들을 구할 수 있다. 구스타프 아울렌Gustav Aulen과 앤더스 니그렌Anders Nygren은 이것을 "고전적" 시각이라 불렀다.

속죄의 세 가지 시각과 앞서 살펴본 고통의 힘이 지닌 두 가지 시각의 공통점은, 내가 지라르가 한 분석의 초기 풍요로움으로서 고려해야 한다고 제안한 것으로 지속되는 사회적 경험 속에서 비난으로 나타나는 현상은 기능적이라는 것이다.[173] 지라르는 후세 문화가 행위를 감춰

---

172) 만족시키다(satisfy)는 나중에 신학적 용법으로 재정립된 또 하나의 단어이다. 문자적으로 그리고 법적으로 그 단어는 어떤 수량적 요구사항을 만족시키는 "충분히 함"을 의미한다. 우리가 일상적으로 쓸 때에는 기분 상한 사람을 풀어주거나 어떤 필요를 충족시키는 것을 의미하게 되었다.

173) 물론 더 많은 형태와 하위형태가 있긴 하지만, 대부분의 분류자는 그들이 주된 가족들로 묘사하는 방식에 동의한다. 여기서 난 다음의 요약을 따른다. Robert S. Paul, *The Atonement and the Sacraments*, and J. W. McClendon Jr., *Systematic Theology*, vol. 2, ch. 5. 예수의 죽음이 어떻게 우리를 대신하여 "작용"하는지의 주제에 대해 토론하는 큰 요체는 처벌적 의제가 지속되는 것임을 진술하는 것이며, 그것을 설명할 필요의 의미가 만연하다는 것을 진술하는 것이다. 또한 그렇게 할 방법이 불가피하게 다양하여, 그들 중 어떤 것도 단순히 만족시킬 수 없다는 것을 진술하는 것이다.
[편집자 주] 요더가 속죄를 가장 폭넓게 다룬 것은, 듀크신학교의 콕스베리 서점에서 열렸던 등사판 과정강의의 모음집 『기독론과 신학적 방법: 신학 서문』(Christology and Theological Method: Preface to Theology)을 하우어워즈(Stanley Hauerwas)와 알렉스 사이더

온 방식에 집중한다. 그런 탐구적 작업에서 그를 이끈 것은 자신만의 정제된 진보적 예민함으로, 그 예민함은 그 행위가 수치스러운 것이라고 상정한다. 고대 사회 역시 다소 그것을 부끄러워했음이 틀림없으며, 그래서 그들은 자신들의 기억에서 그것을 변형시켰다. 우리는 그것을 부끄러워하므로 도덕적 승인을 부여하지 않는 방식으로 설명할 필요가 있다. 이런 가정은 우리의 문화적 유산에 들어맞지만, 지라르가 관심을 가진 것 가운데 일부일 뿐이다.

여전히 비난하고 정회하는 행위가 "효력을 발휘하는" 우리 경험의 다른 관점에서 보면, 수많은 방식이 있다고 덜 비판적인 공감으로 인식하는 것은 그리 뜻 깊은 것이 아니라고 본다. 프란츠 패넌Frantz Fanon,174)이 말한 것처럼, 그리고 사형 옹호자들이 가정하는 것처럼, 그것은 이런 "작업"을 "구원하는" 것으로 묘사하기에는 너무 지나치다. "기능적"이라는 용어는 단순히 "좋은" 것을 의미하지는 않는다. 하지만, 갈등과 교도소체계, 분노와 배척은 사실상 그것이 도덕적으로 가치가 없다고 선언한다고 없어지지 않는 사회적 기능을 계속하여 수행한다. 우리가 과거의 불편한 현실을 잠그거나 말하려 하지 않는다면 우리는 사회적 과정을 더 잘 이해하게 된다.

## 5부: 지라르와 더불어, 그리고 지라르를 넘어서
### 우리의 "타락한" 세상에서 처벌의 자리를 이해하고 받아들이도록

(Alex Sider)가 이후에 편집하여 『기독론과 신학적 방법: 신학 서문』(Christology and Theological Method: Preface to Theology, 281-327)으로 발행했던 책이다.

174) 이전에 지녔던 노예상태의 상징을 없애버릴 저항의 필요에 대해서 알제리의 독립전쟁 배경 속에서 패넌(Frantz Fanon)이 말한 것은 어떤 페미티스트 치료적 시각에서 "분노"를 긍정적으로 평가한 것으로 반영된다. 항상 친절하고 양보해야하는 교양 있는 사람은 구원의 한 종류로서 저항하고 반격하는 것을 경험할 수 있다.
[편집자 주] 요더는 그의 자료를 인용한 적이 없지만, 두 가지 가능성이 다음을 포함한다. L' an v de la révolution algérienne(Paris: F. Maspero, 1959) 및 The Wretched of the Earth, trans. Constance Farrington (New York: Grove Press, 1965; French 1961).

## 덜 비판적이고 더욱 서술적인 준거 틀을 향하여

더욱 알려질 때까지, 이런 사실이 품위 있는 사람들을 당혹스럽게 해도, 나는 우리 문화 속에서 전가scapegoating가 사회가 차마 천명하지 못하는 유일하고 독점적인 사례가 되지 않으며, 그리하여 그것이 재정의로 파묻혀 지고 나서는 지라르가 탐구하는 방식으로 밝혀져야 한다고 본다.175) 어떤 환경에서는, 우리 문화 속에서 공공연히 양심을 가지면서 성례적으로 보장되는 어떤 사회질서를 유지할 목적으로 여전히 처벌이 발생한다. 이것이 뒤르켐이 기술한 처벌의 패턴과 함께 우리가 시작한 지점이다.

이렇게 더 이상 단순화할 수 없는 현실 가운데 미국에서 가장 널리 기념되는 사례는 사형의 입법적 복귀이다.176) 살인자를 죽이고자 하는 우리 사회에 내포된 가치는 살인죄를 저지른 모든 개인이 자신들의 존엄성을 위하여 죽고 싶어 하거나 그래야만 한다는 신념이 아니다.177) 사형을 가장 대중적으로 옹호하는 사람들은 사실상 대부분의 살인자가 죽임 당하지 않으며 죽임 당하는 사람을 선택하는 것은 아주 불공평하

---

175) 지라르가 독특하게 창조적이면서 가장 공정하게 비평하기 들어 한, 가장 특별한 종류의 탐구는 증거의 부재 그 자체가 증거라고 그가 주장하는 사례들 속에서 작용한다. 살아남은 신화나 전설 속에서 우리가 근원적인 살인조차 보지도 않으면서 은폐한다는 사실은 실제로 일어났던 것으로 우리가 아는 방식이라고 주장한다. 닐 엘리엇(Neil Elliot)은 그런 기획이 논리적 타당성을 불가능하게 한다고 언급했던 사람들 가운데 하나이다. Neil Elliot, *Liberating Paul: The Justice of God and the Politics of the Apostle*. 엘리엇은 지라르에 참여한다. pp. 103-104, 130, 167-68, 198, 253-54, 그리고 280.

176) 미국의 이런 사례는 한탄하는 것뿐만 아니라 창조적으로 해석하려 해야 한다는 점에서 사형이 대개 폐지되어 온 나머지 선진세계와는 다르다. 그것은 깅그리치(Gingrich)와 클린턴(Clinton)이 대중적 분노에 영합하는 데 동의하는 것에 관한 주제이다. 1995년 3월, 뉴욕은 사형을 회복시켰다.

177) 만약 가장 심오한 칭의가 의로우신 하나님이 요구하는 적절한 신학적 의미였다면, 그것은 필수적 암시였을 것이다. 물론 자신을 위해서 그것을 믿는 어떤 살인자도 있다. 또한 살인자의 처지에서는 그런 욕구가 도덕적으로 적절하다고 믿는 사상가들이 있다. 그들 가운데 일부가 성공회 변증가 루이스(C. S. Lewis)가 한 드문 주장에 그런 시각을 적용한다는 것을 나는 모욕적으로 생각한다. (다음을 참고할 것. the numerous references to Lewis in H. Wayne House and John H. Yoder, *The Death Penalty Debate*).

고, 특별히 지리학, 인종, 부, 언론의 관심과 지성에 따라 달라진다 어떤 무고한 사람이 희생된다는 다른 도덕적 문제 사실을 차분히 받아들인다. 그들이 원하는 것은, 우리 문화의 가장자리에 있는 으스스한 그림자로서 존재해야 하는 법적 사형의 가능성을 위해 오직 실제적 형집행이 충분하게 수행될 필요성을 가지고, 원칙적으로 우리 사회에 최고형이 하나의 제도로서 계속해서 존재해야 한다는 것이다. 그들은 만약 으스스한 그림자가 사라진다면 세상은 미칠 것이라고 믿는다. 다른 문화나 통계학에서 나온 정보에 영향받지 않는 방식으로

사형의 축제적 가능성에 대한 이런 심적psychic 필요는 세상 질서에 대한 상징적 배경으로서 사회적 위생이나 문화적 진전의 문제가 아니다. 그것은 인종학자나 인성학자가 의식적 혹은 신화적이라고 부를 만한 것들이다. 정당방위기금the Legal Defense Fund에서 진보적 활동가들 시대를 위하여, 희생적으로, 참을성 있게, 불공평의 이유로 사형을 폐지하려고 미국법원과 미국헌법을 사용하여 궁극적 성공을 거둔 사람들이 엉뚱한 싸움을 벌이는 이유가 이것이다.[178] 또한 이것이 처벌이 갱생시키는 것이냐 혹은 억제하는 것이냐의 토론이 왜 궁극적으로 주제를 벗어난 것인지를 말해주는 이유이다.

대표적인 처벌 의식에 대한 양심적 이유를 지라르가 즉각 일축한 것은 그의 체계 속에서 또 다른 상대적 빈틈, 다시 말해 왜 처벌하는 사람들이 처벌에 쾌감을 느끼는지를 설명하지 못하기 때문이다.[179] 그의 구절 "모방적 욕구"mimetic desire는 꼬리표이지 설명은 아니다. 그가 가장

---

178) Michael Meltsner, *Cruel and Unusual: The Supreme Court and Capital Punishment.* 수십 년 동안 공들인 창조적 변호작업, 즉 유권자나 입법부보다는 법정을 통해서 도덕적 영향력을 발휘한 것을 통해, 실제적으로 사형은 1972년에 미국에서 폐지되었다. 하지만, 사형은 새 입법부에 의해 대부분의 주에서 부활되어 낮은 공격에 대항한 실행을 방어하도록 만들어졌다.

179) "Generative Scapegoating", in *Violent Origins*, 73-105.

중요한 사례들을 겨우 식별할 수 있는 과거에 위치시키는 방식은 처벌을 간신히 제어하며 사고력이 없는거의 동물과 같고 원시적이거나 혹은 적어도 전역사적인 반영으로 축소시키는 것 같다.[180] 이런 반영은 사회가 전설의 장막 뒤에 곧바로 숨기려는 것으로, 그들이 결국 그것을 부끄러워하기 때문이다.[181] 만약 우리가 조금 덜 비판적으로 이웃을 처벌할 필요성을 강조할 수 있다면, 나는 우리가 그 사실들에 공정할 수 있을 뿐이며, 그들을 변화시킬 수 있을 뿐이라고 시사하는 것이다.

우리의 문명화된 예민성과 신성한 명령이 고통을 위한 고통을 요구한다는 신념을 무가치하게 느낀다고 해도, 어떤 유형의 진실은 반드시 있기 마련이다. 모방적 충동의 기원을 초기 유인원적 문화예를 들면 계통발생론(phylogeny)에서, [182]나, 혹은 독립된 인간이 되어가는 어린 아이 속에 예를 들면 개체발생론(ontogeny)두는 것은 그것이 도덕적 질서가 아니라는 것을 뜻하지는 않는다. 왜 예수가 죽어야만 했는가를 설명하려는 몇 가지 고적적인 기독교적 노력이 우리가 우리의 진보된 인간 존엄성을 무가치하다고 여기는[183] 하나님의 요구에 대해 몇 가지 다른 이해를 건설한

---

180) 지라르는 특이한 현대적 비유인 "메카니즘"이라는 용어를 규칙적으로 사용한다. 그것은 배우의 처지에서 사고의 부재를 표시하지만, 또한 해석자의 처지에서 설명의 포기를 나타내기도 한다.

181) 내가 현대적 희생양삼기를 더 적절하게 묘사할 것을 요구하는 동안, 나는 그것을 인류학자들이 원시적 병행을 시험하도록 넘겨야만 했다. 파푸아 종족간의 보복에 대해 내가 그다지 읽지 않은 것은 그 제도가 인간적인지에 대해 살인자는 당혹스러워 하지 않는다는 것을 보여준다. 보복적 살인은 사실상 전사의 존엄의 기본적 근원이다. 신화나 기억 속에서 그들은 그것을 감추거나 바꾸려 하지 않는다. 그것은 경솔한 것이 아니다. 그것은 합리적으로 계획되며 제도적으로 뒷받침된다.

182) 생물학에서 빌려온 이런 약칭을 쓰게 되어 일상적인 용어를 사용하는 사람들에게는 미안함을 느낀다. 계통발생론은 다윈의 진화론에 있는 근본적 의미와 더불어 어떻게 종들이 긴 시간의 변화를 통해 그렇게 되었는지를 증명한다. 개체발생론은 특히 배아의 성장 동안 어떻게 남자 혹은 여자가 되는지를 증명한다. 물론 여기서는 양쪽의 용어가 은유적으로 사용된다. 이 연구를 통해 우리는 어떻게 인간이 자신이 되며, 어떻게 사회적 패턴이 존재하게 되는지를 규칙적으로 물어야 한다. 아마도 그 두 개의 인과관계는 겹치겠지만, 그럼에도 그들은 개념적으로 구별될 수 있고 구별되어야만 하며, 다른 지식분야들은 대개 두 종류의 질문을 추구한다.

183) 앞서 이미 나는 "속죄"를 설명하는 전통적인 기독교적 주제를 암시했다.

다는 사실은, 우리로 하여금 십자가가 필요하다고 생각할 타당한 근거를 이해하는 작업에서 벗어날 수 없게 한다.[184] 우리가 흔히 그러듯이 도덕적 분노를 가지고[185] 보복적 요구의 모든 개념을 거부하는 것보다는, 사형을 요구하는 것이 다소 합법적이었으며 예수 그리스도의 십자가가 그런 요구를 이루었다[186]는 히브리서와 칼 바르트에 동의하는 것이 더 말이 된다고 내가 주장하는 이유가 이것이다.

사형의 고대적 제도에 관해 내가 주장하는 것은, 만약 우리가 일관된 입장을 지니고자 한다면, 우리 사회가 어떤 희생의 계급에서 또 다른 계급으로 그리고 어떤 종류의 형벌에서 또 다른 형벌로 이동하는 것처럼 보복의 다른 방식에서도 어떤 유사성을 발견하기 십상이라는 것이다. 어떤 사회가 스트레스를 받으면 외부인에게 "분풀이"할 필요가 있다. 2차 대전 중에는 인종상으로 독일인과 일본인이 미국에서 거부당해야만 했다. 그 이전과 이후에는 매카시(McCarthy) 사회주의자의 차례였다. 법적인 차원에서 진전이 있었지만, 미국의 유대인이나 흑인혹은 아시아인은 다시 우리 사회의 희생자가 되는 것에서 영원히 안전하지는 않다.

최근에는 여성에 의한 고통과 괴로움에 대한 보상으로서, 그런 고통이 우리 사회가 이전에 가졌던 가부장적 불균형 때문이라고 비난받을 때, 남자 전체가 새로운 방식으로 약자가 되고 있다.[187] 여기서는 이해

---

184) 나는 또한 이런 점을 나단슨(Stephen Nathanson)을 인용하며 "Against the Death Penalty" (이 책의 4장, 9부)에서 주장했다.

185) 혹은, 어떤 이는 뒤르켐이 한 것처럼 깨어있는 사람들의 우쭐대는 도덕적 우월감과 더불어 덧붙일 수도 있다.

186) 요더, "Against the Death Penalty"(이 책의 4장, 9부). 다음을 참고할 것. Barth, *Church Dogmatics*, vol. III/ 4 (Edinburgh: T. & T. Clark, 1961), 437-46. 이런 이해는 예수의 영향에 관한 지라르의 이해와 잘 양립된다.

187) 제대로 이해되고 잘 이행되기만 한다면 자애로운 가부장적 돌봄이 해가 되지 않을 것이라는 반박에 대한 여지가 논리적으로 있어야 한다. 여성을 해치는 것은 폭력이 되어 왔지만, 적절한 아버지의 돌봄을 이행하는 것은 그렇지 않다. 하지만 이런 변명은 보

하는 것이 한탄하는 것보다 나을 것이다. 우리는 여성이 처벌할 필요의 기원이계통발생론에서든 개체발생론에서든 원시 문화 속에서 남성 보복자들을 움직여 온 것과는 다를 것이라고 기대해야 한다.[188] 모든 문화에서 같은 필요가 표면화될 것이라고 추정할 선험적 이유는 없다. 그런 필요들을 충족시키는 것은 또한 적당히 달라야 하며,[189] 그것에 대한 복음적 치료도 다를 수 있다.

기초적이거나 가벼운 설명의 수준에서 내가 제시한 것처럼 지라르에게 빈틈이 있다면, 윤리적 귀결에 관한 다른 허점이 있을 수도 있다. 내가 옳다고 생각하는 지라르의 명백한 주장은 예수가 그의 시대에 사두개인과 로마인을 포함한 사회 기득권자들이 범죄자를 죽이는 것에 대해 주장한 "합법성"을 폐기했다는 것이다. 하지만 그 메시지가 거부되어 온 세상에 계속 사는 우리에게 그것은 어떤 의미인가?

지라르의 기여를 환영하는 사람들은 그것을 사회적 윤리 속에서 폭력을 거부한 것과 연결시킨다.[190] 어떤 사람들은 국내 사회 속의 갈등 해결 및 교정과의 연관성을 본다.[191] 십자가는 누가복음 14장 25-35절이 말하는 것처럼 제자도의 구성요소를 갖는가? 만약 그렇다면, 도덕

---

복적 역학관계를 변화시키지 않는데, 처벌적 욕구의 힘의 근원은 단순히 더 강한 쪽이 범한 실수 안에 있는 것이 아니라 약한 쪽의 분노 안에 있기 때문이다.

188) 창9:6이나 모세법이 처벌적 죽음을 언급했을 때는, 그것이 시민국가에 의해서 행해지는 것이 아니라 가장 가까운 친족의 "피의 복수"에 의해 행해졌다. "복수자"(goel)는 또한 "구원자"를 의미했다. 대부분의 고대 부족적 문화에서는 그런 규칙과 역할이 있었던 것 같다.

189) 방금 쓰인 "보상"이라는 단어는 그 치료가 그 요구에 대한 이유에 어떻게 부합할 필요가 있는지에 대해 있을 수 있는 다양한 의미를 감춘다. 나는 아래에서(8부) 특별히 처벌의 복잡한 형태로서의 "희생자 보상"으로 되돌아 갈 것이다.

190) John S. Dunne, *The Peace of the Present: An Unviolent Way of Life*, 21-25, 40.

191) Vern Redekop, *Scapegoats, the Bible, and Criminal Justice: Interacting with Ren  Girard*. 레데칲(Redekop)은 지라르의 방식을 매우 무비판적으로 뒤바꾼다. 기획된 박사 과제에서 그는 더 철저할 필요가 있을 것이다. 내가 보기에 나는 사형과 현대적으로 연결된 유일한 사람이지만, (다음을 참고할 것. "Against the Death Penalty" [4장, 6부]) 그것은 다음의 책에서 암시된 듯하다. Schwager, *Brauchen wir einen Sündenbock?*

적으로 가치 있는 인간 고통의 타당성은 악한 사회적 질서가 반대하는 선을 행하다 핍박을 받는 사람벧전2:20에게만 합법적으로 적용되는가? 그것은 또한 다른 형태의 무고한 고통가난, 질병, 재앙에도 적용될 수 있는 가? 아니면 그것은 또한 공직자들이 대리적 희생자가 되듯이 눈에 잘 띄기 때문에 고통을 받도록 선택된 사람들에게도 들어맞는가?앞서 언급한 대로 안티스테네스에서 프레이저에 이르기까지

아마도 더 공식적이고 학문적인 마지막 문제는 내가 다른 종류의 형벌을 고려하는 것으로 돌아오기 전에 진행하는 것으로, 지라르의 모방 개념이 단순히 "속죄"의 또 다른 설명, 다른 모든 것과 견주어 보기 위한 추가적인 것이냐, 아니면 오히려 접근이나 전용appropriation의 방식으로서 어떤 의미에서 그들 모두를 다루지만, 그들을 구분하지 않는 것이냐이다. 나는 아마도 후자가 그 사례일 것이라고 본다. 처벌적 모방이 발생한다고 말하는 것은 그들을 유전적으로 설명하는 것이 아니라 일련의 현상에 공식적으로 꼬리표를 붙이는 것이다. 그것이 왜 일어났는가를 우리가 계속 물을 때 그 대답은 아마도 복합적일 것으로, 우리가 나중에 항목별로 나누겠지만, 수많은 사회적 상황이 있기 때문이다. 처벌적 모방은 교훈을 주고, 우주적 균형을 회복하며, 도덕적 오염이나 수치를 정화하고, 분노가 가득한 기운을 발산하며, 혹은 모체의 제어를 회복하도록 필요하다.6부 아래를 볼 것 이런 모든 기능은 원시적 위기, 혹은 예수의 십자가, 혹은 흑사병의 책임을 유대인에게 지워 비난하는이것들은 지라르의 사례들이다 지라르의 시각과 양립될 수 있다. 하지만 이들은 논리상 동일하지 않으며 "모방"도 그들 모두를 제대로 특징짓지는 못한다. 내가 지금 진행하고자 하는 처벌이 가지는 기능의 명부는 다양한 방식과 역할이 결코 겹치지 않는다는 의미에서 순전한 유형학typology이 아니다. 그렇지만 그들을 구분하는 것은 중요한 실제적 차이를 표면

화하는데 도움이 될 것이다.

다양한 비유가 달라질 수 있는 또 다른 주장은, 어떤 사람들이 다른 이들보다 더 미국이 사형에 특별한 애정이 있다는 것을 잘 설명하거나, 혹은 진압당하고 억눌러야 하는 것보다는 어떤 전가scapegoating의 형태가 사회적으로 계속 기능적일 수 있다는 가능성을 잘 설명하고 있다는 것이다

이미 말한 것처럼 이 글의 핵심은 금방 언급한 가능성이 사실상 그러하다고 제시하는 것이다. 현대 문화의 격동 속에서 전가 메커니즘은 어떤 역할을 계속하여 맡게 될 것이다. 문화의 또 다른 강력한 힘처럼, 그런 역할은 우리를 도덕적으로 만족시키는 것도 아니며 "구원하는" 것도 아니다. 감옥이든 혹은 단순한 전쟁의 전통과 펜타곤the Pentagon 이든, 또는 자기민족중심주의ethnocentrism든 혹은 사회적으로 출세의 야망이든, 또는 탐욕이든 마찬가지이며, 이 모든 것은 우리와 함께 사는 것으로 받아들인 것이다. 하지만 그것은 폐지될 수 없으며 현실 세상이 제 역할을 하도록 하는 것의 일부이다. 혐오스러운 범죄, 특히 연쇄살인은 피에 대한 요구를 지속적으로 일깨울 것이다. 방어력이 없는 약자들을 학대하는 것은 보상적인 고통을 끊임없이 요구할 것이다.

그리스도인들은 전가scapegoating가 예수와 양립할 수 없다고 올바르게 주장한다. 사실이다. 심리학자는 자신에게 보복하는 것이 실제로 더 나은 사람이 되거나 스스로에 대해 좋은 감정이 들게 하지는 못한다고 말한다. 사실이다. 급진적인 피고측 변호인들은 사법적 처벌, 특히 사형은 "잔인하고 흔치 않다"고 말한다. 그런 비판적 주장들은 옳지만 그 문제와는 맞지 않는 답변이다. 정치적으로 그런 주장들은 엉뚱한 싸움에서 승리를 거둔다. 처벌의 사회적 기능은 남아있다. 그것은 어떤 학대들이 견딜 수 없으며 희생자로 하여금 자신의 존엄성의 의미를 다시

찾아오게 한다고 주장한다.

여기서 나는 그것을 더욱 비판적으로 추구하지 않고 처벌에 대한 우리 사회의 현대적이고 실용적인 관심이, 무고한 희생이 우주의 도덕적 요구라는 신성한 명령의 고대적 개념을 어떤 강한 비유의 형태로 고집한다고 반복하는 것이다. 아마도 그것에 대해 가장 널리 알려진 비유는 "태초의 새벽에서 나온 심오한 마법"으로서, 루이스C. S. Lewis가 『나니아 연대기』에서 마녀에게 우주를 거스르는 요구, 즉 그리스도를 나타내는 인물 애슬란Aslan이 기꺼이 죽어야 한다는 요구로 묘사한 것이다. "모든 배반자는 내 합법적인 먹잇감으로 나에게 속하며 모든 배반에는 내가 죽일 권리가 있음을 너도 알 것이다 … 법이 말하는 것처럼 내가 피를 취하지 않는다면 나니아는 불과 물로 전복될 것이며 멸망할 것이다."192)

비유적으로, 과거의 비자발적 종속의 고통을 떨쳐내는 사람들의 계층프란츠 패년이 쓴 알제리의 반란, 1989년 이후의 많은 동유럽 사람, 라틴 아메리카 국가들이 합법으로 돌아갈 때 "행방불명된" 사람들의 가족, 혹은 남성의 특권에 희생된 여성은 상징적인 가부장적 인물이 무너지는 것을 요구할 것이다. 그 원로에게 평등해야 하는 배경에서 문제를 제기하는 것은 잘못된 질문을 하는 것일 수 있다.193) 우리는 이것으로 되돌아와야 한다.

이사야서의 "야웨JHWH의 종"의 표상에 대한 기독교적 해석자들은 비록 그의 고통이 자유의지로 선택된 것이 아니지만, 그 "종"은 고통을 받아들였다는 사실에 주목한다.194) 예수의 운명에 대한 복음서의 해석도 마찬가지이다.195) 유사하게 『황금의 가지』Golden Bough에서 프레이

192) C. S. Lewis, *The Lion, the Witch, and the Wardrobe*, 114. 대리적인 무고한 희생의 깊은 "마법"은 132-33에 묘사된다.
193) [편집자 주] "노인"은 이전 문장에서의 가부장적 표상을 지칭한다. 요더는 이런 표상을 7부에서 상세히 논한다.
194) 사42:1-9, 49:1-12, 50:4-11 및 52:13 53:12.

저의 언급에 나오는 그 족장들은 그들의 시간이 도래했을 때 그 우주적 질서가 그들을 죽이도록 한 것이 옳은지에 대해 의문을 제기하지 않았다. 마찬가지로 내가 여기서 제안하는 것처럼 그 땅의 담시the lay of the land를 다시 기술하는 것은, 비록 그 요구가 그리스도인들뿐 아니라 가장 민감한 도덕적 예민성과 충돌할지라도, 그 범죄가 굉장히 큰 곳에서는, 제도적으로 합법화되어 사회적으로 승인된 처벌을 계속하는 것을 묵인하는 것이 의무일 수 있다는 것을 보여준다.

## 6부: 어머니는 가장 잘 안다

전역사로 돌아가서, 지라르는 사회를 "모방적인" 처벌적 욕구로 전환시키고 그런 원시적인 잔인한 사건들의 기억을 억압하게끔 사회를 이끌었던 당혹감의 반영을 강조한다.[196] 그런 당혹감에 대한 그의 예민함은 그로 하여금 가장 생산적인 검토를 하도록 했다. 반면, 여기서 나는 사회가 만들어 낸 그런 처벌적 욕구(들)와 사건들이 반드시 사회적으로 기능적인 것으로 계속 간주되어야 하며, 그들이 완전히 금지될 수 없다는 사실을 우리가 받아들여야만 한다고 제안하는 것이다.

윤리적으로 선하든 사회적으로 깨끗하든, 그들을 완전히 금지시키는 것은 내가 지금 논의하고자 하는 것이 아니다. 어쨌든 현재 우리는 그들이 지배하는 세상에 산다. 나는 사물의 이런 이미지와 지라르의 제안이 상충된다고 보지는 않는다. 나는 그의 개요를 가정할 것과 그것을 다른 일련의 정보에 적용해야 한다고 본다.

다른 형태의 왕의 고난예를 들면 빌2장; 사52-53장과 전가scapegoating 현상

---

195) 눅22:37의 예수는 자신의 고통을 예견하는 이사야의 묘사를 시사한다.
196) "우리는 희생양삼기를 하는 우리 자신을 절대로 붙잡지 않는다 … 다른 사람들에 의한 희생양삼기는 … 우리가 보기에 악하고 어리석고 무의미하여 … 그것은 우리의 분노를 촉발시킨다", Hamerton-Kelly, *Violent Origins*, 78.

을 구별하는 것은, 사죄 없이 처벌하는 사람들 손아귀에 그 처벌이 들어가는 것을 요구하거나 입증하는 필요 혹은 욕구이다.[197] 하나님이 고통을 원하신다는 속죄의 "만족" 이론에서처럼, 이런 사례들 중에는 신성한 명령을 요구하는 것은 없다. 속죄의 "도덕적 영향" 이론이나 감옥의 "갱생" 이론처럼 범죄자는 도덕적으로 회복될 것이라는 주장도 없다. "극적인dramatic" 혹은 "몸값ransom" 이론에서처럼 우주적/역사적 질서에 영향을 주려는 의도도 없다. 지금 우리가 관심을 두고 있는 사례에서는 보복적 반영이나 처벌적 욕구지라르에게는 "모방적 욕구"가 그들 스스로를혹은 그들의 종류나 그들의 제자들 희생자로 동일시하는 사람들 혹은 그런 이유로 권위의 옹호를 주장하는 사람들 속에 위치한다.

따라서 의도적이고 완전히 아마추어적이며 솔직한 방식으로, 나는 그런 처벌의 타당성 가운데 가장 확실한 몇몇 방식[198]을 제안하고자 한다. 나에게 그런 처벌의 타당성은 그들이 사회적으로 기능적이라는 이유로 존중할 것을 강요하는 것처럼 보인다.[199] 사람들은 그렇게 하는 것이 공동체, 혹은 과거의 부당함의 희생자들, 심지어 처벌을 받은 이우리가 시작한 그 사례 속에서에게 좋은 것이라는 확신을 가지고 실제로 이런 행위를 한다.

내가 다른 곳에서 해왔던 것처럼, 내가 지금 더욱 주목하는 다른 형

---

197) 뒤르켐이 묘사한 것을 우리가 보는 방식으로 명시된 문제를 가지고 우리는 다시 출발점에 와 있다. 보복의 필요성은 우주적 혹은 도덕적 질서에 기초하지만, 보복자의 부름을 통해 작동된다는 주장이 성립된다.

198) 넓은 여러 학문분야에 걸친 대화에서는 모든 이가 대부분의 분야에서 아마추어이기 때문에, 이런 환경에서 아마추어가 되는 것은 사과를 필요로 하지 않는다. 아마추어가 가지는 이점이라고 한다면, 모순과 기이함을 알아채는 능력이며, 각각의 하위 학문 속의 전문가들에게는 익숙한 논쟁 속에서 당연한 것으로 여기는 것들과 틈새를 발견하고 관심을 가지는 능력이다.

199) 기능적이라는 용어는 여러 가지 미묘한 차이가 있다. 그 용어는 사실상 지속되며 영향을 만들어 내는 어떤 것을 지칭한다. 혹은 그 용어는 그 행위를 유용한 것으로 평가하고 그 결과를 항상 나쁜 것이 아니며 바람직하지 않다면, 혹은 불편하다 해도 불가피한 것으로 평가하는 관찰자의 평가를 보여줄 수 있다.

태의 처벌이 필연적으로 그러지 않는 것처럼, 여기서 나는 사형을 내포하고 있는 것이 아니다. 그 이유는 사형을 요구하는 대부분의 사람들은 우주적이거나 초월적 칙령을 주장하고 있기 때문이다.[200] 하지만 나는 논의의 방법에 관한 한, 어떤 면에서 살인은 살인에 대한 우주적인 보상을 할 수 있다고 느끼는 동료 시민들의 깊은 문화적 진정성을 사형 반대자들이 인정하는 것이 낫다는 나의 초기 견해를 고수한다.

처벌을 하는 가장 실질적인 이유는 여기서 내가 "모성적"이라고 부르고자 하는 것으로, 그것이 묘사하는 것이 근본적 보살핌이나 보살핌의 이상적 정의로 여겨져서는 안 되기 때문에 이 형용사는 인용 시에 반드시 구별되어야 한다.[201] 우리는 양심을 가지고 처벌 방식과 처벌 이유에 대해 묻고 있다. "자신의 이익을 위해" 처벌을 필요로 하는 원형적prototypical 아이는 젖먹이다. 처벌은 어떤 범죄의 희생에 의해서가 아니라 어머니에 의해서혹은 같은 역할을 이행하는 다른 사람에 의해서 이루어진다. 죄는 본질적으로 어머니의 자애로운 돌봄을 거부함으로서 이해된다. 죄와 처벌은 구분될 수 없다. 젖을 물리지 않는 처벌이라든지, 혹은 반항하는 아이와의 사랑스러운 포옹, 아이가 잘되라고 어머니의 의지를 회복하는 것[202]은 아이의 고분고분함이 어머니의 불가항력적인 자애로움에 달려있는 것이다. 아이가 성장함에 따라 어머니는 다른 형태의 인내로 그녀의 제어를 연장시키고자 하는데, 아이가 더 이상 그런

---

200) 보수적 개신교의 사례에서, 우주적 주장은 내가 지금 돌아가려는 "모성적" 방식을 위해 만들어 질 수 있지만, 차후에 살펴 볼 "자식적"인 방식으로는 만들어지기 힘들다.

201) 누군가 이보다 더 나은 꼬리표를 제공한다면 고맙겠다. 이것의 유일한 장점은, 그것이 기초적 행동모델들이 기초적인 생물학적 관계에 의해 실행되며 아주 어릴 때 배우게 된다는 자각을 표현하는 것이다. 이런 관점에서 아이가 한 것을 그대로 어머니가 아이에게 행하는 특별한 사례를 제외하고는, 물론 그것이 결코 "모방적"이지 않지만, 그것은 지자르의 해석과 병행한다.

202) 어떤 이들은 아이의 행복 외에 어머니도 관심과 욕구를 가진다고 주장한다. 물론 어머니도 그것을 가진다. 어떤 어머니들은 도덕적으로 훌륭하며 어떤 어머니들은 그렇지 못할 수도 있다. 지금의 목적에서는 난 그렇게 주장하지 않는다. 그것은 어머니가 (아이에게, 자신에게, 혹은 사회에게) 처벌로 주는 이유가 아니다.

제재를 따르지 않을 만큼 독립적이 될 때까지 자애롭게 포용해 주지 않는 것이다.

이런 패턴을 어떤 특정한 시간에 아이가 올바른 일을 하기 바라는 부모의 욕구로 묘사하는 것으로는 부족하다. 원칙적으로 목표는 순종의 자세, 즉 고전문헌에서 아이의 "의지를 꺾는 것"breaking the will이라고 말하는 부모의 권위를 아이가 인식하도록 요구하는 것이다.203)

어머니의 의도가 순수하게 자애롭다는 사실은어머니는 그녀가 지금 주지 않고 있는 것을 아이에게 누구보다 주고 싶어 한다 처벌을 하는 어머니가 남자들만큼 그들이 강요하는 신성한 질서에 대해 그 갈등을 이념적으로 악화시키거나, 혹은 그 처벌이나 위협함으로, 혹은 치명적인 수준으로 해를 가하면서 근사치적인 정치적 목표와 같은 정치적 이해들을 악화시키지는 않게 한다. 모든 어머니가 아이들에게 원하는 것은 다시 아기처럼 대하는 것, 아이의 독립성과 어머니의 권위를 재확인하는 것이다.204) 하지만 어머니의 의도가 순수한 자애라는 사실은205) 또한 어머니가 사물을 이해하는 정당성에는 그리 강한 내적 자기비판이 있을 것 같지는 않다.206)

---

203) 그리븐(Philip J. Greven)이 "Broken Wills: Discipline and Parental Control"에서 논증한 것처럼, 아이/희생자에 의한 이런 복종 행위는 하나님을 사랑함에도, 무조건적인 죄인의 복종의 비유가 진노의 비유와 갖는 직접적 유사성 속에서 이해된다. 부모에게 아이가 굴복하는 것은 아이에게 아무런 선택권이 주어지지 않는 때를 제외하고는 성인 죄인이 회심한 이후 형성된다. 다음을 참고할 것. Greven, *The Protestant Temperament: Patterns of Child-Rearing, Religious Experience, and the Self in Early America*, 32-43, 다음의 글에서 인용됨. William G. McGloughlin, "Evangelical Child-Rearing in the Age of Jackson", 35-39.
204) 젊은 여성들을 해치는 나이든 남성들을 처벌하는 현대 페미니스트적 교정전략은 모성적 동기를 추정하는 것으로 이해될 수 있다. (나이 많은) 어머니는 (나이 어린) 희생자(들)과 동일시하며 그런 희생자들의 계급을 대표하여 행동할 수 있지만, 그 동기는 여전히 모성애적이며-예를 들면 그런 의도는 처벌받는 사람을 동조하도록 하기 위한 것이다- 통제하는 사람과 둘러싼 관찰자들에 의해 완전히 자애로운 것으로 이해된다.
205) 앞서 수잔나 웨슬리의 의지를 꺾는 것의 특성을 "하나님과 함께 사역하는 것"으로 언급하는 것에 주목할 것.
206) 명백한 문화적 이유로서, 이런 종류의 처벌의 원형은 생물학적 어머니(혹은 유모나 보모)이다. 하지만, 아이에게 절대적 통제를 행사하는 위치에 있는 아버지도 같은 방식

## 원시적 모계사회

중세적이고 스콜라적인 석의는 뱀에 대한 야웨JHWH의 위협"내가 너로 여자와 원수가 되게 하고, 너의 자손을 여자의 자손과 원수가 되게 하겠다. 여자의 자손은 너의 머리를 상하게 하고, 너는 여자의 자손의 발꿈치를 상하게 할 것이다"(창3:15)을 그리스도에 의한 뱀, 즉 사탄의 패배를 예시하는 전복음pre-gospel으로 해석했다. 이 단어들은 그것들을 인용했던 최초의 히브리 시인들이나, 혹은 그것을 쓴 서기관들에게도 그런 의미가 아니었다. 그것이 의미는 아이를 낳고 양육하며207) 뱀과 싸울 후손을 기르는 어머니의 행위가 여성으로 하여금 타락 이전의 에덴동산에서 아담에 대해 그녀가 가졌던 도덕적으로 효과적인 통치역할을 그녀가 기르는 자녀들을 통해 회복하기 시작했다는 것이다.208) 모든 남자 아이의 삶은 다정하고 모든 것을 해줄 수 있는 어머니에게 절대적으로 의존하는 시기에 형성된다. 따라서 이브가 가인의 탄생4:1을 야웨의 선물로 묘사하고 창세기 3장 15절의 약속이 성취되는 시작으로 암시할 때, 그것은 굉장히 단순하고 미숙하지만 틀린 것은 아니었다.

디모데전서의 저자는 창세기의 단락을 염두에 두고 "여자가 속아서 죄에 빠진 것입니다. 그러나 여자가 믿음과 사랑과 거룩함을 지니고 정

---

으로 행동할 수 있다. Greven, *The Protestant Temperament*, 38-42에서 인용된, 침례교 목사이자 대학 학장인 프랜시스 웨이랜드(Francis Wayland)가 자랑하는 부성적 절대주의의 극적 사례를 참고하라. 전능한 제어와 완전한 자기 확신적 자애의 결합은 또한 어떤 집단이나 제도에 의해 행사되는 훈육을 특징지을 수 있다.

207) 새라 루딕(Sara Ruddick), *Maternal Thinking: Toward a Politics of Peace*, 18-22는 "아이 보살피기"의 역할을 다음의 세 가지 요소로 쪼갠다: 생명보존, 성장양육, 그리고 사회적 수용성을 위한 훈련. 물론 이 세 가지 모두는 제어 방식이며 이타주의적이다. 루딕은 그것들 중 하나가 어떻게 무리하게 사용되는지와 파괴적으로 될 수 있는지에 대해서는 상세히 연구하지 않았다.

208) 창세기에 기록된 인류가 타락하기 전의 세상을 모계사회로 묘사하는 것으로 읽는 것에 있어서 나는 결코 독창적이지 않다. 뱀이 이브에게 온 것은 그녀가 아담보다 도덕적으로 약해서가 아니라 그녀가 가족 내에서 결정했기 때문이다. 밀턴(Milton)의 작품 속의 아담은 선악과를 먹을 것인지에 대한 결정과 씨름해야만 했다. 창세기의 아담은 그의 앞에 마련된 것을 먹었다.

숙하게 살면, 아이를 돌보는 일로 구원을 얻을 것입니다"라고딤전2:15, "아이를 낳는 일" 대신 "아이를 돌보는 일"로 대체한 기록한다. 이것은 아이를 낳는 여성이, 현대의 신앙이 "구원"이라 부르는 것예를 들면 죽음을 넘어선 죄의 용서와 하나님과의 교제에 남자들혹은 아이없는 여성들이 접근하는 것과는 달리 다가간다는 의미가 아니다.209) 이 말은 아이를 낳는 생물학적 행위가 어떤 특별한 의미에서 "구원"이 된다는 것을 의미하지도 않는다.210) 이 말은 이브가 잃어버렸던 모계사회의 샬롬과 같은 것을 회복하는 말임에 틀림없다.예를 들어 원래 창세기 본문만 놓고 보는 것보다 "바울"에게는 더욱 분명한 의미임이 분명하다 그런 지배는 사실상 생명을 출생시키는 단독적 사건에 의해서가 아니라 큰 대가를 지불해야 하는 양육의 보편적 현상을 통해서부분적으로, 점차적으로, 역사의 환경 아래 회복된다.211) 디모데전서에서 바울은 한 번에 한 명의 여성에 대해서가 아니라 계급으로서의 여성에 대해 이것을 말한다.15절, 사실 복수형으로 전환됨 아이가 없는 여성은 벌하는 회초리와 양육하는 당근으로 아이를 지배할 생물학적 어머니에 버금갈 수 있다.

남자아이는 몇 년이 지난 후 젖을 떼기 시작하며 사냥꾼이나 전사가 되도록 부족의 남자들에게 가르침을 받는다. 이 같은 성인 남자와 상호작용은 아이의 인성을 다시 세울 것이지만 어머니의 것을 바꾸지는 않는다. 어머니가 지배력을 회복할 필요와 그것을 위한 방식은 그녀가 할

---

209) 이 본문에 대해 당혹스러워 하거나 단순히 그것을 거부하는 대다수의 해석자는 이것이 저자가 의미했던 것이라고 추정한다. 이것은 어리석은 것이다. 비록 목회서신의 "바울"이 실제 역사속의 사울/바울이 아니라고 해도, 그리고 그가 매우 독창적이지 않거나 현명하지 않고 가부장적이었다고 해도, 그는 그것을 의미할 수 없다.

210) 몇몇 독창적 해석자는 그것이 출산이 어머니가 죽음에서 살아난 것을 의미했다고 보는데, 물론 지금보다는 당시의 출산이 훨씬 생명을 위협하던 것이었다. 하지만, 나는 바울이 그리스도인 여성이 진통 중에 있는 다른 여성들보다 신체적으로 덜 연약하다고 생각했다고는 보지 않는다.

211) 애스터(Lady Nancy Astor, 1879-1964)는 다음과 같이 이야기했다고 전해진다. "남자들을 비난하지 말라: 우리는 그들을 창조했다."

수 있을 때 계속 남아 있게 될 것이다.[212] 궁극적 지배를 위한 싸움은 결코 최종 승리가 될 수 없다는 점에서 이런 모델은 다른 모델과는 다르다. 아들이 나이가 들어 갈수록 외부적 강압을 하려는 어머니의 의지는 패배의 신호가 된다. 그것이 어떤 표면적 강압도 필요하지 않도록 내면화될 때 지배는 가장 효력을 발휘한다.

정리하면, 이런 "어머니다운 처벌적" 패턴은 가장 기본적인 처벌을 포함하여 자연적예를 들면 원시적, 생물학적 기원과 지속적인 사회적 기능을 갖지 않는다.[213] "모방적 욕구"의 비유는 그것을 결코 묘사할 수 없다. 우리는 그것을 제한하거나 다른 곳에 쏟도록 요구할 수는 있지만 제거하기는 어렵다. 그것이 전가scapegoating로 이어질 때 우리는 그것을 금지하고 무시하거나 단순히 개탄하기보다는, 사회적 절차 속에서 그것의 자리를 정의하는 것이 더 나을 것이다.

나는 이미 그것이 결국 이겨낼 수 없는 고정된 지배 방식으로서우리가 곧 다른 형태로 돌아설 것과는 대조되는 것으로서 어머니다운 처벌에 특유하다고 언급했다. 아들혹은 딸은 결국 둥지를 떠날 것이다. 하지만 우리가 되

---

212) 세속 문화조차 "유대인 어머니"라는 구절을 아들의 행복을 추구하는 특정한 제어의 패턴으로 사용한다는 것은 우연이 아니다. 인간의 원형은 남성 범죄자와 지배하는 어머니를 가지지만, 우리가 속죄의 영역에서 이런 비유를 고려한다면 그 원형은 바뀔 수 있다. 호세아와 그의 아내의 역학관계는 비유적이지만, 성별은 뒤바뀌어 있다.

213) 새라 루딕의 『모성적 사고』(Maternal Thinking)는 획기적 중요성을 지닌 책이지만, 저자가 이런 문제를 직접적으로 표현하지 않는다는 것은 결정적이다. 그녀의 책이 지닌 위대한 가치는 루딕이 만든 것을 더 폭넓은 사회적 영역과 연계시켰다는 것이다. 그녀의 관심은 모성적 힘이 다른 힘처럼 잘못 사용될 수 있다는 가능성이 아니다. 그녀는 넌지시 지나가는 말로 "지배적 순간들"(182)을 암시하며 "통제로 비난받는"(173) 것을 암시한다. 볼기 치기에 관한 몇 줄이 나와 있다(167): 그녀는 그것에 비판적이지만, 볼기 치기를 하는 어머니들은 선의를 가졌다는 것을 인식하는 데 더 관심을 가진다. 아이의 의지를 꺾거나 처벌에 관한 구절은 존재하지 않는다. 그녀가 웨이랜드의 모델에 접근하는 만큼, 루딕이 묘사한 것처럼 모성적 힘은 모두 현명하고 모두 자애롭다(다음을 참고할 것. Greven, The Protestant Temperament, 38-42). 나는 정치철학에 관한 그녀의 폭넓은 영향을 매우 환영한다. 하지만, 모성적 양육이 압제적일 수도 있을 가능성이 별로 없다는 것은 그녀가 주는 것보다 더 많은 관심을 받을 만하다. 페미니스트 의식의 넓은 확장 속에는 아주 어린 아이들에 대한 양육의 힘에 비판적 관심이 거의 없다는 것이 아주 흥미롭다.

돌아가야 할 의지, 연합으로 어머니다운 지배를 확장시킬 수는 있을 것이다.[214]

나는 앞서 여러 학문분야에 걸친 연구의 지적 도전 가운데 하나는 사람이 더욱 쉽게 이상한 간격을 알아차리는 방식이라고 언급한 바 있다. 수많은 페미니스트 문헌에서는 힘의 남용으로 말미암아 문제가 되는 범죄 형태는 아버지가 저지른 것이며, 가장 충격을 주는 전형적인 경험은 마치 인생이 사춘기에서 시작된 것 인양, 그 소녀를 반쯤자란 것으로 본다. 하지만 발육 상으로, 우리는 거의 전부 모계사회 아래에서 삶을 시작한다.

## 처벌과 책임부여의 차이점을 검토하기

우리가 검토해 온 여러 가지 환경에서 사용된 개념들을 되돌아보면, 주요한 원리들 가운데 어떤 것도 고려하지 않는다는 서술에서 한 가지 중요한 구조적 모순이 있음을 보게 된다. 다른 형태와 학문분야의 상호참조도 이런 차원에 거의 관심을 기울이지 않지만, 우리의 분석은 그것을 지금 표면화시킬 것이다.

더욱 잘 알려진 용어가 "처벌하다"punish이든 "입증하다"vindicate이든, 혹은 "보복하다"이든 간에, 우리가 설명하고자 하는 논의와 서술은 흔히 마치 그 고통이 부여된 것처럼 진행되는데, 그것이 반영하거나 바로잡는 이전의 범죄 이후에 따라 온다. 그것은 창세기 4장 9절의 사례 아벨을 살해한 가인이며, 창세기 9장 6절다른 사람의 피를 흘리면 그 사람의 피도 흘릴 것이니의 위협 속에 예견된 것이다.

하지만 일단 우리가 지배를 추구하는 부모에 의해 고통이 부여되는

---

214) 이상적 사례에서, 모성적 지배를 확정하는 처벌은 모든 면에서의 필요를 충족한다. 처벌 사건은 그 체계의 전체성을 그들에게 보증하기 때문에, 예속된 아이는 그 상처를 치료할 수 있으며, 어머니는 그 아이를 맡은 것을 즐길 수 있고, 사회는 기뻐할 수 있다.

영역으로 발을 들여 놓으면 그것은 더 이상 순수한 사례가 아니다. 의지의 경쟁은 지속되며, 부과되는 고통은 그 경쟁의 일부분이다. 이것은 극적으로 자신의 아이에게 먹을 것을 주지 않는 웨일랜드Francis Wayland의 사례이다.[215] 또한 교회공동체가 일탈행동자를 다른 사람들의 방식대로 움직이려고 이것을 사용할 때는 배척과 추방의 사례가 된다.[216] 그것은 심지어 그것을 완곡하게 숨기지 않고 "처벌"이라고 불리기도 한다. 처벌을 분명히 가하는 사람이나 제도는 억압되는 사람에게 고통이 가해지는 것이 "응분의 대가를 받는 것이다"라고 믿지만, 여전히 싸움은 계속된다. 고통의 목적은 도덕적 균형체계의 회복 없이 그 사람이 굴복하도록 자극하는 것이다. "그에게 교훈을 주라"는 말은 적절해 보일지 모르겠지만, 그가 배울 수 있는 교훈은 "당신은 [과거에] 저질렀던 나쁜 일을 해서는 안 된다"라기보다는 "[지금부터] 당신은 누가 윗사람인지 알아야만 한다"는 것이다.[217]

지배를 위한 투쟁으로서 이러한 처벌이 갖는 긍정적인 기능의 개념은 "씨름"agonic이라 불린다.[218] 즉, 이것은 다른 어떤 것이 바로잡히기 이전에 선을 위한 힘이 먼저 통제권을 가져야 한다는 다툼의 일부분인 것이다. 아이의 울음을 멈추려고 아이를 때리는 부모처럼, 그것은 아주

---

215) 다음에서 인용됨. Greven, *The Protestant Temperament*, 38-42.
216) 공동사회형제단의 이전 회원들의 글이 가장 결정적인 최근의 보기들 가운데 일부를 제공한다: *Torches Extinguished*, by Elizabeth Bohlken-Zumpe (San Francisco: Carrier Pigeon Press, 1992), 그리고 *The Community That Failed*, by Roger Alain (San Francisco: Carrier Pigeon Press, 1993). 이런 증언들은 편견적이지만, 그들을 내쫓은 교회의 권위자들은 이런 방식의 훈육을 거부하지 않는데, 왜냐하면 그들은 그 자애로운 의도를 확신하기 때문이다.
217) 누가 윗사람인지를 받아들이는 것은 단순한 힘의 문제가 아니다. 그것은 일련의 생각을 내포한다. 양보하는 사람은, 진리/증거/논쟁과는 다른 근거로, 처벌자가 강요하는 사고 체계와 현실 묘사를 받아들여야만 한다. 욥의 친구들의 관심은 그의 고통이 "그가 초래한" 것이었다는 것을 욥이 단언해야만 한다는 것이었다. 신념이 아니라 통제에 근거하여 누군가의 의식을 바꾸도록 하는 것은 최근에 "세뇌하기"라고 불리지만, 대부분의 전진보적(pre-liberal) 사회와 일부 포스트모던 사회는 그것이 나쁜 일을 행하는 것이라고 여기지 않는다.
218) Agon은 씨름(wrestling)을 의미한다.

병적인 모양새를 갖지만, 남부 사람들이 스스로 항복할 수밖에 없다는 것을 보여주려고 조지아Georgia로 가는 길에 있는 모든 것을 파괴하며 진군한 셔먼장군처럼, 그것을 표현하는 데에는 매우 합리적인 방법들이 있다.[219] 젖을 주지 않는 어머니는 가장 자애롭고도 가장 불가항력적인 이런 형태의 제한을 나타낸다.

이런 씨름agonic의 차원은 우리가 나중에 살펴볼 필요가 있는 적법절차나 "공정함"에 맞서는 주장을 더욱 분명하게 한다. 그 이슈가 주도권을 잡을 때, 공평한 경쟁의 장을 요구하는 절차적 관심은 사물을 바르게 하는데 방해가 될 수 있다.

## 또 다른 고전적 곁눈질

지라르의 단일열쇠single-key적 접근은 대부분의 고전문헌 뒤에 있는 원래의 설명과 같은 유형을 찾는다. 지라르의 예시로 말미암아 민감해진, 더 융통성 있는, 혹은 덜 자기 확신적인 저자는 다른 고전 담시old lays들 속의 차별화된 처벌방식을 잘 찾아낼 것이다. 그런 사례들 가운데 일부는 모성적이다.

아가멤논Agamemnon의 전설을 재구성한 아이스킬로스Aeschylus의 두 번째 희곡, 「유메니데스」Eumenides는 집단적인 코러스로 말하는 인물의 이름 Eumenides을 딴 것으로,[220] 일반적으로 처벌에 책임이 있는, 특히 모친살해를 처벌하는[221] 원시적이고, 지하에 있는, 신비한 힘 혹은

---

219) 그의 파괴로 생겨난 희생자들에게는 연방군이 얼마나 오래 그 싸움을 지속할 것인지에 대해서는 결정권이 없다는 것은 전쟁과 셔먼(William Tecumseh Sherman)이 지닌 광기의 일부이다. 왜 셔먼이 "전면전" 개념의 창시자 가운데 하나로 평가되는지를 보여주는 것이다.

220) 여기서의 인용은 다음의 책에서 나온 것이다. Complete Greek Tragedies, vol. 1 (Chicago: University of Chicago, 1953). 보통 그들은 셋이다. 그들은 뱀 같은 머리카락을 가졌으며 죽음이나 광기를 안겨줄 수 있다.

221) 그들의 정확한 이름은 "에리니에스"(Erinyes)로, 싸우다(to strive) 혹은 언쟁을 벌이다(to wrangle)라는 동사에서 나왔다. 완곡한 표현 "유메니데스(Eumenides)"는("좋게 말하

"분노"로 시작한다. 이 이야기의 특별한 주제는 자신의 어머니 클리템
네스트라Clytemnestra를 죽인 오레스테스Orestes에 맞선 분노의 여신the
furies이 주장한 살인죄로서, 클리템네스트는 오레스테스의 아버지 아
가멤논이 자신의 외도를 의심하여 전쟁터에서 집으로 돌아왔을 때 모
략을 써서 아가멤논을 살해했기 때문이다. 클리템네스트라의 처형이
마땅하고 사실상 제우스의 지배 아래 있는 아폴로가 명령했더라도, 어
머니를 죽이는 것은 다른 어떤 살인보다 더 나쁜 것이었기 때문에, 유
메니데스는 보복을 하라는 그들의 요구를 가차 없이 수행했다.[222]

아티카Attica의 배심원 투표가 갈림으로 무대는 타협의 준비를 갖춘
다. 오레스테스에게는 유죄를 발견할 수가 없지만, 분노의 신의 요구도
기각될 수는 없는 것이었다. 이 사건의 항소를 담당한 아테나Athena는
만족스럽지 못한 지하세계로 되돌아가는 대신[223] 분노의 신이 자애로
운 평화감시자 역할을 수행하도록 판결을 내렸다.[224] 그리하여 보복적
이며, 땅속에 사는 모성적 에너지는 기각되거나 사라지지 않았지만, 안
정을 위한 힘으로 길들여지고[225] 변형되었다. "그들을 은혜를 은혜로
갚게 하라. 사랑이 그들의 공동의지가 되게 하라."[226] 이런 그림은 살

---

다"에서 나옴) 원시 종교의 표본이다. 악한 신성의 실제적 이름을 말하는 것은 불운이
다.

222) 클리템네스트라(Clytemnestra)가 했던 것처럼 누군가의 남편을 죽이는 것은 덜 사악한
것인데, 왜냐하면 그는 친족이 아니기 때문이다 (212). 만약 모친살해가 승인되지 않았
다면 모든 사회는 허물어졌을 것이다(495-496).

223) *Eumenides*, 870. 아폴로는 그들을 "네 마리의 동물"로 부른다(644). 아데나는 그들이 그
녀보다 나이가 많다고 말한다. 예를 들면, 그들의 신령한 권위는 그녀의 권위보다 더 원
시적이다(848).

224) "당신은 당신의 시민들이 제공한 헌신을 받아들일 난로 옆의 빛나는 의자에 앉을 것
이다"(*Eumenides*, 806-7).

225) 벌코프(Hendrik Berkhof)에 따르면, 그것은 바울의 사상 속에 있는 "공국들과 권력들"
이 신성한 목적(그리스도와 그 힘) 속에서 종속된 자리로 옮겨질 수 있는 방식과 같다.
이것은 월터 윙크(Walter Wink)가 권력에 대한 자신의 저서에서 소홀히 취급하는 주제
로서, 그의 가장 유명한 책은 다음과 같다. *Naming the Powers: The Language of Power in
the New Testament; Unmasking the Powers; and Engaging the Powers*.

인은 살인으로 갚는 연결고리가 오직 신성한 평화유지적 개입에 의해서만 간섭된다는 점에서 모방에 대한 지라르의 시각과 양립된다. 완곡어법euphemism, 유메니데스는 자애로운 자, 평판이 좋은 사람을 의미한다은 분노의 신의 실제 이름을 대체한다는 점에서 지라르의 언급과 같다. 방향이 전환되어야 하는 특별한 주장이 어머니의 특별한 자격을 지위를 처벌함으로 여신을 보호한다는 점에서 지라르와는 구별된다.

유리페데스Euripedes의 『바커스』Bacchae에서 펜테우스Pentheus는 왕족인 희생양이다. 그는 왕자로서의 신분 외에 개인적으로 악을 행하는 것에는 무고하다. 그를 파멸로 이끈 디오니소스Dionysus는 선하지도 악하지도 않다. 그는 원초적 힘, 생명의 힘을 나타낸다. 문화역사적인 면에서[227] 그는 종교적 열정을 지닌 아시아적 모델이 그리스를 침략하는 것을 보여준다. 열정에 찬 디오니소스의 잔인한 방식과 야비한 침략에 대처하기에는 펜테우스의 공격이 충분히 날카롭지 못했다. 그는 활력을 거부했지만, 그것을 지배할 수는 없었다. 호기심이 생긴 그가 미쳐 날뛰는 젊은 여성들과 나이든 여성들, "신성함을 가진 야생"을 보러 홀로 목초가 있는 산으로 올라갔을 때, 그들은 그가 사자인 줄 알고 그를 갈가리 찢어 버렸다. 이후 그의 어머니 아가베Agave는 막대기에 꽂은 그의 머리를 가지고 도시로 돌아가는데, 이것은 소유를 통한 권한부여의 끔찍한 패러디에 해당된다.[228] 그 광란에는 어떠한 모방적인 것도 없다.

또한 거기에는 해피엔딩도 없다. 모든 이가 패배한다. 비록 그들이

---

226) *Eumenides*, 984.
227) 윌리엄 애로우스미스(William Arrowsmith)의 서론에서 가장 접근하기 쉽게 묘사된, *Complete Greek Tragedies*, vol. IV, 530-542.
228) "너희의 모든 딸은 용맹스럽지만, 난 그 나머지보다 우위에 있다. 나는 그 베틀에 내 실패를 남겨두었다. 나는 내 시야를 더 높은 것들-내 맨손으로 동물을 사냥하는 것-을 향해 끌어 올렸다" (*Euripedes*, 1235-36).

충동적으로 그런 행동을 했지만, 승리하는 신성한 판관으로서 디오니소스는 펜테우스를 죽였다는 이유로 그 여성들을 비난한다. 그는 냉정한 목소리가 되었던 카드모스Cadmus 역시 비난한다. 테베Thebes에서 살아남은 것은 아무 것도 없었다. 활력의 승리는 전적 파괴였다. 파괴의 이행은 미친 듯이 "자유로운" 여성들, 특히 왕의 어머니이다.

만약 유리페데스가 아이스킬로스Aeschylus보다 반세기 이전에 글을 썼더라면, 모성적 힘으로 시작하여 파괴적 열정이 되고, 정당화된 보복으로 바뀌며, 나아가 평화유지로 길들여지는 것을 향해 앞과 위로 나아가는 문화적 진화의 선상을 우리는 투영하고 싶었을 것이다. 불행히도, 그런 투영에 대해서는 아이스킬로스가 유레페데스보다 반세기 이전에 썼다. 그런 진화적 시각을 포기하는 것은 좋은 것이다. 고대 드라마는 뜻이 분명하고 투명하거나 혹은 자연스러운 오르막으로 가는 것이 아니며, 고대의 도덕적 문화도 그렇지 않다. 그 주제들 각각은 따로 서 있다. 각각은 영원하다. 아이를 보살피는 것은 모계사회를 옹호하는 처지에서 광란의 열정이나 처벌적 억제, 혹은 평화유지와 더불어 연관성이 있다. 어떤 한 가지 패턴이라도 진행될 수 있으며, 다른 것으로 퇴보할 수도 있다.

### 질서보호를 위한 도덕적 요구

힘의 남용이 널리 퍼진 곳에서는, 적절한 힘의 사용이 의무심지어 환영받지 못하고 부담되는 의무도로 지켜져야 한다는 점에서, 공평하기가 쉽지 않다. 노인에게 지위를 인계받은 아들은 자랑스러워하고 권력에 굶주릴 수 있겠지만 현실적으로는 그렇지 않다.229) 그는 공동체를 위해 행해야 할 필요가 있으며 고통이 따라오는 어떤 일을 후회하면서 할 수도

---

229) 여기서 우리는 8부의 주제와 만난다.

있다. 노인은 지치고 물러날 준비가 되었거나 아들이 인계하기를 바랄 수도 있다. 고대 신화의 오이디푸스는 자신이 아버지를 죽이는지를 몰랐지만, 우리 사회에서 젊은 대체자는 자신이 하고 있는 것과, 후회하는 것을 잘 안다.[230] "그것이 너를 아프게 하는 것보다 나를 더 아프게 한다"는 익살적인 주장이 아니다. 그것 이상으로 아들인계자은 오랜 시간 동안 죄책감뿐 아니라 노인이 죽었을 때 떠안은 외부적 직무기술서 external job description에 의한 부담감도 지게 되는데, 이것은 인계자가 가장 하고 싶었던 것은 아니었다.[231] "아들"이 인계하는 이유는 권력욕구로만 볼 수는 없다. 그 의도는 체계 강화를 위한 것이다.

### 7부: 노인은 물러나야 한다

우리로 하여금 그것이 긍정적인 처벌 기능을 가진 병적인 두 번째 모델이라고 생각하도록 하는 것은 여기서 더 간략하게 어느 정도 묘사할 수 있다. 그것이 우리의 대중적 심리학에서 더 잘 알려진 것이어서 그 자리가 더욱 보기 쉽기 때문이다. 빠르게 발전하는 어떤 문화에서 다음의 권력행사세대가 그들의 전임자들을 물러나게 하려면 어떤 방법이 필요하다. 어떤 문화와 사회에서는 사무실에서의 강제은퇴나 조건의 제한을 둠으로 전임자들을 물러나게 할 수도 있다. 다른 부분에서는 그리 매끄럽지 못하다. 우리 문화 속에 잘 자리 잡혀 있는 이 힘을, 넓은 의미로 어떤 이들은 더욱 오이디푸스 콤플렉스적인 것으로 부른다.[232]

---

230) 그 원형이 남성형을 사용하므로 나도 여기서 남성형을 쓰지만, 여성형으로 대체할 수 있다.

231) 노년의 모든 저작이 어떤 노인에게서 인수할 의무감에 의해 왜곡되었고, 이후 그 자신의 것 대신 그 사람의 소명에 의해 지배를 받는 사람들을 생각할 수 있다. 하지만 그 노인을 죽이는 것이 만족감과 직업상의 승진을 위한 기회가 되는 사람들이 있다.

232) 현재 사용하는 "희생양"이 레위기에 나오는 용어의 기원에서 멀어지는 것처럼, 이런 보통의 사용 역시 프로이드와 그리스 드라마와는 크게 동떨어져 있다. 앞서 언급한 것

여러 가지 방법과 수많은 이유로 우주적 질서와 동일시될 수 있는 더 전통적인 사회에서 노인은 그가 할 수 있는 한 지배한다. 문화적 변화, 숫자, 그리고 자기존중과 관련 있는 새로운 이유들은 그가 준비되기 전에 새로운 세대의 사람들로 하여금 노인이 물러나는 것을 원하도록 한다.233) 그것은 전가scapegoating를 위한 사회적으로 기능적인 사유가 된다. 게티J. Paul Getty, 해머Armand Hammer 혹은 번스George Burns와 같은 예외에도 불구하고, 일반적으로 노인이 젊은이로 대체되는 것이 변화하는 사회를 위해서는 젊은이들의 정서적 건강이나 자존감뿐만 아니라 더 낫다.234) 프로이드가 "콤플렉스"라고 부른 것을 우리는 병적인 것이라고 생각하지만 사실상 건전한 것일 수 있다. 이런 형태의 처벌은 "모성적" 형태와 더 가까우며 프레이저Frazer의 국왕살해에 가깝다기보다는 "모방"에 더 가까울 수 있다.235)

---

처럼, 고대 오이디푸스는 그가 죽인 사람이 그의 아버지인 것을 몰랐으며, 그가 아버지의 왕좌나 아버지의 아내를 빼앗으려고 죽인 것은 아니었다. 마찬가지로, 프로이드가 만든 범주에 대한 원형적 환자는 나이든 사람을 공직에서 물러나도록 하는 것이 아니었다. 그 비유를 이런 방식으로 전환시키는 것은 그것이 의식적이지 않은 때에만 잘못된 것이 된다.

233) 분명히 우리가 전통적인 것에서 은유적 사용으로 움직일 때는, 그 "젊은 남성들" 가운데 일부는 여성들일 수 있다. 퇴출되어야 할 "노인" 또한 여성일 수도 있다(예를 들면, 골다 마이어, 인디라 간디 혹은 마가렛 대처).

234) 앞서 언급한 것처럼 "모성적" 방식은 성별에 묶인 것이 아니므로 그 극적 보기들 가운데 하나는 침례교 목사 아버지의 언급이다. 그리하여 우리 시대에서 "자식적"(filial) 방식의 쫓겨남은 젊은 여성들뿐만 아니라 젊은 남성들에 의해 이루어질 수 있다.

235) 그 의도와 이미지, 그리고 현대적 대응물에서, 사실상 다음 세대는 그 규칙을 효과적으로 인수한다. 하지만, 이것을 너무 간단하게 보거나 말하는 것은 다른 중요한 차원을 놓칠 것이다:
　a) 고대 신화의 확실하고 분명한 사실은, 노인을 없앤 후에 오이디푸스가 행복하게 통치하지 않았다는 것이다. 그가 가져온 파괴적 메커니즘은, 자신도 모르게 그리고 아마도 마지못해 그 노인을 실각시켰을 때, 결국 자신을 붕괴시켰을 것이다. 우리 세대의 "혁명의 신학들"의 진지한 도덕적 실험은 그 왕좌를 한때 붙잡았던 전략들이 그것을 취약하게 할 수 있다는 것을 언급하지 않는다.
　b) 비록 종종 젊은이가 제도적 역할(예를 들면, 교회, 국가, 학교, 그리고 사업) 속에서 "노인"을 대체한다고 해도, 어떤 것을 인수하지 않고도 고통을 부여하는 다른 처벌적 방식이(예를 들면 언론과 대중적 조롱이나 명예훼손) 존재한다.

처벌을 요구하기 위해 눈에 띄는 또 다른 준거 틀이 있다. 이것은 "모성적"maternal이나 "자식적"filial 유기적 결과, 혹은 두 가지를 혼합한 것으로 이해될 수 있다.236) 하지만 논리적이고 발달적인 연결을 알면서도 우리가 그것을 따로 명명한다는 우리의 목적에서는 더 분명할 것이다. 그것을 우리는 "정부"governmental라고 부르도록 하자. 누가 윗사람인지 보여주려고 부모만이 처벌하는 것은 아니다. 다른 사람들은 공공질서의 이름으로 처벌한다. 다음 세대는 노인들이 압제적이었다는 주장을 위해서 그것을 한다.

비록 국가가 그것을 한다지만, 여기서 나는 국가에 의한 처벌을 주로 시사하는 것은 아니다. "그에게 교훈을 주라"의 의미는 근본적으로 처벌을 받은 개인이 반드시 누가 윗사람인 것을 알아야 한다는 것이다. 그것은 또한 그룹이 수용할 수 있는 행위에 대한 규칙을 가르치고 사람들로 하여금 그것을 따르게 하고자 한다는 것을 오직 파생적으로 의미하기도 한다. 처벌하는 사람은 충동적이거나 홧김에 그것을 하는 것이 아니라 죄가 있는 사람을 위해서 한다. "이것은 너를 위한 것이다. 네가 아픈 것보다 내가 더 아프다." 이런 이유는 강요된 명령이 단순히 개인적인 것이 아니라 사회적이고 공정한 것이며 기능적인 것으로 이해된다는 점에서 모성적인 것과는 다르다.237) 그것은 젊은 사람이 찾는 것이 단순히 자신의 이기적 권력욕이 아니라는 주장에서 단순히 "자식적인"filial 것과는 다르다. 그는 오히려 힘을 행사하여 정의로운 질서를 수호한 자로 불릴 것으로 믿는다.238)

---

236) 나는 앞서 6부에서, 그 아들이 연합(coalition)에 의한 원래적 제약보다 더 커질 때 모성적이고 처벌적인 욕구가 제어에 대한 관심을 연장시킬 수 있다고 적었다. 이것은 지금 논의되는 "자식적" 형태와(예를 들면 고전적인 오이디푸스 삼각형) 함께 일어나거나 혹은 이제 연구되어야 할 "희생자" 스타일과 함께 일어날 수 있다. 혹은 그 어머니는, 그들이 공유하는 남자를 제어할 모의를 하는 것처럼, 배우자보다는 또 다른 어머니에 가까운 역할을 하는 그녀의 며느리에게 협조를 요청할 수도 있다.

237) 물론, 보수적 기독교 집단에서 그것은 또한 신성하게 보증된 것으로 이해된다.

## 선한 보복Good Measure vs 적법 절차

우리는 지금 살펴본 세 가지 형태모성적 제어, 아들의 인계, 그리고 정부의 합법성 강화에 대해서 중요한 공통적 특징을 훑어볼 위치에 서 있다. 이런 공통된 특성은 앞으로 오게 될 "희생자 권한부여"victim empowerment 범주에도 또한 적용할 것이다.

지배를 얻거나 유지할 필요, 혹은 균형을 회복시킬 필요만큼의 처벌에 더해져 더욱 많은 처벌이 "한 술 더 떠서" 요구된다. 힘을 손에 쥐는데 있어 성공하려고실용적으로 뿐만 아니라, 그런 지배의 합법성을 축하하려고, 그리고 지금 누가 윗사람인지 보여주어야만 할 범죄자와 세상을 바라보는 자각 속에서 "자꾸 상기시키려고" 더욱 많은 처벌이 필요한 것이다.

따라서 이런 환경에서는 처벌이 범죄에 "꼭 들어맞는지"에 대한 일상적인 "진보적" 혹은 "적법절차" 문제를 묻는 것은 꼭 적합하지 않다. 전체적 핵심은 요점을 말하려면 동등한 잣대보다 더욱 많은 것이 필요하다는 것이다. "요점을 짚어 내는 것"은 "균형을 회복시키는 것" 이상의 것이다. 요점은 "모든 범죄가 동등한 보상을 요구한다"는 것이 아니라 "당신은 더 이상 통제되고 있지 않다"는 것이다. 다시 한 번 이것은 처벌의 필요성이 모방을 남기는 곳에서의 핵심이다.

"적법절차"의 주제에 대한 삽입어구가 여기서 필요하게 된다.239) "적법절차"의 꼬리표는 순수하게 형식적이다. 그것은 수많은 적용을 갖는다.

---

238) 그것이 하는 것은 바로잡는 것이기 때문에, 앞서(6부) 갈등의 "agonic" 형태를 인식하는 것은 엄밀하게 "처벌"은 아니다. 고통을 주는 것은 오직 그런 목적을 이루기 위한 수단일 뿐이다.
239) 나는 이 주제를 9부에서 다룰 것이다.

적법절차를 위한 수단은 시민정의체계에서 나왔지만, 우리는 흔히 그들을 다른 형태의 갈등에 관하여 이해하고 존중한다:

* 피고는 원고와 대면할 수 있어야 한다.
* 사건의 진실에는 최소한 한 개 이상의 해명이 있어서, 문제의 진실이 열린 토론, 증거의 이용, 서류, 원고에 이의를 제기하는 것 등에 의해서 규명될 필요가 있다는 것이 가정되어야만 한다.
* 피고는 자신에게 불리한 증거를 제시할 의무를 갖지 않는다.
* 피고는 유죄가 증명되기 전까지는 무죄로 추정된다.
* 피고측과 원고측은 각각 변호사를 가져야 한다.
* 판사는 공정해야 한다.
* 기록은 피고에게 이용 가능한 서류로 보관되어야 한다.
* 제기된 소송에 대해서는 철저하게 기록해야 한다.

또 다른 "적법절차" 개념의 모음은 신약성서 전승에서 나왔으며, 몇몇 교회는 이것을 다른 교회들보다 더욱 진지하게 여긴다:

* 마태복음 18장 15절은 고소하는 사람이 먼저 "그 형제"에게 가서 개인적으로 말하도록 가르친다.[240]
* 마태복음 18장은 용서하려는 의도를 상정하며 화해를 결과로 기대한다.

다른 절차적 이해가 암묵적으로 상정되었지만, 또한 그런 절차적 이해는 종종 복잡한 사실상의 쟁점들에 관해 사회적으로 타당하게 공유되는 작업을 하기 위한 전제조건으로서 분명히 표현된다:

* 신문은 명예훼손을 게재해서는 안 된다.

---

240) 이런 조항은 노트르담의 예법안내에도 있으며, 그런 관례들 속에도 대부분 있다.

* 비밀 약속들이 만들어져야 하며, 일단 만들어지면 지켜져야만 한다.
* 전문가들은 특정한 법규에 묶여 있다.
* 성직자나 언론인 같은 어떤 전문가들은 그들의 출처를 보호할 의무를 가진다.
* 이해관계로 말미암은 갈등은 한 사람이 여러 가지 역할이나 여러 가지 의무를(혹은 숨겨진 이해관계를) 갖지 않도록 함으로 피한다.

다른 안내지침 모음들은 특정한 독립체나 운동 혹은 공동체에 의해 개발되어야 한다:
* 성 베네딕트St. Benedict 법칙은 마태복음 18장의 것처럼 절차적인 필요요건을 갖는다.
* 1920년대 독일에서 아놀드Eberhard Arnold가 세운 형제들의 사회The Society of Brothers는 "사네르츠의 제1법칙"the first rule of Sannerz 아래 험담과 더불어 피고에게 직접적으로 고소할 의무를 금지시키는 것을 성문화했다.
* 어떤 현대적 기관은 절차결정과 회원자격에 대한 자체 법률을 만들 수 있다. 예를 들면, 대학이나 정부관계기관은 자격과 재임기간, 혹은 성희롱 문제를 어떻게 처리할 것인가에 대해서 상세하게 규정할 수 있다.
* 다른 문화들은 여전히 다른 법칙을 가질 것이다: 어떤 문화는 장로들의 "지혜"를 중심으로 하고, 어떤 문화는 "수치"나 "불결"의 힘의 개념을 중심에 둘 것이다.

"적법절차" 개념의 내용이 무엇이든, 여기서 나열한 수많은 현상의 모든 다양함 속에서 공식적으로 문제가 되는 것은, 모든 당사자들이 갈등을 절차적으로 타당한 것으로 이해하고 수용하는 방식으로 갈등이 해소되고 결정이 내려지는 것이 사회의 생존과 품위에 없어서는 안된다고 생각하는 것이다. 만약 그렇지 않다면 대안은 적나라한 "바로 잡기"로서, 혹은 그렇게 보며 그로 말미암아 희생자뿐 만아니라 많은 제3의 관찰자는 그 결과를 타당하지 않고 공동체를 약화시키는 것으로 생각한다.

최근까지 대부분의 사회에서는 이런 유효한 적법절차의 수용기준이 거의 당연시 여겨지거나 상식적으로 받아들여졌다. 예를 들면 그것은 공식적으로 정의되거나 연구되거나 협상될 필요가 없었다. 반면, 문화들이 유입될 때, 그리고 재협상이나 재정의가 필요할 때는 법칙을 수정하기 위한 그런 절차들은 보통 아무것도 없는 것에서 시작하려는 것이 아니라 이미 시행된 것으로 여겨지는 것을 "개정"하거나 "회복"하고자 한다.

우리가 이런 우회로에서 우리 주제로 돌아옴에 따라, 이것을 주목하는 것이 중요하다. 전가scapegoating 절차의 보복적 힘을 우리가 이해하려 한 것처럼 우리는 적법절차의 기준을 거부하는 것이 위태로운 부분이 된다는 것을 배운다. "가부장적" 체계가 파멸되는 것을 원하는 저항자들은 적법절차체계 자체를 그들의 기소 속에 포함한다. 그들은 그 체계가 제공하는 방식의 정의를 원하지 않는다. 그들은 그 시스템을 재정의 하고 싶어 한다.

* "유죄가 증명될 때까지 무죄" 원칙은 피고에게 유리하다.
* "고소인을 대면하는 것"은 희생자가 피고인의 막강한 과거에 비춰 피고인을 보는 한 희생자에게 불리하다.
* 경찰력의 남용을 기소하는 것은 경찰에 유리한 방식으로 이루어지는 경향이 있다.

* 증거의 법칙과 앵글로–색슨적 논의방식은 강간혐의의 기소와 같은 사례에서 피고인에게 유리하다.
* 특히 가십과 언론의 명예훼손적 권력에 참여하는 것과 같은 비밀위반은 권력자를 파멸시키는 하나의 방법이다.
* 어머니나 전문적인 상담자는 아이에게 약속한 것을 지킬 필요가 없는데, 그녀는 더 나은 것을 알며 그녀의 의도는 나무랄 데 없이 자애롭기 때문이다. 치료자, 교육자, 혹은 법정에서도 같다.
* 용서할 의도는 피해를 입히고 죄를 저지른 가해자에 의해 필요한 인식의 가치를 떨어뜨릴 수 있다.

그런 적법절차의 기준 법칙을 무효화하기 위한 도덕적 권위는 모성적, 혹은 오이디푸스적, 혹은 "정부적" 요구로서, 우리가 금방 묘사했던 정권변화가 있어야 한다는 것이다. "모성적" 형태는, 범죄자는 반항하는 의지가 꺾여야 하는 아이라는 점을 상정하며 적법절차를 고려하는 것이 그런 굴복자에게 부과하는 방식으로 존재해서는 안 된다. 그 당시에 어머니가 강요하는 어떤 특정한 행위와는 상관없이, 부모의 권위에 대한 아이의 도전은 원칙적으로 그릇된 것이다. 반면, "오이디푸스" 형태는 그 범죄자의 권위가 압제적 노인이며, 그의 특정한 통치행태의 공정성 평가에서 독립적이다.

"어머니"와 "오이디푸스"의 가족적 비유가 사회학적으로 정반대라고 해도, 이들은 이전에 체포된 사람에 불리하게 적용되는 자명한 형태와 부적격적인 도덕적 요구라는 공통점을 가진다. 1990년대 미국에서 일어났던 이런 갈등이 새로운 국면에 접어들면서, 무제한적 권위를 요구하는 사람은 이전에 그 힘을 가졌던 사람들을 밀어내고 정권을 잡는 젊은 세대이자 동시에 피고인이 그녀의 지배를 따를 때 뒤따르게 될 강압적인 "치료"에 대해 이야기하는 여성일 때, 두 가지의 흐름은 또한 구체적으로 합쳐질 것이다.

여러 가지 목적에서 적법절차는 여전히 필수적인 것이다. 그것은 법정에서 공식적 유죄를 규명하는데 필요하다. 그것은 중재 절차 속에서 필요하다. 치료 상의 환경에서, 적법절차는 피고인의 치료나 재교육이 요구될 때 필요하다. 그것은 언론인이나 역사가가 "사실" 규명을 위해 가능한 한 가까이 다가가려면 필요한 것이다. 그것은 옳고 그른 행동의 윤리적 평가가 있다면 필요하다. 이런 고려들은 우리로 하여금 더욱 중요하게 "오이디푸스" 및/혹은 "모성적" 고려들을 감안하도록 하는데, 이런 고려들은 어떤 경우에서는 적법절차에게 불리하게 작용한다.

적법절차를 이렇게 의도적으로 무시하는 것은 또한 전가scapegoating의 오래된 문화적 역사에도 존재한다.[241] 비록 그 처벌을 정당화할 공식적이거나 의식적으로 죄를 씌우는 절차가 있다 할지라도, 지도자를 제거하는 것은 그가 행한 어떤 특정한 악 때문이 아니며, 압제 혹은 부실경영이라는 특정한 과실적 행위 때문도 아니다. 하지만 공정성은 이전 구조를 수호하기 때문에, 절차적이든, 수량적이든, 공정성을 묻는 것은 그릇된 것이다.

혹은 다르게 말할 수도 있다. 공정성 개념은 갈등관계에 있는 다양한 당사자가 비슷한 또래이거나 서로에게 동등히 배려한다는 개념에 비추어 수세기동안 발전되어 왔다. 법률의 핵심에서 "적법절차"의 목적은 공평한 경쟁의 장을 유지하는 것이다. 로마의 시민법, 기독교는 성령 안에서의 대화를 열고[242] 앵글로-색슨의 관습법, 계몽주의, 그리고 해방의 다른 시각은 각각 그들만의 방식으로 발전되어 왔으며, 많이

---

241) 이것은 "어머니"와 "아들"이 가담하는 것에 맞서는 안티스테네스 인물, 족장이 그 희생양인 것과 가장 밀접하게 들어맞는다.
242) 고린도 전서 14장(특히 26-31절).

다르지만, 똑같이 왜 우리가 서로를 동료로서 대해야 하는지, 그리고 왜 그런 장을 마련할 것을 요구하는지를 정의한다. 그들은 평준화를 필요로 한다. 그것은 모성적이고 오이디푸스적인 처벌 명령이나 지배가, 단순히 소홀함이나 오류에 의해서만이 아니라, 그 자체로 동등함을 극대화시키는 명령의 시각에서 벗어나야만 한다는 것을 중요하게 한다. 그들은 이전에 잘못된 방향으로 기울어진 것으로 그들이 비난하던 것을 바로잡으려고 그 영역을 기울어지도록 만들고자 한다.

지금까지 나는 전통적으로 신학이 다루는 것보다 더 상세히 소외와 처벌의 세 가지 모델에그러므로 잠재적으로 속죄의 모델에 집중했다.243) 내가 그 모델들에 먼저 주목했던 이유는, 전통적 신학이 그것들에 별로 신경을 쓰지 않았기 때문이고, 그것들이 인류학적으로 "이 땅 더 가까이에" 있기 때문이며, 또한 그들이 기능을 발휘하는 문화 속에서 합법적 자리를 차지한다는 주장이 진지하기 때문이다.

따라서 지도자를 처벌하거나 없애는 사회적 패턴들이 사회적으로 기능적이라고 주장될 수 있다는 시각 보다는 더 다양한 방식이 있다.244) 그런 패턴들 가운데 어떤 것도 홀로 서 있는 "모방"의 비유를 충분히 조명하고 있지 못하기 때문이다. 나는 우리의 분석이, 우리의 당혹감이 그들을 억누름으로가 아니라, 내가 시작한 것처럼, 그들의 자연스러움을 더욱 묘사함으로 더욱 도움이 된다고 주장하는 것이다.

### 8부: 권한부여empowerment

인류학적으로 가장 기본적인 두세 가지 실례로 그 주장을 입증한 후에, 처벌은 사회적으로 적법할 수 있다는 것을 인식하도록 나는 기본

---

243) 그런 것은 사물의 질서 속에 위치한 것이거나 혹은 하나님의 분노나 명예의 요구 속에 위치한 것으로, 앞서(4부) 언급되었으며 전통적 속죄이론 속에서 규칙적으로 발견된다. 완전한 분석은 그런 이유들이 이것에 관련될 필요가 있다.

리스트에 두 가지 부가적 이유를 더 추가할 필요가 있다고 본다. 다음의 형태에서 가장 좋은 꼬리표는 아마도 "희생자 옹호"일 것이다.245) 이런 사례에서 처벌적 반응의 이유는 고통은 고통으로 갚아야 한다는 것이 잘못 가져다 준 희생자의 내적인 심리학적 필요이다. 희생자는 고통은 고통으로 갚아야 한다는 이런 요구가 신성한 명령과 동일시된다고 단언하지만, 물론 갈등 상황에서는 모든 사람이 신성한 명령이 같다고 보지는 않는다.246) 희생자의 관점은 그 핵심을 보는 가장 좋은 방법이다.247) 지라르에게 이런 필요는 원시적인 "모방적 욕구" 아래 깔려 있을 수 있지만, 지라르의 사례에서 보면 반격을 가하는 것은 보통 희생자가 아니라 사물의 질서가 되는 체계이다.248) 나아가 그것이 다른 사례들보다는 덜 어색하다고 할지라도, 대부분 "보복하는 것"은 흔히 대칭적인 것이 아니어서, 여기에서 조차 모방의 비유는 가장 적절한 것이 아닐 수도 있다.

사전에 나오는 자료로 되돌아가기 전에 나는 가장 단순한 비유로 만족스럽게 시작할 수 있다. 누이의 권위에 압도당하는 것에 분해하는 아이가 "내가 너보다 클 때까지 기다려!"라는 식의 불평을 하는 것이 진실되고 시적으로 적절하다고 이야기된다는 것을 종종 들었다.

이것은 도덕적 담론의 가장 기초적 형태 가운데 하나로 보일 것이

---

244) 앞서(4부) 언급한 것처럼, 여기서 선택된 "기능적" 용어는 의도적으로 "선"보다는 덜 긍정적이지만, "합법적인" 것보다는 더 긍정적이다. 수많은 평화주의자조차 현실 세계에서는 평화로운 시기에 경찰이 기능을 갖는다는 것을 안다. 비록 이런 체계들 각각이 복음서의 사랑에 미치지 못한다 해도, 그리고 그들 각각이 수많은 사람에게 해를 입힌다고 해도, 이것은 단호하다.
245) 이것은 모성적, 자식적, 그리고 정부적인 것에 이은 네 번째 형태가 될 것이다.
246) 이전의 문장은 절제된 표현이다. 정확히 잘못된 것은, 힘을 행사하는 누군가가 가진 사용이 어떤 신성한 명령에 의해 입증되는 것이다.
247) 해방신학은 "압제된 자들의 인식론적 특권"을 말한다. 왜곡된 세상을 아래에서 보는 것은 세상을 가장 정확하게 보는 방법이다. 핵심은 약자들이 도덕적으로 더 나은 사람들이 아니라, 그들은 그들이 있는 곳에서 사물을 보는 더 나은 환경에 있다는 것이다.
248) 프레이저(The Golden Bough)나 안스팍의 상황("Violent Against Violence")에서도 아니다.

다. 사건이나 행동의 상태는 상처를 준 사람에 의해 나쁜 것으로 평가되며, 일어난 일은 권력의 불균형에 기인한다. 이것은 도덕적 호소이다. 때때로 어느 정도는 우주가 제공해야 할 의무를 지는 목록표의 미래적 전환의 가설적 시나리오로 불평이 옷을 입는다. 이런 불평은 물론 부모나 혹은 다른 권력소유자에게도 전해질 수 있다. 아이는 "아파요!"라고 이야기 하지 않고 "그것은 잘못되었어요!"라고 이야기하며, 그런 잘못을 분명하게 하는 방법은 "당신이 나에게 한 것을 당신도 당해야 한다"이다. 대칭, 앙갚음은 정의를 위한 이미지이다. 모방적 차원은 여기서 강렬하지만 부당함을 느꼈을 때는 처벌이 내려지지 않는데, 그 이유는 지금 누이를 좌절시킬 수 없음에도 불구하고, 요구와 희망이 그 아이에 의해 표현되기 때문이다. 이것은 단순히 분노의 증거가 아니라 도덕적 호소이다. 그것은 미래에 우주가 균형을 회복시키도록 개입해야만 한다는 것을 요구한다.

현대적으로 적용할 때 그 용어는 더 광범위하게 사용될 수 있기 때문에, "희생자"라는 단어가 물려받은 의미는 더욱 설명을 필요로 한다. 공식적으로 유사하지만, "희생자"victim라는 용어는 "승리자"victor와 같은 어원에서 나온 것이 아니다.[249] 언어적 유사성이 하나의 사고를 만들어 낼 수 있듯이, 그것은 단순하게 갈등에서 밀려난 쪽을 의미하는 것이 아니다. "희생자"는 "마녀"witch와 어원이 같으며, 미신적이거나 신비스러운 세계관 속에서, 그리고 그 세계관에 의해 그것을 효과적이도록 강요하는 자들에 의해 이해되는 희생을 가리킨다.[250] 희생자를

---

249) 영어 단어의 이러한 유사성은 속죄의 신학적 토론 속에서 효과적으로 사용되어 왔다. 다음을 참고하라. 그런 두 단어로 제목이 붙은 기독론에 관한 웨일스의 고전, John Seldon Whale, *Victor and Victim*.

250) "vic-"로 시작되는 다른 영어 단어들은 다른 옛 게르만 어원에서 나온다. vicious, vice president, victor, 그리고 victim 단어 속에 있는 이런 세 글자 어원의 네 가지 발생은 모두 원래 게르만적 파생을 가진다.

고통스럽게 하는 사람들은 그런 고통이 체계나 사물의 질서를 위해 선한 것이라는 주장을 만든다. 그것은 긍정적 가치주장으로서, 그것이 헌신하는 사람들에 의한 압제적 질서명령를 대표하여 만들어지며, 희생자가 이런 부당함을 알고 그들의 자존감을 되찾을 때 굉장히 공격적이 된다. 악이 요구하는 정당성은 고통 자체가 아니라 "사물의 질서" 요구로서, 이미 받은 고통을 정당화시킨 것이다. 따라서 "희생양이 되는 것"은 단순히 고통 받는 것보다 더 나쁜 것이다. 가장 희생자를 아프게 하는 것은 그 고통이 정당화된다는 사실이다. 그것은 실정이 그러하다는 명목으로 가해지며, 어떤 우주적 권한을 요구하는 권력자 그리고/혹은 구조에 의해 가해진다. 그런 정당성이 주장하는 것은, 고통 그 자체보다 더욱, 그 스캔들을 이루는 것이며 그 교정이 단순한 질책 이상이라는 것을 요구하는 것이다.

프랑스에 항거한 알제리의 반란1955-62에서 나온 『대지의 비참한 사람들』Wretched of the Earth을 집필한 패논Frantz Fanon은 여러 가지 형태의 희생시킴을 한 가지 선으로 함께 엮었다:

* 고전적인 정치적 식민주의와 민족해방의 반응.
* 인종차별: 알제리에서 거주하며 일했지만, 패논은 마르티니크 출신의 흑인이었다.
* "제1세계"에 의한 "제3세계"의 신식민지적 경제 및 문화 지배.

비록 이런 공격들 모두가 제도적인 것이고 그의 연구는 경제학적이고 정치학적인 차원을 포함한다고 해도, 치료사 패논은 개인적 심리치료에서 나온 용어로 대응했다.[251] "치료" 혹은 더 나은 기념적 "권한부

---

251) 그것이 서문을 쓴 사르트르(Jean-Paul Sartre)에 의해 강조되었기 때문에, 패넌의 주장 가운데 이 부분은 가장 주목을 받았다.

여"에 대한 그의 시각은 사회적 약자가 일상에서 폭력적으로 행동함으로 요구할 권리를 가진다는 것으로, 아들의 존엄성이 아버지를 대신하는 것과 관련된 아들의 오이디푸스적 이미지로 형성될 수 있다.[252]

우리가 실제적인 것으로 인식할 필요가 있으며, 앞서 나열된 세 가지, 특히 성적이거나 육체적인 차원과 함께한 것보다 다른 방식의 희생을 이해하는 것으로 확장할 필요가 있다고 내가 제안하는 것이 이런 요소이다. 이전에 벌어졌던 학대의 가해자가 처벌되어야 한다는 희생자의 요구는 희생자가 그들의 존엄성을 회복하는 것의 일부이다.[253] 같은 약탈에서 사람들을 지키는 사회적 위생은 그런 관심사의 한 부분이될 수는 있겠지만 그 뿌리는 아니다. 그 뿌리는 희생자의 고통이 사물의 본질의 일부로서 잘못 해석되었을 때 상처받은 존엄성이다. 처벌은 그저 그들의 분함을 표현하는 것만이 아니다. 처벌은 왜곡된 우주를 바로잡는 것이다.[254] 처벌은 그것을 뒤바꿀 만큼 잘못된 행위를 반영하지는 않는다. 다시 말하면, "모방"은 이것을 위한 가장 좋은 꼬리표는 아니다.

희생자 옹호vindication에 대한 거시 사회적 대응도 존재하는데, 아마도 우리는 최근의 몇몇 부정적 사례를 통해 가장 잘 정의할 수 있을 것

---

252) 맥도나(Edna McDonagh)는 다음의 글에서 패넌의 주장(199-203)에 대한 깊은 뿌리를 민감하게 검토했다. "Modes of Human Violence", *Irish Theological Quarterly* 41 (July 1974): 185-204. 그는 조지 소렐(1908)과 극작가 세제르(Aim C saire)의 혁명적 사상 속에서 그것들을 인식했으며, 아일랜드와 팔레스타인의 반란, 구원과 폭력을 연결하는 모든 사람 가운데의 병행점들을 인식했다. 19세기 이탈리아나 폴란드의 낭만적 민족통일당원들을 덧붙일 수 있는데, 그들에게 영웅적 폭력의 긴요성은 성공할 것 같은 "정당한 전쟁"을 고려함으로 제약되지 않았다.

253) 앞서 만들어진 언어참조는 오해의 여지가 있다고 어떤 호의적 비평가가 나에게 알려주었다. "희생"과 "마녀" 사이의 언어적 연결은 보상을 요구하는 희생이 마녀의 역할을 한다는 것을 의미하지 않는다. 그것은 오히려 그들이 맞서서 저항하는, 그들을 억누르는 체계가 신령하거나 음산한 입증을 요구하여, 그것에 대항하려고 그들이 봉기하는 것은 각성이나 악령퇴치와 비슷하다.

254) 비록 그들이 그것을 우주적 질서에 투영한다고 해도, 그 희생자들 속에 위치한 필요는 우리가 시작했던(1부) 뒤르켐의 가설과 맞아 떨어진다.

이다. 제랄드 포드Gerald Ford가 미국의 대통령 재직 중에 했던 첫 조치 가운데 하나로 그의 전임자 리처드 닉슨을 사면했을 때, 교회 대변인들은 포드가 국가적 진리의 경험을 짧게 줄였다는 것을 개탄하고 재판절차가 마련된다는 것으로 위안하면서 정치인들과 언론인들에 합세했다.255) 파시스트 군사 독재자의 세대가 지나고 시민정부가 아르헨티나로 복귀했을 때, 보수 가톨릭 주교들, 시민 정치가들과 관료들, 그리고 스스로 "화해"를 필요로 하던 높은 계급의 군인들 사이에는 강한 목소리들이 있었다. 그때까지 기록될 수 있었던 수천 명의 살인자와 "실종자들"은 처벌되지 않아야 했다.256)

싸구려 화해에 대한 이런 필요와 대조하면, 사회적 평화에게로 진정한 복귀를 하자는 사람들은 진리를 말하지 않고는 그것이 찾아올 수 없다고 주장했다.257) 살인자들은 죽임당할 필요는 없지만, 문자적인 모방이 아니다 그들의 이름은 밝혀져야 하며, 제대로 되려면, 그들이 공직의 특권을 계속 누려서는 안 된다. 1993년 초 엘살바도르에서 UN진상규명활동보고가 크리스티아니Cristiani 정부의 성급한 "사면" 선언으로 말미암아 화제가 돌려졌을 때에도 같은 문제가 다시 발생했다.258)

---

255) 다음을 참고할 것. William Hamilton and Charles P. Henderson, "Theology and the Pardon", *The Christian Century 91*, vol. 33 (October 1974): 900-902.

256) 다음을 참고할 것. Lawrence Weschler, *A Miracle, A Universe: Settling Accounts with Torturers.* 그는 아르헨티나, 브라질, 칠레, 그리고 우루과이의 "과도기적 정의"와 비교한다.

257) 아렌트(Hannah Arendt)가 그녀의 책 『전체주의의 기원』(*Origins of Totalitarianism*)에서 보여준 것처럼, 압제로 가는 첫 번째 발걸음은 시민 속의 "사법적 인간"의 파괴이다. 그러고 나서 "자유를 향한 첫 번째의 본질적 발걸음은 사람 안에 있는 법적 충동의 회복이다." 다른 곳에서 아렌트가 보여준 것처럼, 갱생에 대한 이러한 필요는 그녀가 근본적 중요성을 부여하는 용서의 기능(The Human Condition)과 충돌하지는 않는다.

258) 노골적 압제에서 법과 질서로 움직여 가는 국가는 반드시 이 문제에 어떻게든 직면해야만 한다: 칠레, 동유럽, 남아프리카. 미국평화협회(the United States Institute of Peace)의 원조 아래에서 "법치" 연구기획은 압제에서 품위로 변모하는 어떤 종류의 "정의"의 중요성을 꼼꼼하게 문서화했다 (Neil J. Kritz, ed., *Readings on Transitional Justice: How Emerging Democracies Reckon with Former Regimes*). 이런 주제에 대해서 현재 가장 유용한 시각은 다음과 같다. Jos Zalaquett, "Confronting Human Rights Violations Committed by

따라서 보상 없는 화해와 고통 없는 용서를 요구함으로 은혜를 값싸게 만들어 버리는 것에 맞서서 강한 정의의 요구들을 고려해야 한다. 처벌의 본질과 정도는 이런 유형의 문제는 아니지만, 이름이 밝혀지고 알려지는 범죄는 생명의 조건을 다시 시작하게 한다. 이런 설명은 학자적 속죄이론의 현대적 상응물로 인식될 수 있는데, 이 이론은 "교구적" rectoral이라고 불리던 것이었다. 통치자로서의 하나님이 처벌을 주장할 필요가 있다는 것은 하나님이 진노하시거나 균형 잡혀야 할 우주적 규모의 보상예를 들면 고통에는 고통으로이 있다는 것이 아니라, 그런 행위의 부당함이 공공연하게, 그리고 극적으로 사회의 도덕적 정체성을 정의하는 한 부분으로서 수행될 필요가 있다는 이유에 따라 그것은 차례차례 "만족" 이론 부류의 부분집합이 되었다. 이것은 위에서 언급한 "정부" 개념에 접근한다. 그것은 범죄자들 스스로가 교훈을 얻어야만 한다는 것 이상을 말한다. "교훈"은 전체 사회가 보도록, 혹은 "역사"를 위해 기념적으로 이행되어야만 한다.

르네 지라르는 모든 세계 역사의 의미를, 그리스도의 십자가 이래 빠르고 넓게 성장하며, 모든 전가scapegoating와 희생시킴victimization의 부당성을 계속해서 점진적으로 드러내는 것으로 본다. 그가 지적했듯 이 새로운 희생자를 처벌하려고 새로이 개발된 이유가 이전 희생자들을 위한 처벌을 요구하는 것이기 때문에, 여기에 우리 문화가 가진 특별히 고통스러운 역설이 있다.[259] 희생자 옹호의 이유는 그것 자체에만 몰입하는 데 있다.[260] 그것은 악순환을 피할 수 있는가? 희생자의

Former Governments: Principles Applicable and Political Constraints", in *State Crimes: Punishment or Pardon*, 23-69; Lawrence Weschler in State Crimes; and Aryeh Heier, "What Should Be Done About the Guilty", in *New York Review of Books*(Feb 1, 1990).

259) 1992년 11월에 미국종교학술회에서 선보인 지라르의 강의 "복음서의 사탄"(The Satan of the Gospels)을 참고할 것.

260) 이것은 특별히 내가 후에 "구조적"(tectonic)이라고 부르게 될 특별한 방식의 사례다.

혐의를 다시 벗겨 주는 것은, 그것을 대신함으로, 그것이 바로잡으려고 하는 그 범죄를 정당화시키는 것은 아닌가? 그 희생자들이 희생 지위를 자기 인식으로서 단언한다는 사실과 그들이 그 답례로 모방하여 다른 이들을 희생시킨다는 사실은 그들이 비난하는 바로 그 구조를 강화한다.[261]

## 9부: 새 시대에로의 입성

문화적 의미의 전체적 연합이 움직이고 있는 구조적 문화변동의 시대에는, 어떤 극적 처벌사건이 평소보다 더욱 심한 폭력으로 말미암아, 혹은 그것이 존재하지 않았던 환경으로 폭력이 분출됨으로 말미암아 중대한 변모를 나타내기도 한다. 영국의 찰스 1세와 프랑스의 루이 16세의 처형은 그런 구조적 중심점이었다. 우리는 그들 가운데 하나라도 사형에 처해지는 것이 마땅했는지를 묻지 않는다. 마찬가지로, 간디와 마틴 루터 킹의 죽음, 혹은 존 케네디와 로버트 케네디의 죽음, 또는 스티브 비코Steve Biko나 오스카 로메로Oscar Romero와 이그나시오 엘라큐리아Ignacio Ellacuria의 죽음이 정치적 범죄행위보다는 역사적 연결고리로서 더욱 의미를 지니게 되었다. 이미 언급한 것처럼, 이런 의미에서 1990년대 중반 미국의 많은 사람들은 가부장의 유산이 추방되어 왔다는 것을 다짐하려면 페미니스트 계획의 특별한 수정적 물결이 꼭 필요했다는 것을 발견했다.

그 사례의 본질상, 이런 유형의 처벌에 대한 정당화는 단순히 그것

---

261) 성격에 대한 대중적 정신역학적 시각은, 어떤 고통이나 악이 "억눌렸는지", 그리고 그 것이 "폭발"하지 않도록 "배출"될 수 있는지에 따라, 당신이 어떤 방식으로 행한 것에 대해 보상을 받았다면 계속 그것을 행하려 한다는 것에 따라 "유압적(hydraulic)" 비유들 사이에서 나뉘고 있다. 앞서 언급한 것처럼 "고민을 털어 놓음"에 의한 희생자 홍호의 개념은 "유압적"이나 "배출" 비유로 들어가게 되며 "행동적" 이미지가 더 현실적이라고 믿는 사람들에 의해 도전을 받는다. 따라서, "옹호" 요구는 다른 대가를 치루면서 심리학의 학문 가운데 하나로 들어간다.

이 체제의 변화를 각색하는 것만이 아닐 것이다. 동시에 그것은 그 공정성에 대한 "모성적" 혹은 "자식의" 혹은 "정부적" 또는 "희생 권한부여" 요구를 해야만 한다는 것이 자연스러울 것이다. 만약 독자적이라면 "어머니"는 결국 손해를 볼 것이지만, 우리는 앞서 모성적 욕구는 다른 방식으로 연합에 들어갈 수 있음을 주목했다. 어머니는 며느리와 동맹을 맺을 수 있으며, 그렇게 함으로 며느리는 그녀가 제어하려는 남자에 대해 배우자와 파트너로서보다는 오히려 어머니에 가까워진다. 혹은 "어머니"는 족장그녀의 배우자이자 그의 아들이 물러날 때가 오면 "아들"과 동맹을 맺을 수도 있다. "누가 윗사람인지 그에게 보여주는" "정부적" 방식 아래, 우리는 이미 다른 유형의 처벌자들이 공동의 노력을 기울일 가능성을 언급했다. 우리가 이제 되돌아 갈 구조적 변화에서, 처벌이 요구되는 임무의 의미는 연합으로만이 아니라 예외적 시기와 역사적 임무의 의미에 의해 강화될 것이다.

희생자들을 만족시키기 위해 그 절차는 이전의 가장에게 고통스러운 것이어야 할 뿐 아니라, 또한 일상적으로 적법절차를 무시하는 패턴들도 있다. 우리가 7부에서 보았듯, 이것은 보통의 "모성적" 혹은 "자식적"filial 의에 대한 것일 수 있다. 심지어 이것은 "구조적" 사례로 존재할 것이다. "유죄가 증명될 때까지 무죄"는 증거법이 그렇듯 법의 지배에서 하나의 기둥이다. 하지만 왜곡된 상황에서는 이런 보호 장치들이 오히려 강간범, 학대하는 경찰, 혹은 압제하는 원로들을 보호할 수도 있다. 마찬가지로, 비율 판정judgments of proportion도 오용되기 십상이다. 우리가 본 것처럼 처벌명령에 대한 "모성적" "정부적"을 포함하여이고 "자식적"filial인 이유는 "그 처벌이 범죄에 꼭 들어맞아서"가 아니라 262), 오히려 새로운 담당자측이 유아에 대한 "어머니의" 지배나 노인에

---

262) 이것은 우리가 "모방"이 불충분한 명칭이고 설명이라고 보는 또 다른 방식이다.

대한 "아들의" 압제를 소유할 뿐만 아니라 축하해야범죄자에 대한 전적 지배권을 휘두르기하기 때문이다.263) 따라서 근사치적 공정성의 문제, 비율의 문제, 그리고 적절한 절차의 문제에 대한 관심은 필수적인 결과를 좌절시키는 것처럼 나타날 수 있다.264) 처벌받는 사람에게 페어플레이를 요구하는 것은 또 하나의 가부장적 지배로서 비난받을 수 있다.

따라서 그 사례의 본질로서 그런 중추적인 사형집행이 일어났을 때 그것에 적합한 어떤 특정한 범죄가 있었는지는 중요하지 않다는 것이 예상되어야만 한다. 르네 지라르가 인류학자들에게서 배웠던 것처럼, 어떤 때에 부족장에게 그의 처형이 필수적이도록 하려고 제의적으로 어떤 불순의 죄가 선포되지만, 종종 그 범죄와 "재판"은 조작된다.265)

반면, "전가"가 족장이 아니라 신원미상인 무고한 사람이나 외부인일 때, 그 사람에게서 도덕적이거나 사법적으로 유죄를 찾는 겉치레는 전혀 존재하지 않는다. 희생양이 "유대인"이거나 집시들이라면, 그들의 죄는 어떤 개인적 책임과는 상관없이 전체 계급에 명시된다. 일반적으로 족장을 위해서든 신원미상의 희생양을 위해서든, 처벌은 그것을 위해 도덕적으로 타당하거나, 법적으로 명령적이거나, 혹은 "작용"할

---

263) 이것은 특별히 수산나 웨슬리 혹은 프란시스 웨이랜드(6부)의 훈육 속에 있는 "사악한 의지 꺾기" 주제 속에서 드러난다.

264) 구조적 드라마의 대중적 화신, 아니타 힐(Anita Hill)은 "여성은 증거가 있든지 없든지 옹호되어야 한다"고 말할 것이다. 그녀의 추종자들은 금방 언급된 입장으로 그 생각을 환영했다. 그녀를 폄하하는 사람들은, 변호사와 정의에게 있어서는 기이한, 무관심의 신호라고 그것을 물고 늘어졌다. 실제로 힐은 증거 없이 사법적으로 누군가의 죄를 찾아내어 그를 처벌하는 맥락에서 이런 단어를 사용하지는 않았다. 그녀가 말하는 것은, 아이를 위해서 도덕적으로 분명히 옳은 아버지의 정체성을 입증하는 것과 상관없이, 편모가 자신의 아이를 위한 재정적 후원을 가져야만 한다는 것이었다. 하지만, 폭넓은 반적법절차(anti-due-process)적 이해가 많은 이에게 채택되고 환영받는다는 사실은 현재의 쟁점을 강화시킨다. 이런 특별한 환경에서는 가장이 유죄로 입증되는 것보다는 여성들이 가장에게 더욱 해를 끼치고자 해야만 한다.

265) 다음을 참고하라. Cf. Mark Anspach, "Violence Against Violence", 17, and James Frazer, *The Golden Bough*. 이미 우리는 '족장'과 희생양의 "무고한 외부인" 모델의 병치가 지라르의 설명에서 가장 취약한 부분임에 주목했다.

우주에 구원의 효과를 위해 희생양의 일부가 법적으로 유죄로 증명되는 것과 연결되지 않으며, 연결되어서도 안 된다.[266]

다시 말하자면, 축적의 초기 사례들"모성적", "자식적" "희생 옹호"과 마찬가지인 구조적 전환의 사례로, 그 현상에 대한 단순한 도덕적 심판을 찾는 것은 그른 것이다. 사건들은 사회적으로 기능적이며, 도덕적 옳고 그름으로 쉽게 자격을 갖추지 않고서 사회의 유지나 운동에 기여한다. 어떤 배우나 "선거구" 혹은 "흘러간 옛 방식"이 도덕적으로 옳거나 유죄로 드러났는지를 단순히 도덕적으로 평가하는 것으로 우리의 필요를 축소시키지 않고, 1992년 LA 소요의 영향이나 클라렌스 토마스Clarence Thomas 공청회hearings의 영향은 세계적인 문화역사적 현상원인과 결과로서으로 평가되어야 한다.[267]

우리의 목적에서, 처벌할 이유의 다양한 유형을 각각 구분하거나 명명하는 것은 밝혀져 왔다. 처벌할 다양한 이유들은 따로 존재할 수 있으며, 어떤 것은 각각의 행위자에게는 이치에 맞을 수 있다. 각각은 인류학에서 위치된사람 속이든 사회 속이든 자리가 있다. 각각은 본질적으로 식별되고 분류되며 평가되어야만 한다. 그 누구도 단순히 다른 사람에

---

266) 그 주장은 더욱 강조되어야 한다. 특히 "모성적"이고 "자식적인" 방식에서는, 적법절차가 제기되어야 한다는 것은 의심의 여지가 없다는 것이 처벌 욕구의 구성요소이다. "적법절차"와 공평성의 개념은 당사자들 간의 동등성의 시각을 가정하는 것으로, 동등성의 요구에 대한 기원은 그리스나 로마 시민문화에서, 앵글로 색슨적 공평성에서, 혹은 기독교나 계몽운동 평등주의 속에서 찾아 볼 수 있다. 하지만, "어머니"든 "아들"이든 동료로서 취급되는 것을 원하지는 않는다(7부를 참고할 것). 불평등함을 없애기 위한 "어머니"나 "아들"의 힘은 극적 연출을 필요로 하는 요소의 일부이다.

267) 만약 내가 보복을 결심한 사람의 치료자이거나 도덕적 조언자였다면, 나는 그들이 처벌 욕구가 긍지를 가지고 기억할만한 것이 아니라 역효과가 난다는 것을 보았으면 한다. 내가 그들의 목회자였다면 나는 그들이 처벌 욕구가 기독교적인 것이 아님을 보여주고 싶다, 내가 사회 이론가나 입법가였다면 나는 처벌욕구가 법으로 들어오는 것을 막을 것이다. 하지만, 내가 이 글에서 하는 것이 사회심리학으로 불리든 윤리학으로 불리든, 지금의 최우선적 필요는 양심을 가지고 처벌하는 이런 현상은 사물 질서의 일부라는 사실과 직면하는 것이다. 나는 희생양이 되어야하며, 나의 주장은 그런 방식으로 나를 취급하는 것은 잘못된 것이라는 것이다,

게 종속된 형태로 축소될 수 없다. "모방"은 그들 대부분을 설명하지 않는다. 하지만 그들 대부분 중에서 특별한 환경에서는 어떤 특별한 힘을 지닌 별자리가 있을 수 있으며, 그들 가운데 최소 한 개 이상의 차원이 동시에 발생하는 문화적 변환점이 있거나 있을 수 있다는 것은 놀랄 일이 아니다. 우리는 "앞서 언급된 모든 것"을 도덕적이나 탐구적으로 동등하게 타당한 것으로 단언할 필요는 없으며, 한 번에 오직 하나가 실제 상황에 적용되는 것처럼 그들을 주의 깊게 구별할 필요도 없다. 각각의 형태가 존재하며 이런 형태들은 때때로 서로 크게 다르고, 어떤 구체적인 갈등적 결합으로 그들이 합쳐질 수 있다는 것을 보는 것으로 충분하다.

## 10부: 그렇다면 노인들은 무엇을 해야 하나?[268)]

소크라테스가 죽음에 해당하는 죄로 기소되었을 때 그에게는 두 가지 이상의 선택이 가능했다. 그는 착실하게 가장 최악의 것을 선택한 것으로 보인다.

1. 재판이 있기 전에 그는 아테네를 떠날 수도 있었다. 누구도 그를 말릴 수는 없었다. 그는 이것을 고려조차 하지 않았다. 왜일까? 아마도 권력을 가진 사람들은 그가 도망가는 것을 기꺼이 보고자 했을 것이고, 그를 죽이지 못한 것을 개의치 않았을 것이며, 그의 도망을

---

268) [편집자 주] 10부는 원래 이 책의 온라인 판에서 마지막 장이었다(요더가 1997년에 다른 장을 추가하기 전). 그것이 이 새로운 관점에 완전히 들어맞지는 않는다는 사실에도 우리가 그것을 이동시킨 것은, 다음 장들이 그러하듯 그것이 이 글의 다양한 부분을 종결시킨다기보다는 지라르의 틀을 확장시키기 때문이다. 요더가 앞서서 이 단편들을 따라 올 장들과 더불어 매듭짓는 것처럼, 그것은 나중에 지라르에 대한 연구의 중요한 확장으로 인정되었으며, 이 단편을 더욱 적합한 곳에서 조직적으로 선집에 섞어 놓기보다는 단순히 마지막에 추가시켰다. 이것은 요더가 그 글들을 엄격하게 논리적 순서에 입각할 필요가 없이 썼을 때 원래 글의 장들이 나타나고 있는 현재 장의 서문에서 등장하는 요더의 고백과 일치한다.

기꺼이 자신들의 승리로서 해석할 수 있었기 때문이다. 그들이 지배했던 체계는 재판이 있었던 것보다 비용이 덜 들고 문제도 덜 되었다는 것을 확인했을 것이다. 그리고 그의 도망은 그의 유죄에 대한 암묵적 고백이며 그들이 옳았다는 것을 인정하는 것으로 받아들여질 수도 있었다. 때문에 소크라테스는 도시에 머물렀고, 사형을 집행하라고 기득권자들에게 강요했다.

2. 재판절차에서 그는 고집을 덜 부릴 수도 있었다. 그는 자신을 비난하는 사람들이 과장하며 그를 잘못 인용했고, 그의 말들을 곡해했었다고 탄원할 수도 있었다. 그는 감정적으로 호소하기 위해 법정에 자신의 아이를 데려올 수도 있었다. 변호에 대한 이런 모든 논의는 진실한 것일 수도 있다.[269] 그러나 그는 양보하지 않고 그들이 자신의 죄를 입증하는 것을 받아들이는 방식으로 자신의 진실성을 주장했다.

3. 유죄가 인정되어, 법정은 그에게 스스로 자신의 형벌을 선고할 가능성을 줬다. 만약 그가 충분한 형량을 제시했다면 그들은 타협을 수용하고 죄를 시인하는 것으로 받아들이는 것으로 해석했을 것이며 사형선고를 취소했을 수도 있다. 하지만 소크라테스는 자신이 한 일이 잘못이 아니었으므로, 그 처벌은 처벌이 될 수 없다고 주장했다. 전차경기의 승자처럼 그는 분명히 프뤼타네이엄Prytanaeum, 고대 그리스의 공관 건물에서의 관리라는 보상을 받아야 한다.[270] 이것은 그

---

269) 그의 자녀들에게 연민을 불어넣는 것은 판사들을 타락시키는 것으로 여겨질 수도 있다(*Apology*, Loeb Classical Library [1943], 123-25). 그는 다른 도시에서는 사형이 한 가지 상황에서 결정될 수 없다고 제대로 주장한다. 시간을 더 가질수록 그는 그것을 확신할 수 있었다(Apology, 131-133).
270) *Apology*, 129-31.

들로 하여금 체면을 손상하지 않고 사형을 취소할 수 없게 만들었다.

4. 사형이 선고되고 그는 도망갈 수도 있었다. 그의 친구들은 그가 도망갈 수 있도록 미리 준비하고 있었다.[271] 앞서 언급한 첫 번째 선택처럼, 그는 다른 도시에서 영웅으로 환영받으면서 선생으로서 제자들을 가르치며 새로운 시작을 할 수도 있었다. 그는 그러지 않았다. 왜일까?

이런 네 가지 길 중에서, 소크라테스는 그런 처벌을 수용하는 것이 그것을 피하는 것보다 왜 더 옳은 것이었다고 생각했을까? 프레이저 Frazer나 안스팍Anspach에서 불평 없이 그들의 제의적 죽음으로 걸어갔던 그 부족장처럼, 그는 국왕시해의 우주적 명령을 따른 것이 아니었다. 하지만 그의 진실성의 가치로서, 속이지 않은 운명으로서 그가 죽음을 수용했던 것은 어떤 의미에서 지라르의 희생에서의 그런 엘리트 희생자들과 같았다. 소크라테스는 심지어 체계가 그릇되었을 지라도 사물을 형성하는 명령에 비추어 그 선고에 따르는 것이 순리이며, 또 그래야만 한다는 것임을 보았다.[272]

소크라테스가 그 체계를 믿어 궁극적으로 그 당시 제도들이 정의를 수행할 것이며 그리하여 그 통제에 도전하기 보다는 몇몇 실수가 있더라도 그 체계를 지지하는 것이 더 낫다고 신뢰했다는 것이 아니다. 그것을 믿는 사람들이 있다. 그것은 처벌을 수용하기 위한 인도주의적 혹

---

271) *Crito*, Loeb Classical Library (1943), 153-63.

272) "세상의 왕자들 앞에서 무고하게 죽어서 정당함을 보이는 것이 낫다"(*Crito*, 189). 파이돈(Loeb Classical Library [1943], 200-205, 218-21, 289-91, 301-307)에서는 다른 언급과 외부적인 주장을 추가하고 있는데, 즉, 영혼이 육체 안에 갇혀 있기 때문에 죽음을 환영하는 것이다.

은 "진보적" 이유이다. 그런 신자들은 자신들을 위한 적법절차를 주장하지 않는 사고방식을 가지고, 몇몇 부정이 섞여서 그들에게 닥쳐온다 할지라도, 그 체계가 작동하지 않는 것보다는 작동하는 것이 낫다고 생각하며 양심적으로 시민 법정이나 교회법정에 복종한다. 혹은 그들이 아마도 "나는 이런 법칙으로 일할 것을 약속했다"고 믿을 수도 있으며, 약속을 붙잡는 것 그 자체가 중요해서 비록 그 법칙이 공정하게 작용하지 않는다고 할지라도 약속은 반드시 지켜져야 한다고 마음먹었을 수도 있다.

소크라테스든 예수든, 그들의 결정이 공식적으로 비슷했으며 이 연구의 초반부에 암시되었던 것처럼[273] "그 체계에 대한 신뢰"는 적합한 설명이 되지 못한다는 것은 마찬가지다. 그 고통을 받아들이는 이유는 더욱 깊이가 있거나, 혹은 오히려 정반대였다. 체계를 신뢰하지 않으므로 사람은 고통으로 그것에 도전한다. 더욱 깨달음을 주는 비유는 간디가 법의 허점을 이용해 자신을 놓아주려는 판사들에게 억지로 자신을 투옥하도록 한 이야기이다.

소크라테스에게 진실을 말하는 것의 대가를 회피하는 것은 말해진 진실을 부인하는 것이었다. "도망"은 그가 누구였으며, 또 그가 무엇을 말했는지를 부인하는 것이다. 그가 판사였다면, 그는 공정한 판사가 되었을 것이고 그 스스로가 무고하다는 것을 발견했을 것이다. 그들이 그에게 처벌을 내리라고 요청했을 때 그가 보여주었던 것처럼 하지만, 일단 부당한 판결이 내려지면, 그것이 집행되지 않도록 막는 것은 그의 역할이 아니었다.[274]

---

273) 간디나 킹 목사의 견해는 유사하지 않았고 어떤 면에서는 그들의 태도가 앞서 말한 것에서 파생된 것이 아니었다.

274) 그의 용어로 소크라테스를 이해하려는 나의 노력은 그 처지를 스스로에게 부여하는 것을 용인하는 것을 포함하지 않는다. 그는 차라리 그들에게 사형집행자를 보내달라고 강요했다. 예수는 스스로 십자가에 달리지 않았다. 간디는 단식으로 스스로를 처벌

우리의 법정에서 종종 "이의제기 없이" 유죄를 시인하는 일이 벌어지는 것처럼, 우리는 소크라테스의 불완전한 공언에 힘입어 "나는 죽을만한 짓을 하지는 않았지만 아마도 어떤 죄가 있을 것이며, 그것에 사죄한다. 그리고 그 차이는 길고 소란스럽고 값비싼 진실 찾기 절차의 대가를 치를만한 가치가 있는 것은 아니다"라고 말하면서 그 설명을 용이하게 할 수 있지는 않다. 소크라테스가 반역죄에 대해서는 혐의가 없으며, 그에게 사형은 선고한 사람들이 그런 사례가 될 것을 잘 알고 있었다는 것이 소크라테스가 지닌 태도의 내용이었다. 그 비난의 부당함은 그가 반드시 그 처벌을 견디도록 만드는 것의 일부였다. 그것은 그들에게도 반드시 필요한 것이었는데, 만약 그들이 그의 선고가 부당했다는 것을 시인했다면 합법적 힘에 대한 그들의 주장이 붕괴되었을 것이기 때문이다. 따라서 그가 그들의 방식대로 그들을 만나는 것을 거부한 것은 그에게 있어서 필수적인 것이었다.

소크라테스의 죽음은 왜 그가 죽어야 했는지에 관해 지라르의 범주에 잘 들어맞지 않는 또 다른 고전적 전통의 일부이다. 하지만 그가 죽어야 하는 것이 분명하면, 그런 운명을 받아들이는 그의 이유는 프레이저와 안스팍Anspach의 왕들과 지극히 유사하다.

## 11부: 지라르의 체계 속에 있는 심화된 의제

처벌의 뿌리에 대한 후기 지라르의 분석을 위한 "두꺼운" 준거 틀을 향하여

르네 지라르가 전가scapegoating와 희생에 대한 그의 특별한 이해와 가까운 곳에서 발전시켜 온 이론적 체계는 현재 "학교" 차원을 넘어 국제 컨퍼런스, 회원리스트와 회비, 그리고 미국종교학술원American

---

했으나 그것은 다른 원동력이었다.

Academy of Religion의 매년 모임에서와 더불어, 학과목의 차원아마도 더 정확하게는 학제간의 학문분야으로 성장했다. 그것은 희생의 힘을 증명하지만, 하위학문에 시간이나 유동성을 충분히 쏟아 붓지 않는 나와 같은 보통 인간들이 흔히 남기기 쉬운 결점이 있다.

처벌이 기능하는 여러 가지 방식을 검토한 후에, 나는 이제 지라르가 만든 그 체계와의 대화로 되돌아가고자 한다. 나는 지라르의 체계에는 간격이 있다고 결론지었다. 그 체계의 다른 부분들이 설득력 있기 때문에, 그 간격은 노력을 들일 가치가 있다. 여기서 내가 설득력이 있음을 발견하고 도전하지 않는 세 가지는 다음과 같다:

- 원시적 구성요소인 사회적 사건의 개념, 제도적 살인의 설립lyn-chage fondateur의 개념, 모든 사회 기원에서의 원래적이고 태고적인 위기의 개념, 희생의 대가로 얻어진 사회적 평화의 개념. 그 구성요소들은 처벌적 욕구나 "모방적 욕구", 희생의 사건, 그리고 희생의 필요이지만 소용돌이의 일부는 아니다. 이런 요소들은 개념적으로 구분되지만, 지라르의 이론에 서로 맞물려 있다. 태고적 사건은, 오직 간접적으로만, 원시적 제의와 고대 신화, 그리고 전설의 깊은 수준의 해석을 통해 추적된다. 따라서 감춰져 있는 것이 사회가 스스로를 방어하는 방식 중 하나이기 때문에 그것을 캐낼 필요가 있다.
- 역사적 사건과 복음으로서, 그리스도의 십자가가 지닌 독특성과 문화적 영향을 확인하고 해석하는 새로운 방식.[275] 이것은 예수 시대의 권력자들이 왜 예수를 죽였는지에 대한 역사적 이해를 내포하는데, 그들이 예수를 죽인 이유는 그들이 단순한 처벌자였다고 주장

---

275) 지라르가 다소 너무 쉽게 그리고 너무 자주 여기에서 "독창성"을 증명할 것을 요구한다는 윌리스(Mark I. Wallace)에 동의하지만, [요더의 자료인지는 불확실하다] 이것은 현재 나의 관심이 아니다.

하는 거짓을 예수가 폭로했기 때문이며, 부활절 이후 역사의 의미의 비전이 우주적 폭로의 돌파구로부터 점점 커져가는 파문이라는 것을 드러냈기 때문이다.

● 지라르에게 영감을 받은 사람들이 다른 학문들구약의 슈바거, 신약의 윌리엄스, 그리고 사회학이나 심리학에서 다른 학자들의 표준의제를 통해 펼칠 수 있는 전반적인 인간 드라마에 관한 일반적 이론의 지성미.

하지만 나는 모방으로서 설명될 수 없으며 신화와 제의의 원시적 형태로 감춰질 수 없는 여러 가지 처벌행위가 존재한다는 일상적인 일반 현실세계의 분석을 통해 관찰해야만 했다. 그들은 또한 전체 사회의 구성요소로서 고려될 수도 있으나 여전히 인간의 한 부분이다. 우리는 생물학적으로 어머니와 아들, 아들과 아버지의 원자적 관계로서의 그런 기본적 방식으로 그 사람의 개체발생에 주목함으로써 구성적 품질을 분별할 수 있다.

지라르의 기획 속에 있는 공백은 다음과 같이 요약된다.

1. 왜 사람들은 다른 사람들에게 상처를 주고 싶어 하는지를 해석할 때 공백이 있는 것 같다. "모방"이라는 용어는 순수하게 공식적이라는 이점이 있다. 모방은 누군가가 한 것을 그대로 하는 것을 말한다. "보복하다"retaliate는 용어도 마찬가지다. 그것은 어원 'tal'이 의미하는 것이다. 하지만, 왜 이것이 행해지며 왜 선한 양심으로 행해지는 것인지는 자명하지 않다. 분노를 촉발시키는 보복, 어떻게 그리고 왜 아이를 복종하게 하는지에 대한 모성적 혹은 부성적 개념[276]

---

[276] 앞서 나는(6부의 웨이랜드 사례) 여기서 내가 "모성적"인 것으로 특징짓는 것과 같은 유형의 자애로운 이유로 아버지가 매우 잘 처벌할 수 있다고 언급했다. 하지만, 여기서 나의 연구에 포함되지 않은, 특별히 다른 가부장적 이유가 있을 수도 있다.

과 사법적 질서를 강화하는 법의학적 개념 사이에는 차이점이 있다. 이런 모든 것은 고통에는 고통을 가하는 것으로 이어지지만, 그들이 전제하는 우주론이 그러하듯 그들의 암시는 다를 것이다. 내가 언급한 것처럼, 고전적 속죄 교리는 왜 "누군가가 저지른 것에 대해 행해지는 것"이 적합해야 하며, 심지어는 반드시 해야만 하는지에 대한 여러 가지 이론을 구분한다. "왜"라는 질문에 대한 대답이 되는 것은 왜 지라르의 원시적 위기나 예수의 십자가가 대답이 되는지를 포함하여 환경에 따라 달라지며, 그런 "왜"라는 질문에 대한 가장 적합한 답변이 무엇인지에 달려있다.

지라르의 이야기는 "왜"라는 질문에 답변하기 위한 가장 단순한 방법들 가운데 일부보다 훨씬 복잡하다. 동물학이나 초기 유아발달에서의 유사점에 의지하는 사람들은, 치고받는 것을 단순히 흉내 내는 것에는 다른 설명이 필요 없다고 믿을 지도 모른다. 나는 왜 그것에 대한 설명이 필요한지, 그 질문이 물어야하고 대답될 수 있으며 어떤 올바른 대답 이상의 것이 실제로 존재함을 보였다.

2. 위에서 언급한 것처럼, 전가에 관한 지라르의 구절 속에는 두 가지 다른 유형의 사례 사이에 겹치는 부분이 있다. 중세 프랑스의 유대인처럼, 그리고 집시, 불구자, 아즈텍의 젊은이들처럼 다른 유형의 아웃사이더 같이, 어떤 부류의 희생양들은 그저 무고하며 처벌을 위해 공정하지 못하게 "선택"된다. 다른 유형은 다음과 같은 특출한 사람들이다: 프레이저의 부족장, 고전 그리스 드라마 속의 오이디푸스나 디오니소스, 안티스테네스의 왕, 그리고 마르쿠스 아우렐리우스, 간디, 왕, 그리고 로메로. 그 부족장은 이전 범주에서 선택된 사람들에 의해 대체될 수 있었지만, 그 대체를 정당화하려면 의식이

필요했다. 그 "부족장"은 자신의 공직으로 말미암아 처벌받도록 지정 되거나, 혹은 자신에게 내려진 파멸을 끝낼 수 있는 어떤 의식적인 공격행위를 수행하도록 강요될 수 있다. 그리하여 어떤 종류의 희생양은 익명이었으며, 다른 희생양은 직권에 의해서였다.ex officio 어떤 유형은 무고했으며 다른 유형은 의식적으로 유죄가 되었다.

이런 형태 모두는 문화기술법enthography이나 신화의 일부, 그리고 우리 사회의 희생양삼기의 실제적 유형들에서는 사실처럼 들린다. 그럼에도 그들은 구조적으로 완전히 다르다. 어떤 것을 다른 것의 형태로 축소시킬 이유는 없다. 만약 우리가 왜 희생양에게 악이 행해져야 하는지를 묻는다면앞서 언급된 내 첫 번째 질문 이런 두 가지 유형은 동일하게 설명될 수 없다. 예수나 원시적 위기, 혹은 간디와 왕의 죽음, 혹은 케네디 형제의 죽음과 연결시켜 설명할 수도 없다.

3. 지라르의 체계가 약속하고 있지만, 정작 르네 지라르 자신은 말하지 않는 세 번째 질문은, 수많은 사회 혹은 우리 사회에 그들이 계속하여 자리를 잡는 것처럼 전가의 지속적 과정을 우리가 어떻게 이해할 수 있는가이다. 지라르가 이 문제에 기울인 모든 관심은 빗나간 것이다. 원시사회계약이나 예수의 십자가가 그 질문을 해결했다고 말하는 것은 이 단계에서 아무 것도 기여하지 않는다. 우리 중 어떤 이들은 전가를 자연적 과정으로 이해하는 것이, 처벌 반응이 왜 어떤 의미에서 자연스러운 것인지의 관점으로 조명하는 생산적인 사회 행위에예를 들면, 갈등 해결의 가장 유용한 방식의 선택에 기여하는 것 기여할 수 있다고 생각한다.277)

---

277) 지라르에 대한 메노나이트의 관심은 대개 교정과 갈등해결의 두 가지 관련 분야에 관심을 둔 전문 집단에서 발생한다. 지라르 자신은 그런 구체적 형태의 적용을 부인하지만, 그렇다고 그가 그것을 강하게 옹호하는 것도 아니다. 그는 그런 적용성을 타당성의

4. 내가 처음으로 지라르의 관점에 이의를 제기하기 시작한 것은 왜 주류 미국사회가 사형에 그리 굳건히도 헌신적인지를 파악하는 일을 맡았을 때이다. 미국에서는 법원의 사형을 폐기하는 데 굉장한 비용이 들었는데, 1972년까지 처벌에 대한 "진보적" 시각은 보복에 대한 깊은 문화적 요구를 극복하기에는 결국 비효율적이라는 것이 증명되었고, 이로써 현재 수많은 주가 사형을 다시 회복시켰다. 진보적 변호사들과 사회학자들은 범죄자를 죽이는 것은 비인간적이거나 비효율적이라고 정확하게는 기독교 윤리의 측면이지만 비효율적으로 주장해 온다. 내가 이해하는 지라르는 제도적으로 살인자들을 죽이는 이런 도덕적 선고를 넘어서서, 보복이 얼마나 인류학적으로 정상적이며, 그로 말미암아 보복이 필요한 이유는 계몽이 아니라 화해를 위한 것이라고 해석하는 것이 더욱 도움이 된다는 것이다.

방금 언급한 처음 두 가지 관심사앞서 말한 1과 2는 지라르의 체계에서 약점으로 불릴 수도 있다. 후자3과 4는 오히려 유용하게 언급하는 방식으로 확대할 수 있는 주제이다. 내가 볼 때, 비록 그것을 집행하는 사람들로서는 고통스럽고 비싼 값을 치르며 특별히 고결하지는 않지만, 보복적인 사회적 절차에 깔려 있는 원인 속에 한 가닥 이상의 것이 있다고 인식한다고 해서, 혹은 처벌이 어떤 사회적 기능을 가진다는 인식 속에서 묵인한다고 해서 그것이 아주 창의적으로 조명하는 그 문제에 대한 지라르식 혼합의 원래적인 타당성이 약화되지는 않는다.

현재 윤곽의 핵심 논점은, 1992년에 최초로 초안되었는데, 가장 잘 알려진 추종자들의 최측근에 끼어들려 하지 않고, 충분히 나를 비판하

---

필요로 보지는 않을 것이다.

거나 바로잡으려 하는 지라르의 기획에 대해 충분히 아는 사람과 함께 이런 공존성의 주장을 시험하는 것이었다. 나는 애초에 지라르 교수를 이런 문제로 괴롭히려 하지 않았다. 그에 관한 누군가의 과제를 위해 주요한 인사에게 도움을 요청하는 것은 예의가 아니었기 때문이며, 내가 추구하는 이런 종류의 "그래요, 하지만" 질문은 아마도 동정어린 간접적 해석자나 혹은 추종자 공동체의 다른 회원들이 어떻게든 더 잘 답변할 수 있기 때문이다.

하지만, 지금1993년 초가을 나의 심사숙고는 다른 방향으로 더욱 진행되었으며, 지라르의 해석자들 가운데 어느 누구도 나의 문의에 실질적으로 답변해 주지 않지만, 나는 그의 모든 체계에 접근하여 내가 말하는 모든 것과 연결할 필요를 별로 느끼지 않는다. 지라르의 관점에 너무 많은 짐이 부과되었다는 나의 신념은 점점 자라나서, 그것과 맞물리는 모든 것은 내가 한 때 가정했던 것보다는 그리 긴요하지 않다.

비록 지라르를 읽음으로써 촉발되고 조명되었다 하더라도, 만약 앞선 페이지들에서 그려진 관점이 그의 체계와 양립될 수는 없다는 것이 사실이어야 한다면, 그것은 그것이 틀렸다는 것을 증명하는 것이 아니라[278] 지라르의 의도에서 핵심적이지 않은 자료를 연구하며, 그것이 다른 학제 속에 있음을 증명하는 것이다.[279] 그런 상황에서 내가 그 주

---

278) 해머튼 켈리(Hamerton-Kelly)의 『폭력적 기원』(Violent Origins) 속의 논문들은 이런 종류의 학제간의 연구에서 허위가 되는 것을 아는 것이 매우 어렵다는 점을 분명히 한다. 그책에서 버켓(Walter Burket, "The Problem of Ritual Killing", 149-76), 지라르("Generative Scapegoating", 73-105), 그리고 스미스(Jonathan Z. Smith, "The Domestication of Sacrifice", 191-205)의 논문은 그런 높은 수준의 방법론적 관념을 서로에게 이야기 하며, 타당성에 관해서 그런 차분함을 가진 독자에게는 변이체계적(trans-systemic) 항소 법정으로 간주되는 것의 개념이 주어지지 않는다. 누군가의 기준을 통해 무엇이 나오든 운영하는 능력, 내적 일관성은 각 저자에게서는 유일하게 요구되는 타당성으로 보인다.

279) 내가 보아 온 문헌에서의 유사한 가설은 "지라르의 인류학은 타당하지만, 불완전하고 일반화하는(g n ralisable) 것이다"라는 스쿠블(Lucien Scuble)에서다. 뒤의 형용사는 영어에서의 "일반화하는"(generalizable)이 의미하는 것을 뜻하는 것이 아니라 그보다는 "더 큰 통합을 향해 몰두하는 것"을 의미한다.

제를 더욱 추구하는 가장 최선의 방법은, 그것을 처음 촉발시킨 지라르와의 공유영역에 나의 설명을 더욱 느슨하게 연결시키는 것이리라.

## 12부: 사회학의 나머지로 돌아가기

지라르와 그가 제안한 근대성으로 시작함으로써, 왜 처벌이 사회적으로 바람직한지에 대한 길고 오랜 논쟁을 내가 뛰어넘은 것처럼 보일 수도 있다. 법에서는, 그리고 법철학과 사회학에서는 처벌의 이유에 대해 논쟁이 지루하게 오랫동안 계속되어 왔다. 나의 대담인인 하우스H. Wayne House와 나는 그것들을 사형논쟁The Death Penalty Debate에서 검토했다.[280] 대개는 4가지가 있다. 어떤 철학자들은 그 범주를 다음의 2개로 축소시킨다. 처벌과 결과주의consequentialism.[281]

지금의 목적, 즉 현재의 조망에서 "건너뛰기"를 정당화할 수 있는 고려에서 주목할 만한 것은, 그런 기준 목록이 지라르가 가장 진지하게 다루는 고려들 가운데 하나를 정확하게 포함하지 않는다는 것이다:

● 원시적 반영으로서의 "모방적 욕구", 그것은 개인적 보복이나 신성

---

[편집자 주] 해머튼 켈리(Hamerton-Kelly)의 『폭력의 기원』(Violent Origins)에서는 스쿠벨의 글이나 언급이 없지만, 스크불(혹은 스크블라)은 다음의 글에서 지라르의 인류학을 단언하고 비판한다. "The Christianity of Ren Girard and the Nature of Religion", in Violence and Truth: On the Work of Ren Girard, ed. Paul Dumouchel, 160-78 (Stanford, Calif.: Stanford University Press, 1988), 특히, 170-78.

280) 하우스(House)와 요더. 하우스는 다음 네 가지 유형을 나열한다: "보복, 억제, 사회의 보호, 그리고 갱생"(16). 나는 다른 유사한 네 종목 리스트를 검토했다(155, 참고로 4장의 시작과 이 책의 6부). 원래 우리는 의도적으로 보통의 언어를 사용했으며 대체로 병행적인 언급을 했다. 내가 지적한 것처럼, 하우스는 색다른 자기 부인의 방식으로 일부 용어들을 계속하여 재정의했다(198-99 [사형논쟁의 이 부분은 이 책에서는 재현되지 않았다])..

281) 예를 들면 핀코프(Edmund L. Pincoffs), The Rationale of Legal Punishment. 에조르스키(Gertrude Ezorsky)는 "목적론", "보복", 그리고 그녀가 편집한 고전적 본문들의 모음집 『철학적 관점에서 본 처벌』(Philosophical Perspectives on Punishment)의 서론에서 그 두 가지의 결합을 나열한다.

한 처벌과는 실제로 다른 것이다.

- 사회적 위생, 너무 심한 즉결 처벌이 가진 혼돈스러운 영향에서 나오는 사회적 평화에 항거할 관심. 이것은 모방의 기록을 대체하고 제어하며 숨기는 원시적 위기를 지라르가 재건설하는 이유이다.282)

지라르는 그러한 차원들이 그 그림에 속하는 것과 현대적 합의가 그들을 불명예스럽게 무시한다고 주장하는 부분에서 분명히 옳았다.

처벌 원인에 대한 기준적 자료는 다른 대안, 즉 내 연구가 의지하는 사회적으로 기능적인 이유들을 논의하지 않는다. 다시 말해, 학제간의 이해가 어떻게 우리로 하여금 세련된 분야들 사이에 존재하는 간격을 자각하도록 해주는지 뿐만 아니라, 누군가가 그 자신만의 것 외의 어떤 학문에서 질문을 확인할 때 잃어버리는 설명을 자각하도록 해 준다는 것이 인상적이다.

뒤르켐에서 오늘날에 이르기까지 사회학에서 처벌의 주제에 대한 탁월한 연구는 데이빗 갈랜드David Garland가 제시했다.283) 그의 작업은 왜 사람들이 실제로 처벌을 하는지의 관점에서 우리의 비평적, 문화적 자기 이해 속에 빈틈이 존재한다는 나의 신념을 더욱 확고하게 해 준다. 갈랜드와 그가 인용하는 모든 사람은뒤르켐, 284)과 푸코(Foucault)와는 아주 다르게 처벌하는 실체는 국가이며, 전체 사회를 대신하여 행동한다고 가정한다.285) 원형적 처벌은 감옥과 사형이다.286) 원형적 범죄자는 성

---

282) 교훈을 주기 위한 살인의 기초 세우기(lynchage fondateur)의 영향과 의도는 사회적 체계에서 폭력의 총량를 줄이는 것이지만, 현대적 처벌의 단계적 확대 효과는 정반대이다.

283) David Garland, *Punishment and Modern Society: A Study in Social Theory*, 보르트(R. Bordt)는 나의 주의를 끌었다.

284) 그 분야의 아버지 가운데 한 명인 뒤르켐은 *The Division of Labor in Society*에서 처벌을 분석했다. 그가 보복적 욕구를 어느 정도 원시적이고 다소 자연스러운 것으로 묘사하려는 시도를 했다는 점에서, 그는 넓은 의미에서 지라르의 기획을 옹호한다.

인으로, 그들이 어떻게 그런 길로 접어들었는지는 묻지 않는다.[287] 원형적 처벌자는예를 들면, 판사와 집행자 뒤에 서 있는 대중 사회적 권위가 있는 성인으로 가정되며, 그들이 어떻게 그런 권력을 쥐게 되었는지 혹은 처벌이 선한 것이라고 믿게 되었는지를 묻지 않는다.

전통적 논쟁에서 이런 간략한 곁눈질은 명백히 겹치는 주제들에 관한 여러 가지 담론의 영역이 어떻게 다른지를 상기시키기에 쓸모가 있었다. 갈랜드가 잘 검토한 것처럼, 오랜 범죄학적 논쟁은 어떻게 처벌의 체계, 특히 교도소와 사형이 국가에 의해 운영되었으며 합리화되었는지를 이해하는 것과 가장 관련되어 있으며, 전체사회의 복지와 권위의 이론 측면에서 "위에서 내려오는" 일반적인 철학적 타당성에 대해 묻는다.

따라서 내가 이런 연결 속에서 모든 문화 속의 소규모 인간 경험들이 처벌적 긴요성 속에서 신자가 되는 것을 통해 묻고자 할 때, 그리고 어머니와 아들의 원형적 역할을 명명함으로 그 질문에 대답할 때는, 문헌이 대규모의 처벌적 제도에 관해 별로 말할 것이 없다는 것이 그리 놀랄 일은 아니다. 나는 이런 본문들 속에서는 논쟁할 만한 어떤 것도 없다고 본다.

또 하나의 결정적 빈틈은, 심지어 르네 지라르조차비록 1992년에 그의 AAR 연설에서 그가 자신의 저서에서보다는 무엇인가를 더 말하였다고 해도 어떻게 사회를 여기에서 저기로 움직일지에 대해 거의 제안한 것이 없다는 것이다.

285) 포컬트(Foucault)는 사회 속에서 가장 중책을 짊어진 악당들의(부르주아, 엘리트) 이름을 밝히지만, 여전히 처벌적 제도들은 사회전체에 걸쳐 있으며 국가가 권한을 부여한 것이다(갈랜드, 6장). 다음 포컬트의 책을 참고할 것. *Discipline and Punish: The Birth of Prison*.

286) 한때 태형과 고문이 자행된 적이 있었다. 이런 형벌들은 사회적으로 광범위했다. 갈랜드는 신체적 처벌을 회복시킬 가능성이 닫혀 있는 우리 문화의 불합리성에 주목했는데, 그것은 더 깨끗하고, 비용이 절감되며 아마도 감옥만큼이나 억제효과가 있을 것이다. 이 언급은 많은 미국인이 싱가포르에서의 태형을 칭찬하던 1994년 4월의 경험에 앞서 초안된 것이다.

처음에는 모든 전가가 근대성의 빛 아래에서 도덕적으로 무가치 한 것으로 보일 수 있으며, 예수 그리스도 안에서 신학적으로 극복됨으로 비난을 받는다고 보일 수 있다. 하지만 전가는 사라지지 않을 것이다. 그러면 전가 현상이 아직 살아 있고 좋은 것이라고 인식하는 것이 아마도 더욱 유망한 것이 아니겠는가?[288]

모든 문화와 시대에는, 통치자들이 소크라테스를 죽이는 일이 계속될 것이다. 그 과정을 이해하는 데 중요한 것은 특정한 하위문화의 구체적 이슈에 관해, 어떤 특정한 피비린내 나는 희생이 '유혈은 끝나야 한다'는 자각을 촉발시키거나 표시할 수 있다는 쟁점을 측정하는 것이다.[289] 그러면 그 특정한 하위문화의 특정한 잔혹행위에 관해 "이것은 너무 심하다"는 강력한 자각이 생길 수 있다. 그리하여 원시적 사건의 형태는 그 자체로 그 문화의 한 부문이나 다른 부문에서 반복된다. 하지만 다른 세계와 다른 문화에서는 이런 변형적 위기가 아직 오지는 않았다. 지라르 속에서 우리가 도전하고자 하는 것은 그것을 패러다임으로 보는 대신, 그 현상을 오직 원시적 과거 속에만 위치시키는 것이다.[290]

---

287) 현대 사회는 정신이상자들과 책임능력이 없는 사람들을 예외로 한다. 그것은 오직 원형이 성인 범죄자라는 것만을 입증한다.

288) 1993년 12월에 나는 이 구절의 초안을 작성하고 있었다. 당시 한국정부는 관세 및 무역에 관한 일반협정의 틀에서, 한국의 국내 시장에서 쌀 수입을 4퍼센트 개방하는 데 막 동의한 시점이었다. 한국의 농부들이 반대했기 때문에 한국내각의 장관들은 요동쳐야만 했다. 무역협정은 철회되지 않을 것이다. 누구도 그런 수입이 국내산 쌀을 위한 시장을 파괴시킬 것이라고 주장하지 않는다. 관세 및 무역에 관한 일반협정(GATT)에 참여하는 정치적 행위는 도덕적으로, 그리고 경제적으로는 옳다. 하지만, 그런 올바른 일을 하도록 강요당하는 국가적 반대의 의식적 행위가 필요하다.

289) 이스라엘이 25년간 팔레스타인 사람들을 죽여 왔음에도, 1994년 2월 회교사원에서의 어떤 특정한 집단학살은 평화협정을 결론지을 이스라엘의 준비를 봉인했다. 비록 보스니아 사람들이 2년간 서로 죽여 왔지만, 사라예보에서의 어떤 박격포 발포는 군사 재편성을 촉진시켰는데, 이것은 도시를 둘러싼 가장 긴 휴전을 가능하게 했다.

290) 나의 책 『예수의 정치학』(Politics of Jesus) 2번째 판의 7장은 십자가가 역사를 통해서 예수의 추종자들의 삶 속에서 반영되어야 할 패러다임이라는 생각이 신약에 얼마나 널리 퍼져있는지를 기록한다.

남북전쟁의 피흘림 이후 인종차별이 사라지지 않았음에도, 미국에서의 노예제도는 받아들일 수 없는 것이다. 아우슈비츠 이후, 비록 우리가 여전히 퇴보를 보고 소규모 잡단학살을 보며 몇몇 사람은 심지어 세상을 뒤바꾸는 홀로코스트의 진실을 부인한다고 해도, 그 누구도 진보적 인간의 가치라는 이름으로 집단학살을 정당화하지는 않는다. 예수의 죽음이 가져온 영향이 그 사회적 과정으로 들어갈 수 있다는 방식은 그것이 처벌을 폐지한다는 것이 아니라 어떤 패러다임을 제시하는 것이며, 그로 말미암아 어떤 시간과 어떤 장소에서 "이것은 너무 심하다"는 자각으로 돌파구를 찾는다. 이런 변화들 가운데 어떤 것도 새로운 시대를 열지 않았으며, 그들 각각은 부활과 성경강림절 승리의 단편적 방식에 참여하여 다른 곳에서 다른 사람들에게 강압적이지 않게 화해를 모색할 힘을 제공한다.

# 부록: "소크라테스" 부분과 관련된 예수[291]

나는 스스로를 "객관적"이거나 "과학적"으로 이해하는 사회과학 분야의 일반적인 문화적 수준에 관한 상기 자료들을 보관해 왔는데, 예를 들면 "당신이 초래한 인과응보"의 12부 왜냐하면 그런 용어들은 다음의 대담자들에 의해 마련되었기 때문이다: 소크라테스, 안티스테네스, 마르쿠스 아우렐리우스, 뒤르켐, 그리고 지라르. 확실히 자리를 잡은 후기 서양 기독교 때문에 기독교적 가치들과 어휘들 간에는 빈번한 상호참조들이 있어 왔다. 하지만, 구체적으로 기독교적예를 들면 기독론적 규범이 우리 세계의 구조가 지닌 처벌적 특성을 받아들일 것인지, 그리고 어떻게 수용할 것인지의 문제들을 독립적으로 조명하고자 하는 것에 대한 언급은 없었다.

따라서 어떤 것을 더 말할 것인지, 혹은 같은 것들을 달리 말할 것인지에 대한 똑같은 질문들에 이야기하고자 하는 기독론적 규범이 있다는 것을 관찰하도록 내 연구가 기독교의 근원으로 돌아간다는 것을 덧붙여야만 한다. 이것은 래리 밀러Larry Miller가 쓴 논문 「베드로 전서에서의 기독교와 사회」*Christianisme et Soci?t? dans la Premi?re Lettre de Pierre*를 훑어볼 기회가 생긴 덕분에 가능하게 되었다.[292]

---

291) 이번 장은 원래 샬롬 데스크탑 데이터의 일부가 아니었다. 그것은 1997년에 추가되었다. [편집자 주] 이 각주는 최초 원고에 있었다.

292) *Thèse présentée en Vue de l'Obtention du Doctorat, Universit des Sciences Humaines de Strasbourg, Faculté de Théologie Protestante* 『스트라스부르크의 인문대 개신교신학분야 박사학위논문』(1995). 몇몇 학문분야 속에서 과거와 현대의 학문과의 대화 속에서 밀

베드로전서의 단독적 표본을 이런 신약성서의 언급을 위한 기초로 받아들이는 것은 도움이 된다. 그것은 그 문제를 감당할 수 있는 크기로 줄인다. 이것은 우리로 하여금 예수와 열심당, 예수와 로마인, 예수와 산헤드린, 예수와 회당, 바울과 지방당국, 바울과 로마를 해석하는 것에 더욱 복잡한 도전을 피하도록 해 준다. 여기서 우리는 한 명의 저자가 하나의 간략한 문서에서 한 범위의 교회들에게 말하는 것을 얻는다.[293] 이것은 우리가 정경에서 나온 커다란 말뭉치corpus를 갖는다는 것보다는 분석을 위한 훨씬 더 단순한 기초를 제공한다. 그것은 이미 팔레스타인 외부에 존재했으며 이교적 세계에서 선교사의 설교로 말미암아 만들어 져 온 공동체들 속에 신실성의 문제를 위치시킴으로써 기독교의 기원에 관해 지속적으로 논의되는 문제를 건너뛴다.[294]

그 서신서의 저자가 가진 세계관은 그것이 로마제국의 아나톨리아에서 그리스도인의 환경과 맞물리는 것처럼 두 가지 우주적 체계의 병렬로 특징지어진다. 그 가운데 하나는 호혜 혹은 보복에 기초한다. "악을 행하는 사람에게 벌을 주고, 선을 행하는 사람에게 상을 주는"벧전 2:14 그것은 그가 위임한 "왕"이나 "총독"뿐만 아니라 노예소유자나 가족의 가장에 의해 대표되는 또 다른 권위 구조들에 의해서도 나타난다.[295] 이런 체계는 사라지지 않을 것이며, 넓은 의미에서 그리스도인

---

러가 박식해 지기 위해 크게 노력한 흔적을 여기서 검토할 필요는 없다.

293) 그의 목적에서 보면, 밀러가 저자의 개성을 조사한다는 것은 중요하지 않다. 벧전1:1은 후에 "아나톨리아"라고 부르는 다섯 지역을 말한다. 편지의 수신 공동체들 사이에서 그들의 사회적 상황이나 그들의 귀중한 헌신에 관해서 어떤 중요한 다양성을 둘 근거는 없다. 하지만, 우리는 왜 아나톨리아가 지중해 세계의 나머지 지역과는 다른지, 그리고 왜 "베드로"가 그들에게 편지를 썼는지에 대해서도 많이 알지 못한다. 그 본문의 간결정과 동질성은 저자의 통일성을 논하는 문제에 대해 학자들의 부담을 줄여 줬다.

294) 밀러가 선택한 대답자 학문(interlocutor disciplines)에서 나온, 그 이야기의 주된 간격은 그것이 유대교에 대한 많은 언급 없이 말해진다는 것이다. "이교도"는 모세, 다윗, 그리고 예레미야적 유산의 전수자와는 대조되는 "이방인"을 번역한 것이라기보다 "신앙"과 완전히 반대되는 것이다. 이것은 그 편지의 호소 배경에 있는 수신인 각자의 회심의 요소를 과대평가한 것일 수 있다.

이 "급진적" 혹은 "이상주의적"이라 하더라도 그들은 이런 체계가 사라지는 것을 기대하지도 않을 뿐더러 그것을 공격하지도 않는다. 그것이 부여하는 재가가 공정할 때뿐만 아니라[296] 특히 그것이 선한 일을 하는 신자들을 부당하게 처벌할 때도[벧전2:18-20] 그리스도인이 이런 체계에 복종해야만 한다는 것은 옳은 것이다. 이런 복종을 하는 이유는 비굴하거나 무서워서도, 그 가치에 영적으로 종속되어서도 아니라, 다른 우주적 체계의 더 강한 요구에 신자들이 충성하기 때문이다.[297]

이런 대안적 체계는 "은사" 혹은 은혜에 기초한다.[298] 그리스도인이 악을 선으로 갚는 이유는 그들이 다른 우주적 체계를 더 높은 권위로 보기 때문으로, 더 상위의 법정에 의해 시행되는데,[299] 이 법정은 선이 특히 무고한 고통을 받아들이는 "선함"이지, 악을 악으로 갚는 것은 아니다 비준되며, 궁극적 심판 속에서 있는 그대로의 세상을 통치하는 악을 악으로 갚는 악순환은 무효화되는 곳이다.[300]

학자들은 편지의 수신자들이 굳건하게 지켜야 할 "선한 행위"가 무

---

295) 그것은 또한 벧전3:22의 "권세들과 능력"과 관련 있는데, 이들은 바울의 저작들에서 굉장히 중요하지만, (최근에 월터 윙크가 많은 관심을 두고 있다) 밀러의 자기수양은 그리 특별하지 않게 베드로의 주제를 자신의 통합에서 제외시켰다.

296) 이런 사법권을 수용하는 한 가지 신호는 "당신에게 책임을 묻는 어떤 이에게 옹호 할" 준비가 되어야 할 우려이다. 밀러는 그런 사람들이 누구인지의 문제는 열려있다고 얘기하지만, 만약 이것이 단순히 그리스도인이 믿는 것을 궁금해 하는 이웃만을 가리키는 것이 아니라 비난하고 처벌할 수 있는 어떤 법정을 가리킨다면, 그의 주장은 더 강력하다.

297) 물론, 그 복종의 대안은 어떤 유형의 저항이다. 라이케(Bo Reicke)는 분명히 "열심당"의 유혹이 수신자 교회들 속에 존재했다고 보았다. [편집자 주: 요더는 출처를 제시하지 않았지만, 그는 아마도 다음의 책을 언급했을 것이다. Reicke, *The Epistles of James, Peter and Jude: Introduction, Translation, and Notes.*] 밀러는 그의 주장을 위해 덜 분명하게 의식적 대안을 상정한다. 밀러는 심지어 "비저항"이라는 단어조차 되찾아 오는데, 이것은 최근 서구윤리사상 속에서 쟁점이 있는 함축을 가진다.

298) 그 서신서의 "조직적" 시각의 기능에 대한 밀러의 설명은 기호학과 사회학적 석의 속의 최근 학구적인 발전으로부터 얻은 것이다.

299) 예수는 "공의로 심판하시는 이를 신뢰했다"(벧전2:23 RSV). 밀러는 그 궁극적 심판을 가진 각 체계의 이미지를 중요시한다.

300) 우리는 그 두 체계 사이의 충돌을 이해하려고, 그리고 신자들에게 있어서 "은사" 체계의 요구를 이해하려고 그것이 어떻게 뒤엎어질 것인지를 들을 필요는 없다. 그 고등법

엇인지에 대해서 저자가 그리 구체적이지는 않다고 언급한다. 그것은 넓은 범위의 생활방식에 대한 충고도 아니며, 좁은 범위의 의식행위도 아닌 것으로 보인다. 비록 이런 소명의 가장 날카로운 언급이 노예들에게만 써진 것이라고 해도, 부당한 고통을 받아들이는 것은 아나톨리아 그리스도인이 받았던 소명의 중심이다. 공직자에 대한 태도는 "굴복" *hypotassesthai* 혹은 "존경" *tim?n*이라 불리지, "복종" *hypakouein*이라 하지 않는다. 그 개념은 반문화적인 하나님의 의지를 위해 남겨진 것이다.

기꺼이 고통을 감수하는 것은 스토아적이거나 원 칸트proto-Kantian의 도덕주의가 아니라 예수의 이야기에 근거한 것이다. 선을 행하기 위한 처벌로서 부당한 고통을 받아들이는 원형은 원리가 아니라 사람이며, 서사벧전2:21-24이다. 이런 주장에는 산상수훈과 같은 어떤 도덕적 교훈에 대한 언급, 고린도전서 13장의 아가페에 대한 찬양과 같은 선행의 언어,301) 혹은 갈라디아서 5장 19-23절에 나타난 미덕과 악덕 목록에 대한 어떤 주석적 언급이 존재하지 않는다.

그것이 하늘의 최고법원의 승인을 위하여 기술되었을 수 있다 해도,302) 이런 태도의 역사적 의미는 그것이 공공연하게 복음을 무엇과도 비할 수 없으며 어느 것과도 대체할 수 없는 방식으로 선포한다는 것이다: 이런 구별된 백성은303) "너희를 불러내신 이의 아름다운 덕을

---

정은 선한 사람의 변호가 "천국"이나 "역사" 혹은 신자들의 마음으로 이해되어야 하는 곳인가 밀러는 종종 우리가 이해하거나 믿기 전에 우리 문화가 답변해야 할 필요가 있는 어떤 질문에 그 자료들은 대답하지 않는다고 말한다.

301) 라무(Marie-Louise Lamau)는 베드로전서의 "고난받는 그리스도 찬미"가 빌립보서 2장의 찬미(밀러의 글 속에 많이 인용됨)와 유사하다는 것을 발견했다. 운율적인 문학적 형태가 식별될 수 있는 때라도, 그것이 아마도 현존하는 본문보다 오래된 것일 수 있으며, 그런 본문은 역시 예수의 무고한, 기꺼이 하려는, 그리고 순종적인 고난에 대한 서사이다.

[편집자 주] 요더는 그의 출처를 알리지 않지만, 아마도 다음의 책을 언급한 것 같다. 『세상 속의 그리스도인: 1세기의 베드로공동체』Des Chr tiens dans le monde: communaut s p triniennes au ler si cle(Paris: Cerf, 1988).

302) 다음을 참고할 것. 벧전1:17(RSV), "각 사람의 행위대로 공정히 심판하시는 이"; 2:23.

선포한다."[벧전2:9] 이런 태도는 단순히 "어리석은 사람들의 무지를 막는"[2:15] 것이 아니라 "너희의 선행을 욕하는 자들을 부끄럽게"[3:16]하기 위함이다. 마태복음 5장 13-20절의 "위대한 의"처럼, 이런 행동은 부당한 고통을 기꺼이 받아들이고자 하는 것 외에 다른 방식으로는 소통할 수 없는 복음의 중요한 것으로 외부인과 소통한다.[304]

앞선 연구의 처음 장들은, 오늘날 처벌이 모든 사회 속에 존재하며 사회적으로 기능을 하고, 그리하여 처벌을 개탄하거나 처벌이 비도덕적이라고 선언하는 것보다는 사물의 구조texture 속에 잡은 그 자리를 받아들이려 애쓰는 것이 더 낫다는 주장을 펼쳤다. 이제는 금방 검토한 신약성서의 관점이, 힘이 작용하는 처벌적 속성이 예수와 그의 제자들의 자발적 순종으로 구원의 장구한 역사적 과정 속에 맞춰진다고 언급함으로 그 주장을 넓힌다. 요셉이 말한 것처럼, "당신들은 나를 해치려고 하였지만, 하나님은 오히려 그것을 선하게 바꾸셨다."[창50:20] 이것은 요셉의 역할이 이집트를 먹여 살리는 것뿐 아니라, 모방적으로는 또한 베드로전서Prima Petri에 의하면 그의 형제들을 먹여 살리는 것으로 적용될 수 있다.[305] 은혜의 경제가 마지막 말을 할 것이라는 계속되는 선언 속에 같은 진리가 작용한다. 기꺼이 처벌의 경제에 대한 첫마디를 함으로 가장 잘유일하게? 수행될 수 있다는 선언이다.

---

"공정하게 심판하시는 이"; 그리고 5:5, "교만한 자를 물리치시고 겸손한 사람에게 은혜를 주십니다."

303) 벧전2:9의 네 개의 형용사는 모두 다른 점을 강조한다. 이 편지의 다른 곳에서 그들을 묘사하는 대부분의 다른 방식은 또한 차이점에 초점을 둔다. 만약 밀러가 유대인 정체성을 가진 이들에게 더 정성을 들였다면, 그것이 이런 차원에 깊이를 더했을 것이다.

304) 다음을 참고할 것. "The Pacifism of Proclamation" in *Nevertheless: Varieties of Religious Pacifism*, rev. and expanded ed.

305) 나는 앞부분에 단일 소규모 본문의 선정이 밀러의 임무를 더욱 처리하기 쉽게 만들었다고 썼다. 하지만, 그것은 신약성서문헌의 다른 주요한 가닥들이 그 결과와 모순된다는 것을 의미하지는 않는다.

# 부록: 하나님의 진노와 하나님의 사랑

다음의 글들은 토론에 기여하기 위한 것이지, 논문이 아니다.[306) 우리가 다루어야 하는 문제들은 쉽지 않다. 그 문제들이 새롭지는 않지만, 평화주의자 집단 속이든 그들을 벗어나든, 우리에게 남은 그리스도인으로서의 일생에 꼭 들어맞는 분명한 이해에 우리가 이르지 못할뿐더러, 하나님의 진노가 우리에게 의미하는 것을 분명히 이해하는 것에도 이르지 못한다는 것을 인정해야만 한다. 시간을 절약하고 오해를 피하도록 내가 언급하고자 하지 않는 것을 먼저 적어보도록 하겠다.

1. 어떤 평화주의자들 사이에 존재하는 그 시각진노는 하나님께 합당하지 않는 정서나 특성이다을 하나하나 공격하는 것은 나의 의도가 아니다. 나는 그저 하나님에 대한 성서의 생각에는 신성한 진노와 같은 것들이 있다는 이견이 없는 관찰로 시작할 것이다. 또한 하나님의 진노를 평화주의자들이 무시한다고 비난하는 사람들을 공격하는 것도 나의 의도는 아니며, 국가 안에서 국가와 그리스도인이 섬기도록 부름 받았다는 것이다. 이런 두 가지 시각 가운데 하나는 하나님은 진노를 가지시기에 너무 사랑이 많으시다는 것이며, 다른 하나는 하나님이 아주 노기등등하셔서 평화주의가 그를 오해한다는 신념으로, 이 두

---

306) [편집자 주] 이 글은 원래 영국의 하우스빌딩(Beatrice Webb House)에서 열린 역사적 평화교회과 국제연대화해컨퍼런스를 위해 준비한 것이다.(Basel: *Mennonite Central Committee*, 1956년 9월 11-14일). 이 책 이전에는 출판되지 않았다.

가지 시각은 서로에게 거울에 비치는 이미지가 된다. 이런 시각들은 모두 그들이 말하는 것을 그들이 안다고 너무 단정 짓는, 기본적인 신학적, 논리적 오류를 범한다. 양쪽의 시각은 몇몇 평화주의자와는 뜻이 맞는 듯하며 유사한 유형의 평화주의를 거부하는데, 그들이 "진노"가 무엇인지를 알며 "하나님"이 누구신지와 그가 무엇을 원하시는지를 안다는 것을 미리 가정한다. 따라서 그들은 이미 만들어진 그들의 결정을 가지고 그 문제로 돌아오며, 그들의 철학적이고 심리학적인 배경에서 나온 모든 정보를 가진다. 결국 하나님이 진노하시는 분인지에 대해서 동의 하는가, 그렇지 않은가에 대해 그들이 내리는 결정은 단순히 그들의 편견과 추측의 설명이다. 우리는 인간의 경험에서, 일상적 사용에서, 혹은 정통교리에서 "진노"가 의미하는 것이 무엇인지에 대한 생각을 분명히 하여 문제되는 것을 거부함으로써 양쪽 시각을 피하여 잘 해낼 것이다.

2. 우리가 의도하지 않는 것들의 목록 가운데 다음의 것은 하나님의 진노를 다루는 구약과 신약 속 성서구절들의 석의적 분석이다. 우리는 그것이 중요하지 않기 때문이 아니라 이런 분량의 지면으로 다루기에는 너무 중요하기 때문에 이 과제를 피한다. 대체로 신학 용어 색인과 사전들이 이런 기능을 한다. 오히려 우리의 질문은 우리가 어떤 관점에서 성서를 물을 것이며, 성서가 우리에게 주는 해답을 어떻게 다룰 것인가이다.

3. 여기서 우리는 현대적 "지름길" 방법을 사용하지는 않는데, 이것은 몇몇 바르트주의자 사이에서 유행한다. 비록 그것이 바르트주의자들이 바르트에게 배운 것이 아니더라도 그 지름길은 하나님의 진노와 그의 정의, 그

의 사랑과 그의 자비는 모두 같은 것이라고 단순히 말하는 것에 있다. 우리가 정의에 의해 그렇게 말하는 것이므로, 용어들과 더불어 모든 종류의 언어적 곡예와 변증법적 저글링은 기독교 신학자들에게 허가되어 있다. 그것이 지름길이다.

4. 마지막으로, 우리가 여기서 말하고자 하는 것은 메노나이트의 관점이 아니다. 메노나이트 주장과 같은 것들이 있다고 단언하기는 힘들다. 그리고 만약 하나가 존재한다면, 그것이 옳다고 말할 근거를 알기는 어려울 것이다. 이런 글들로 표현되는 사고는 같은 통로를 따르려는 노력 및 16세기 아나뱁티스트와 초기 메노나이트 같이 일부 똑같은 가정들을 기반으로 수행되어 왔다는 신념을 나는 감히 표현하는 것이다. 하지만, 내가 그렇게 말할 때는, 내가 아는 한 내가 여기서 하는 생각이 그 가정 및 알렉산더 맥Alexander Mack 혹은 조지 폭스Geroge Fox의 출발점과 일치한다고 동시에 말하는 것이다.

만약 우리가 하나님의 진노를 이해하는 것에 관심 있으며 그것이 우리에게 제기하는 질문들을 가장 명쾌한 빛으로 보는 것에 관심이 있다면, 우리는 그러한 진노가 가질 수 있는 가장 극단적 형태들로 시작하고, 지옥이라는 기독교 교리를 이해하고자 함으로 반드시 물어야 하는 일련의 질문들을 시작하느라 멀리서 헤매지 않을 것이다. 이것은 독창적인 생각이 아니다. 우리 중 몇몇은 킹 박사Dr. Rachel King가 쓴 소책자 『죄에 대한 하나님의 보이콧』God's Boycott of Sin을 알 것이다. 이 책자는 하나님이 사람과 함께 일하심 속의 지옥의 자리와 기독교 평화주의 사이에는 어떤 연관이 있다는 것을 논증하고자 하는 것이다. 요는, 지옥이란 무엇인가? 기독교 사상이 그 문제를 온전히 피하려 하지 않는다면, 기독교 사상은 일반적으로 지옥은 단순히 당신이 원한다면 하나님에게서 당신이 홀로 남겨지는 것을 뜻한다는 것에 동의한다. 하나님은 인간에게 하나님 자신을 강요하지 않을 것이다. 하나님은 인간의 일에 나서지 않을 것이다 이 말은, 만약 인간이 영원히, 돌이킬 수 없이, 그리고 진심으로만약 그 단어가 여기서 사용될 수 있다면 결정한다면, 비록 그들이 하나님에게 등을 돌리더라도 하나님은 그런 인간들의 결정을 존중할 것이라는 것을 의미한다. 하나님을 거부한 인간과 하나님이 그들의 이익에 반하는 결정을 받아들이실 것을 알게 된 인간은 지옥이 무엇인지를 발견한 것이다.

하나님의 진노는 유사한 용어로 묘사될 수 있다. 하나님의 진노는, 만약 인간이 원한다면 인간은 하나님을 거역할 수 있다는 사실의 묘사다. 인간의 불순종은 자신들을 비뚤어지게 할 것이고 세상을 비뚤어지게 할 것이며, 그 이후로는 어떤 것도 갱생시키지 않을 것이다. 그러나 하나님은 인간이 원한다면 인간을 회복시킬 것이다. 그것이 바로 우리가 여기서 붙잡고 늘어지는 흔히 "의지의 자유"라고 부르는 것의 신비이다. 그것이 자유를 말할 때, 그것은 성서가 말하는 것이 아니다. 성서가 인간의 자유에 대해 말할 때는, 기이하게도 그것은 하나님의 노예가 되려고 자유로워지는 것을 뜻한다. 성서가 말하는 유일한 "의지의 자유"는 선을 선택할 자유이다. 하지만, 성서는 선을 선택하지 않은 사람들은 악을 선택하려고 "자유로워"지는 것이라고 말하지 않는다. 그들은 노예가 되는 것그들의 욕망에, 맘몬에, 혹은 다른 어떤 악마들에, 또는 인간이 스스로를 팔아 숭배하는 우상에이라고 성서는 말한다. 성서는 우리가 "의지의 자유"라고 말하는 현상과 인간들이 잘못된 것을 선택할 수 있는 사실을 충분히 인식한다. 하지만, 성서는 그것을 자유라고 부르지 않는다. 만약 우리가 그릇된 것을 선택한다면, 하나님이 우리가 그것을 선택하게 하도록 하실 것이기 때문에 성서는 그것을 "하나님의 진노"라고 부른다. 하나님은 우리와 세상이 탈선하도록 두실 것이다. 그리고 하나님은 당신이 의도하신 질서가 있는 곳에서 혼돈을 야기할 우리의 "자유"를 존중한다. 하나님은 우리가 "비자유"unfreedom를 선택하도록 두시며, 만약 우리가 그런 선택을 한다면, 그는 우리가 스스로 내린 결정을 존중하신다. 그것이 하나님의 진노이다.

기독교 시대와 그 이전을 통틀어 철학자들의 마음속에 일어나는 질문이 있다: 하나님은 실수를 하지 않으시는가? 하나님으로서는 인간을 자유롭지 않게 하시는 것이, 혹은 적어도 인간을 궁극적으로 자유롭지 않게 하시는 것이 더 현명한 것 아니었을까? 그저 인간을 짐승보다 조금 더 자유롭게 하시고 인간이 조금이라도 자신들의 운명에 영향을 미치도록 만드셔서, 만약 인간이 너무 망쳐놓았다면, 항상 하나님이 그 기록에서 지우시고 다시 시작하시는 것이 더 낫지 않았을까? 이것은 모든 부모가 묻는 질문의 유형으로, 모든 부모가 선을 아이에게, 청소년에게, 그리고 젊은 성인에게 강요하려는 유혹은 그 아이를, 그 청소년을, 그리고 그 젊은 성인을 자유의 값에서 구원하려는 유혹이기 때문이다. 이것은 모든 교육자가 묻는 질문으로, 결정을 내리는 교사들의 시도와 그들의 학생들을 위한 사고는, 그들은 그것을 더 잘 할 수 있기 때문에 자유를 실수로 생각하고자 하는 유혹이다. 그것은 모든 행정가가 직면하는 문제로서, 유능한 행정가는 만약 그들 스스로 그것을 하거나 그들의 하급자들을 인간이 아니라 도구로서 취급한다면 그들은 자신들의 일을 더욱 잘 할 것이라는 것을 알기 때문이다. 우리는 기독교 평화주의자로서만이 아니라 그리스도인 부모로서, 혹은 그리스도인 교육자로서, 또는 그리스도인 행정가로서 자유가 실수라고 말할 수 없다는 것을 안다. 우리는 부모가 그들의 자녀를 완전히 자유롭게 내버려

두는 법을 배울 때까지는, 실수를 저지르는 법을 배울 때까지는, 심지어 심각한 실수를 저지르는 법을 배울 때까지는, 부모는 결코 그들의 일을 완수하지 못한다는 것을 안다. 우리는 교사들이 그들이 담당하는 학생들이 실수와 싸우도록 하며 심지어는 실수에 빠지도록 할 때까지는 절대 진정으로 그들의 학생들을 교육시키지 않는다는 것을 안다. 우리 서구 문명 속에서 어마어마한 사고와 행동은, 하나님이 인간을 자유롭게 창조하셨을 때 그가 정말 실수를 했다는 가정 아래 이루어져 왔다.

내가 의미하려는 것을 논증하려면 완전히 다른 분야에서의 수많은 사례를 나열하는 것이 현명할지도 모른다. "순전히 종교적"인 분야에서는, 보편구원설universalism로 알려진 교리는 인간은 궁극적으로 잃어버리기에는 너무 선하기 때문에, 혹은 하나님은 인류를 버리기에는 너무 선하시기 때문에, 그런 단어가 의미하고 있는 지옥과 같은 것은 존재하지 않는다고 단언한다: 모든 이는 결국 좋은 곳에 가게 될 것이다. 이것은 하나님이 모든 사람을 구원하실 만큼 사랑이 많으신 것으로 들린다. 하지만 이것을 말하는 것은 실제로 그가 실수하셨다는 것을 뜻한다. 실제로는 아무것도 결정적이지 않으므로, 그것은 역사가 웃음거리가 되어 버리는 것을 의미한다. 인간이 선택 앞에 설 때, 혹은 그들이 그런다고 생각할 때 그리고 그들이 생각할 때, 혹은 하나님께서 인간에게 말씀하실 때, 혹은 그들의 사역자들이 이런 선택은 옳고 그름의 선택이라고 그들에게 말할 때, 그것은 다시 웃음거리가 된다. 분명하고 의도적으로 인간은 하나님을 외면한다 할지라도, 인간은 결국에는 그들이 그렇게 할 수 없다는 것을 분명히 알기 때문에 인간의 자유는 웃음거리가 된다. 환언하면, 이런 시각은 하나님께서 인간을 자유롭게 만드시기 원했다는 것을 실제로 부인한다. 혹은 만약 인간이 자유롭다면, 인간은 비현실적 의미에서만 자유롭다.

하나님은 인간의 능력이 비자유를 선택하도록 하신다는 이런 궁극적 시각을 부정하는 두 번째 유형은 정통 칼빈교리의 예정설이다. 성서보다는혹은 적어도 신약에서보다는 그리스와 로마의 철학적 자료들의 몇몇 관점에서 끌어온 하나님의 거룩한 주권의 칼빈주의적 개념은, 만약 인간이 스스로를 잃을 수 있다면, 그리고 하나님에게서 인간 자신을 분리시킬 수 있다면, 그것은 하나님에게 모욕이 된다고 느낀다. 칼빈주의는 만약 하나님이 자신의 말을 거역하는 인간들을 만드셨다면 하나님은 스스로를 모욕하시는 것이라고 느낀다. 따라서 칼빈주의의 이런 극단적 형태에 대한 유일한 대답은, 그것이 죄의 문제에 직면할 때는 하나님이 그런 방식을 원하신 것이었다고 말하는 것이었다. 하나님은 인간이 죄를 짓는 것을 원하셨으며 죄를 지은 자들을 정죄함으로 그의 거룩한 정의를 나타내신다. 하나님은 인간이 죄를 짓는 것을 원하셨고, 그리하여 인간 가운데 일부를 구원하심으로 그의 거룩한 자비를 나타내신다. 하나님께서 구원하실 자들과 심판하실 자들 사이의 차이점은 온전히 하나님의 결정이었다. 수많은 현대인이 비판하려 하듯이 우리는 이런 정통적인 칼빈주의적 시각을 비판해서는 안 되는데, 그 이유는 그것이 하나님께서 이런 모든 것이 오는 것을 보셨다는 것을 인정하기 때문이 아니라 그것이 헤아릴 수 없는 하나님의 계획을 역설하기 때문이다. 우리는 하나님께서 인간을 하나님께 거역할 능력이 있도록 창조하시지 않았다고 단언하는 한 그것을 거부해야만 한다. 만약 인간에 대한 성서적 시각에서 분명한 점이 있다면 그것은 그들이 하나님께 **거역할 수 있다는**그리고 그렇게 한다는 점이다.

우리가 인간의 자유에 대한 이러한 거부를 보고 있는 또 다른 일반적 영역은이제 우리는 사회학적 영역으로 복귀한다 우리가 "콘스탄틴적"이라고 말해온 기독교화 된 사회 형태로서, "콘스탄틴적" 사회란 모든 아이가 태어나면서부터 침세례를 받고 [모든 성인은] 기독교 교회의 일원이라고 여겨지는 사회를 말한다. 우리 모두는 우리가 이런 유형의 교회전략에 맞서서 이야기할 것이 많다는 것을 안다. 그러나 지금 내가 관심을 기울이는 것은, 거듭 그것이 여기서 인간에게 그리스도인이 되지 않을 자유를 허락하시는 하나님의 의지에 맞서고 있다는 가정이며, 그리하여 교회는 하나님의 의지와 부합하는지 묻지 않은 채 모든 사람들에게 꼬리표를 찍음으로 하나님을 예배한다. 분명히 이런 원리의 작업은 유럽의 역사에서 그 의도와는 정반대로 흘러간다. 기독교 사회 속에서 불신앙을 창조해 온 것이다. 르네상스와 더불어 시작된 근대 유럽 역사 내내, 거대한 가톨릭이 기독교화 된 불신앙을 만들어 온 방식은 근대 시기 가운데 가장 중요한 사실 가운데 하나이다. 무신론이 찾아오게 된 것은 가톨릭 내에서이다. 만약 사회를 기독교적 윤리의 규범 아래 둔다는 의미에서 사회를 "기독교화" 시키는 것이 목적이라면, 모든 사람이 그리스도인이며 기독교화 된 사회를 가진다는 가정으로 시작하는 것을 거부하는 자유 교회와 개신교부흥운동은 가장 명백한 사회학적 사실 가운데 하나이다. 우리는 그 사상이 일련의 부흥들과 개신교 자유교회들의 사역과 증언에 의해 형성되어 온 국가에서 공무원의 사기, 전문직 종사자들의 사기, 혹은 공공근로자의 사기를 비교할 필요가 있으며, 예를 들어 라틴 국가에서 비슷한 태도가 앵글로 색슨 세계 속에서의 수많은 사례가 되는 것처럼, 사기를 사회에 가져다주는 가장 효율적 방식은 콘스탄틴의 사례가 아니며, 사람들이 선택의 여지가 없이 그리스도인이 되는 것처럼 모든 사람을 다뤄야만 한다는 가정도 아니라는 것을 볼 필요가 있다.

우리의 흥미를 더욱 끄는 그 주제로 돌아가서, 우리는 하나님이 실수를 범하셨음이 분명하다고 말하는 어떤 평화주의가 있음을 인정해야 한다. 어떤 형태의 평화주의가 있다는 것은 우리의 역사서와 우리의 운동의 역사들 속에서 찾을 수 있으며 나는 그것이 오늘날도 살아 있다고는 보지 않지만, 적어도 우리의 대적자들의 정신 속에는 살아 있다 이것은 기독교 평화주의가 모든 세상을 위한 것이라는 사상이다. 그런 사람들은 사회를 위한 전략으로 기독교 평화주의를 생각해 왔으며, 이런 사상은 또한 비그리스도인을 위해서, 교회뿐 아니라 세상을 위해서도 도움이 되고 현실성이 있다는 것이다. 국가를 무장해제하고 정의를 비폭력적 방식으로 조직하며 세상에 평화를 가져오려면 어떤 특정한 그리스도인이나 심지어 특정한 종교적 출발점조차도 필요치 않다. 모든 사람이 할 수 있는 종류의 회개와는 달리, 회개도 필요치 않다. 모든 사람이 할 수 있는 외교적 유형의 용서와는 달리, 용서도 필요치 않다. 모든 사람이 할 수 있는 종류의 새출발과는 달리, 거듭남도 평화의 행로에서 사는 데는 필요치 않다. 이런 종류의 "평화주의"의 오류는 하나님께서 인류가 불순종하도록 결정하셨다는 것을 받아들이지 못하는 것이다. 우리가 조지 폭스에서 보고, 아나뱁티스트 속에서 혹은 형제교회에서, 적어도 그들의 초기에 보았던 유형의 "평화주의"는 분명히 모든 세상은 이런 방식으로 흘러가도록 되어 있다는 것을 아는 평화주의였지, 모든 세상이 회개함 없이, 용서 없이, 거듭남 없이 그 길을 따라 갈 수 있다는 것을 기대하는 평화주의가 아니었다.

마지막으로, 인간의 정의에 대한 관심이 하나님의 자유로운 인류 창조를 무효화하려는 매우 깊지만, 간접적인 방식이 있다. 권력을 갖고자 하는 의지의 최종적 가능성에 근거하여, 정부는 "이 세계"가 서 있는 한 이 세계 속에서 우리와 함께 한다는 것에 우리는 신약성서와 더불어 완전히 동의한다. 우리는 또한 정부의 이런 기능이 하나님의 손에 있다는 것에도 동의한다. 하지만, 동시에 우리가 하나님의 진노에 대한 것을 이해하고 그것의 본질은 인간이 혼돈을 만들어 내고 인간 스스로와 인간을 둘러싼 세상을 망가뜨린다는 것임을 보았다면, 정상적인 방향으로 나아가는 것에 혼돈이 찾아오는 것을 막고 가장 나쁜 죄악과 가장 나쁜 범죄들이 아무 제약 없이 일어나지 않도록 막음으로, 우리는 인간의 정의가 하나님께서 인류에게 주신 자유를 간섭한다는 의미가 있다는 것을 본다.

간략하여 그리 충분하지는 않지만, 하나님께서 인간을 거역하는 존재로 잘못 만드셨음이 분명하다는 생각에 이르는 수많은 다양한 방식을 보면서, 우리는 다른 대답을 할 준비가 되어 있을 것이다. 아직 내가 그것이 의미하는 모든 것을 알아내고 표현할 수는 없지만, 만약 우리가 진노의 문제에 대한 답변을 찾게 될 것이라고 이 시점에서 충분히 생각한다면, 해답이 있는 한 그것을 하나님의 사랑 속에서 찾아야 한다는 것이 나의 신념이다. 만약 우리가 하나님께서 당신이 하신 것처럼 인간을 만드신 것이 옳았다는 것에 동의한다면, 그리고 하나님은 사랑의 정의라는 것을 우리가 안다면, 우리가 하나님의 사랑이 의미하는 것을 정확하게 알고 싶을 때 우리는 사랑은 사랑받은 자들이 사랑을 거부할 자유를 존중하는 것이라는 것을 의미한다는 결론만약 우리가 그것을 붙잡을 수 있다면, 이해하기는 어렵지만, 급진적으로 혁명적인에 이를 것이다. 하나님의 이런 사랑에는 뭔가 신비한 것이 있으므로, 우리가 잘 사용하는 아가페라는 용어처럼 사랑은 스스로를 강요하지 않는다.

하나님의 사랑의 깊이는 하나님이 그분의 사랑을 거부하는 자들조차도 사랑하신다는 것을 우리가 볼 때 측정된다. 인간의 사랑은 반응을 구한다. 우리는 니그렌Nygren이 묘사하려 했듯이, 인간의 사랑과 신성한 사랑 사이의 차이점을 열거할 필요가 없으며 니그렌의 분석이 적합한지를 물을 필요도 없다. 하지만, 나는 이 시점에서 우리가 인간의 사랑과 하나님의 사랑 사이에 있는 가장 깊은 차이점은 아마도 여기에 있다고 말할 수 있다고 본다. 하나님의 사랑은 사랑을 받은 자들을 존중하여, 만약 하나님의 사랑의 대상이 되는 사람들이 스스로를 파멸시키고자 한다면, 그들은 그렇게 할 수 있다. 만약 개인들이 그들의 기쁨은 하나님에게서 그들 스스로를 구분하는 것에 있다고 생각한다면, 우리는 잘못됨을 안다 하나님은 그들이 그렇게 하도록 두실 것이다. 그렇게 하는 것이 하나님의 사랑인 이유는, 하나님의 사랑은 창조물이 그분의 말을 거역할 자유와 그분의 자기 헌신적 사랑에 악의적으로 반응할 자유를 존중하기 때문이다.

만약 이것이 사실이라면, 구체적으로 신학적인 문제에 깊게 파고들지 않고, 나는 이것이 하나님의 사랑이 실제로 의미하는 것이라고 주장할 성서적 근거를 우리가 가지며, 우리는 하나님의 사랑과 그의 진노가 같은 것이라는 깜짝 놀랄 결론에 이르게 된다고 생각한다. 이것은 신학자들이 의미하는 사랑과 그들이 의미하는 진노를 받아들이며, 그 두 개는 하나님 안에서 조화될 수 있는 것이라고 말하는 신학자들의 싸구려 지름길이 아니다. 그것은 그들이 의미하는 사랑과 그들이 의미하는 진노를 받아들이며 그 두 주장이 신앙으로 받아들여져야만 한다는 역설로 나란히 서도록 하는 신학자들의 값싼 지름길도 아니다. 오히려 그 반대로, 그것은 하나님께서 인간을 다루시는 구조를 바라봄에서 오는, 인간을 창조하심으로 그가 뜻하시는 것이 무엇인지를 물음에서 오는, 그리고 만약 피조물이 거역하고자 하면 그럴 수 있게 하시는, 피조물에 대한 하나님의 존중의 깊이를 봄에서 나오는 하나님의 진노와 사랑의 동일시인 것이다.

우리가 충분히 알듯이 이런 방식으로 하나님께서 인간을 창조하신

이유는 그의 진노를 발산하기 위해서가 아니다. 하나님께서 그렇게 하신 이유는 그 방법이 피조물을 얻는 유일한 방법이기 때문이다. 자유롭고 강요받지 않으며 진실 된 부모와 아이 사이의 유대감을 갖기 위한 유일한 방법은 아이로 하여금 거스를 자유를 갖도록 하는 것처럼, 혹은 교육자와 학생 사이의 배움이 결코 기계적 훈육이 아니게 하는 유일한 방법은 학생으로 하여금 자유로이 도움을 청하도록 하게 하는 것인 것처럼, 인간과 하나님의 유대감이 의미를 갖는 유일한 방법은 그런 유대감이 자유롭고 강요된 것이 아니어야 한다. 그것은 인류의 구원 문제에서도 마찬가지다. 구원은 오직 파멸에서 구원할 때에만 진정한 구원이된다. 인류의 잃어버린 상태라는 것이 있을 때만 우리는 구원이 그 문제에서 가치 있다고 말할 수 있다. 하나님께서 인간의 자유의지를 허락하신 이유는 인간이 스스로를 잃어버리는 것이 아니라, 인간의 진정한 자유가 하나님과 교제하고, 그를 사랑하며, 그를 섬기고, 그의 앞에서 영광을 돌리기로 선택하기를 원함이다. 현재의 문제와 관련하여 우리의 관심은, 하나님의 사랑이 하나님께서 그와의 교제를 위해 의미 있고 유용하게 인간을 창조하실 수 있는 유일한 방법이라는 이러한 사실을 다루는 것이 아니다. 만약 우리가 하나님의 진노를 다루어야 한다면, 우리를 특히 흥미롭게 하는 것은 비록 그 사랑이 거부되었을 때라도 이런 사랑은 홀로 진실로 남는다는 아주 놀라운 사실이다. 비록 개인이 하나님의 사랑을 받아들이지 않을 때조차혹은 개인이 거부하는 한이라고도 말할 수 있다 인간들을 그냥 보내고, 번개로 그들의 존재를 앗아가지 않으며, 어떤 기적적 회심으로 인간들을 쓰러뜨리지 않지만, 인간으로 하여금 스스로를 잃도록 자유롭게 하는 것은 사랑이다. 그런 하나님의 사랑은 하나님의 진노이다.

지금까지 우리는 철학적 방식으로 하나님의 사랑과 그의 진노를 묘사했다. 우리는 하나님께서 인류를 창조하셨던 방식을 논의함으로 시작했다. 이것은 나쁜 신학이다. 우리가 그래왔던 이유는, 수세기 동안의 논의가 잘못 진행되었을 때, 새로 시작하기 전에, 우리가 또 다른 시작의 가능성을 스스로 확신해야만 하는 것처럼 보이기 때문이다. 하지만 하나님의 사랑과 인간들을 그대로 놓아 둘 의지에 대해 우리가 말해온 마지막 시험은 우리가 다시 성서로 되돌아 올 때, 그리고 성서 저자가 그런 방식으로 생각했는지를 물을 때에 찾아 올 것이다. 사람들은 오랫동안 사랑과 진노의 개념으로 성서를 읽어 왔고, 하나님의 사랑과 진노에 대해 읽어 왔으며, 우리는 하나님의 진노를 다른 방식으로 표현하는 것이 가능하다는 것을 먼저 보여주는 것이 필요하다. 하지만, 이제 우리는 그것이 성서와 그리스도의 사역 속에서 하나님의 사랑이 이런 방식으로 인간에게 자유를 주는 것이 사실인지 아닌지를 물어야 한다. 또한 인간의 반역 이전에, 하나님께서 그의 사랑을 인간들에게 강요하시기보다는 스스로 고통 받으시며 인간들이 그의 사랑을 거부하도록 하셨다는 것이 사실인지 아닌지를 물어야 한다. 그리하여 우리가 모든 그리스도인의 사상의 중심, 예수 그리스도의 사역과 그의 죽음으로 돌아와야만 한다.

수많은 세기 동안 신학자들과 역사가들이 혼란스러워 한 이후, 그리스도의 사역과 그 사역이 이뤄진 세상에 대한 최근의 연구들은 예수가 국가와 인간의 정의의 문제에 대해 매우 분명하고 확고한 태도를 취했다는 것을 분명히 한다. 한 인간으로서 예수는 심오하고 더욱 종교적인 방식으로 그 문제를 언급하지 않고 인간의 선을 구하며, 그가 국가를 세워야 했는가의 문제에 직면했다는 것이 이제는 분명히 입증된 듯하다. 가장 신실한 형태의 유대교는 그 국가를 마련하실 메시아를 기다려 왔었다. 하나님은 유대 백성에게 그의 자녀들 가운데 그가 그 질서를 세울 것을 약속하셨다. 바리새인과 열심당은 그것이 의미했던 것을 아주 잘 알았다. 그것은 하나님의 백성에 의해 조직된 정의로운 국가를 의미하는데, 그 나라는 자유와 신성하게 임명된 사회질서를 옹호하는 정의의 전쟁을 수행하고, 그런 방식으로 설립되는 그 공동체를 통해 하나님의 영광을 모든 세상에 보여줄 것이다. 열심당은 예수가 하나님나라에 대해 설교할 때 그런 유형의 정의로운 국가에 관해 얘기하는 것으로 이해했다. 예수를 올바르게 이해했든 아니든 다른 유대인들은 예수가 그런 의도를 가졌다고 빌라도에게 고발했다. 예수는 열심당으로서 못 박혔다. 이 사람의 처형이유를 오가는 사람들에게 설명하던 혐의는 "나사렛 예수, 유대인의 왕"요19:19 이었다. 예수의 사역은 열심당의 틀과 하나님의 선택된 백성에 의해 통치되는 국가를 설립할 하나님의 거룩하신 목적의 문제 속에서 보아야만 한다는 것보다 더 분명한 것은 없다.

하지만 그것은 오해였다. 열심당이 예수가 그들이 원하던 유형의 나라에 대해 말씀하셨다고 생각했을 때, 그들은 오해를 했다. 유대인들이 빌라도에게 예수가 선동적이었다고 했을 때, 그들은 의식적으로 거짓말을 했거나 잘못된 판단을 했을 것이다. 빌라도가 그 사람에게 선고를 내렸을 때, 그 선고는 그의 무고함을 안 것이었다.

예수의 일생을 연구하는 것은 유혹의 경험의 정점이 이런 정치적 문제였다는 것을 우리가 깨달을 때 우리로 하여금 예수의 사역에서 그 국가 문제의 중요성을 인식하는데 더욱 가까이 가도록 한다.마4:1-11; 눅4:1-13 예수는 유대 사람들과 그 유대 사람들을 통해 모든 세상을 장악할 가능성을 제안 받았다. 예수는 빵을 만들 그의 힘으로 제도를 만들어서 그렇게 할 수 있었다. 그는 하늘에서 성전으로 떨어지듯이, 하늘에서 내려오는 메시아처럼 보이는 기적을 행할 수도 있었다. 그는 그의 시대 로마 종교의 이교적 보편구원론과 관련된 어떤 제의적 혼란을 받아들임으로 그것을 할 수 있었다. 현대인이 그렇듯, 우리는 성서가 의미하는 것과 성서가 "예수가 광야에서 40일 동안 지내면서 마귀의 시험을 받았다"라고 말하는 것을 우리가 어떻게 인식해야 하는지를 항상 정확히 이해할 수 없을 지도 모른다. 그것이 어떻게 보이고 어떻게 느껴질지는 모르겠지만, 한 가지는 분명하다. 신약성서의 저자들 마음속에 예수는 그 시험에 직면했으며, 예수의 마음속에 있던 그 시험은 실제적 인간의 역사적 가능성으로서, 세상을 지배하고 정의로운 국가를 운영하는 것이었다. 그리고 그는 "아니"라고 말했다.

예수의 사역에서 두 번째의 위기는, 모리스 고겔Maurice Goguel의 저서가 특히 잘 이해했듯이, 요한복음 6장이 우리에게 말하는 것처럼 예수가 5천명을 먹인 사건이 발생하자마자 사람들이 그를 왕으로 삼으려 했을 때 일어났다.307) 예수는 마귀가 그에게 청했던 것을 했다. 그는 빵을 만들었다. 그리고 그 빵을 먹은 수천 명의 사람은 이것이 바로 그들이 찾고 있었던 것이라고 생각했다. 그들은 이 남자를 따를 준비가 되었고 그를 왕으로 삼고자 했다. 예수는 "아니"라고 말했고, 그의 제자들 가운데 다수가 그날 그를 떠났다는 것을 알았다. 그곳에서 떠나 예수는 가이사랴에 갔으며, 그의 제자들에게 자신을 누구로 아는지 물었고, 처음으로 인자가 고난을 받을 것이라고 말했다. 다시금 우리는 현대인으로서 그 군중이 했던 것처럼, 혹은 예수가 했던 것처럼 사람들이 어떻게 생각했는지를 이해하는 것이 어렵다는 것을 알 것이다. 우리는 아무튼 기적을 믿지 않는다. 우리는 현대인으로서 그런 반역이 어떻게 일어날 수 있었는지, 그리고 사람들이 어떻게 터무니없는 일들을 가능성의 영역 속에 있는 것으로 믿었는지에 대해 상상하기 어렵다는 것

---

307) [편집자 주] 요더는 표시하지 않았지만, 아마도 그는 다음의 책을 언급했을 것이다.
Maurice Goguel, Life of Jesus, 359-99.

을 안다. 하지만, 다시 한 번, 신약성서 이야기의 저자들이 예수가 정의로운 국가, 사실상으로는 복지국가를 설립하는 데 기적적으로 앞장설 가능성이 있었다고 이해했다는 것보다 더 분명한 것은 없다.

겟세마네 동산에서마26:36-56 예수는 베드로에게 만약 그가 스스로를 보호하고자 했다면, 만약 예수가 하고자 했다면 충분히 많은 천사를 부를 수 있으므로 베드로의 검이 필요하지 않다고 했다. 여기서 다시 우리 현대인은 열두 군단의 천사들이 겟세마네 동산으로 내려오는 것이 무엇과 같은지 알 수 없다. 우리는 열두 군단의 천사가 대제사장의 군대에 할 수도 있었던 것이 무엇인지 모른다. 하지만, 우리가 아는 것 한 가지는, 마태복음의 저자가 그를 이해하기로는 그의 사역의 모든 것이 사라져버리는 것처럼 보이는 때조차, 예수는 천사들의 폭력작전을 불러올 수도 있었으며, 그 당시까지 유다가 기대하고 열심당이 하고자 했던 정의의 정치적 질서를 설립하는 것이 실제적 가능성이었다고 생각했다는 것이다.

겟세마네에서의 예수의 기도에 대해서 기록된 모든 거룩한 사건 중에서, 예수가 아버지에게 하실 수 있으시면 "이 잔을 내게서 지나가게 하옵소서"라고 기도했을 때, 어떻게 그런 일이 있을 수 있는지 아무도 지금까지, 적어도 진지하게 묻지도 않았다는 것이 흥미롭다. 이 잔은 어떻게 "그를 지나갈 수" 있단 말인가? 그것은 구체적으로 무엇을 의미하는가? 우리가 그 질문을 하게 되면, 오직 한 가지의 가능한 답변만이 있는 듯하다. 그것은 거룩한 전쟁을 의미했을 것이다. 그것은 예수의 생명을 요구하고 있었던 유대인과 그들을 도구처럼 부리고자 했던 로마인이 자신들의 사악한 계획을 수행하지 못하도록 하는 것을 의미했다. 다시금, 그것은 어떤 종류의 신성하고 정의로운 정치적이고 군사적인 행동을 의미했어야만 했다. 따라서 우리가 인간적이고 역사적으로 말하자면, 그리스도의 십자가는 그의 마지막 지향으로서 혹은 그의 생명을 위한 안내로서, 우리가 이미 보아 온 것처럼, 인간의 자유를 제한하고 인간으로 하여금 자신의 자유가 스스로를 이끌게 하는 모든 것을 하지 못하도록 하는 인간 정의의 설립을 받아들이는 것에 대한 예수의 끊임없는 거부였다. 그리고 지금까지 존재하던 사람 가운데 가장 무고한 자에게 죽음이 선고되었다. 우리는 다시 이런 같은 유형의 아가페가 진행 중임을 본다. 하나님의 이유는 완벽하게 정의로웠다. 그는 하나님 자신이었다. 완벽하게 정의로운 이유를 인간이 완전히 거부하도록 하는 것은 아가페의 극치이며, 하나님을 거부할 인간의 역량에 대한 존중 가운데 극치이다. 만약 우리가 요한의 서신<sup>3:12</sup>을 액면 그대로 받아들인다면, 어떤 의미에서 죽임은 죄악 가운데 가장 악한 것이다. 죽임은 아가페와 가장 직접적으로 반대되기에, 죽임은 모든 죄를 대표하며 최고의 자리에 있는 죄이다. 죽임은 그 대상의 자유를 완전히 빼앗아 버린다. 아가페의 극단적 형태는 따라서 스스로를 죽임 당하도록 놓아두는 것이며, 사랑받은 자들이 누군가의 사랑에 대해 증오스럽고 가증스럽게 반응할 자유를 가장 궁극적으로 존중하는 것이다.

그리스도의 사역을 말하려고 신약에서 사용되는 가장 흔한 용어 가운데 하나가 "순종"이다. 우리는 그것을 빌립보서 2장, 그의 사역의 초기묘사 가운데 하나 속에서 발견하며,<sup>히5:8</sup> 가장 신학적으로 발전한 기술 가운데 하나에서 발견한다. 그리스도의 사역이 순종이었다고 말할 때는, 단순히 하나님의 본성에 예수가 따른 것이었다는 것을 의미한다. 예수가 인간을 구원하려고 죽어야만 했던 이유는 하나님이 그 길이기 때문이다. 하나님은 인간의 죄가 하나님을 죽이도록 하시는 정도까지 사랑하신다. 그가 피조물에게 주신 자유에 대한 존중은 위대하여 하나님은 피조물이 지옥에 가는 것을, 하나님 자신을 죽이는 것을 허락하신다.

물론 하나님께서는 죽지 않으셨다. 그것은 복음이다. 하지만, 하나님은 무엇보다도 인간의 죄가 최악으로 치닫게 하셔서, 그 능력의 끝에 이르기까지 가도록 하셔야만 했다. 그것은 궁극적으로 예수에 관한 구절 중 "우리의 죄를 담당하셨다"가 문자적으로 의미하는 것이다. 그는 단순히 우리의 도덕적 은행계좌의 손실을 조금 메꾸셨다는 것이 아니라, 우리의 죄악성, 우리 인간이 하나님에게 등을 돌리고자 하는 성향이 그를 죽였다는 것이다. 그것은 그가 그 절대적인 끝, 죽음 자체, 우리가 자발적으로 그리고 가증스럽게 하나님에게서 돌아서는 성향으로 나아갔기 때문이며, 우리가 거역할 힘의 끝에 다다랐을 때, 그 부활의 힘을 통해 그가 우리의 자발적이고 가증스러운 거역의 끝에서 우리를 만나셨다는 것이 우리를 부활시킨다.

결론을 맺기 전 우리는 두 가지를 더 물어야만 한다. 먼저, 성서가 "세상"을 말할 때, 그리고 언뜻 보기에 현대인을 당혹하게 하는 "권세", "공국들"principalities, "보좌", "천사장" 및 다른 "신화론적" 용어를 사용할 때, 성서가 의미하는 것은 무엇인가? 무엇보다도, 만약 우리가 현대인이 신화론적 방식으로 말한다는 것을 안다면, 우리는 다소 덜 당혹스러워 할 것이다. 현대인은 더 이상 합리적이지 않은 방식으로 "숙명론", "확률", 그리고 "인과율"을 말한다. 현대인들은 자율적으로 악이 되어 가는 "악령", "가치"를 말한다. 그것이 "공국과 권세"를 말할 때 성서가 의미하는 것이다. 그것이 "세상"을 말할 때 성서가 묘사하는 것은 그 불순종의 신호 아래 창조 질서가 있다는 것이다. 하지만 하나님은 그 거역을 존중하시기 때문에 세상은 혼돈이 아니다. 하나님은 자신 앞에 거역을 두시며, 어떤 면에서는 그것을 자신의 의지와 별개로 존재하게 하신다. 하나님은 결코 거역을 의도하시지 않았지만, 그것을 허용하신다. "세상"이라는 단어는 단순히 불순종에 대한 하나님의 존중을 가리키도록 우리가 철학적으로 사용할 수 있다. 이 세상에서 우리를 가장 흥미롭게 하는 것은 폭력이 또한 존중되며 수단화된다는 것이다. 구약에서 하나님의 진노는 힘, 특히 이런 사례에서는 외국의 권세를 사용했다. 아시리아는 고전적 사례이다. 구약에서 조차 하나님의 진노는 그의 인격적 성품 가운데 하나로 여겨지지는 않았다. 하나님의 진노는 정통 개신교가 종종 하는 방식으로 하나님의 거룩함과 그의 정의와 연결되지 않는다. 구약에서조차 진노는 계시된 하나님의 인격적 특성이 아니다. 오히려 그것은 하나님께서 권세를, 대적하는 나라들을, 폭풍우를, 그리고 메뚜기들을 사용하셨다는 사실로서, 하나님은 세상이 붕괴하지 않도록, 그리고 교만과 죄악이 도를 넘지 않도록 하게 하는 어떤 것에 그런 재앙들을 쏟으셨다.

신약에서 이 같은 폭력의 수단은 우리가 국가라고 부르는 형태를 취한다. 국가, "권력", "공국", 그리고 "보좌"는 신약성서에서 하나님의 진노의 대리자로 여겨지지만, 롬13:4에서 많은 단어로 언급된다 이런 진노는 하나님 자신과 같은 것이 아니다. 신약은 "하나님의 진노"를 거의 사용하지 않는다. 신약은 단순히 "진노"라고만 말한다. 이런 언급은 하나님의 실제 의도가 이런 진노의 방식이 아니었음을 상기시켜준다. 하나님의 사랑을 진노로 바꾼 것은 사람이다. 세상 권력은 하나님의 진노의 대리자이기 때문에, 신약성서에서 그리스도인이 하나님의 대리자가 아니라는 것은 매우 명백하다. 오히려 그리스도인은 아가페의 전달자이다. 그리스도처럼, 그리스도인은 하나님의 사랑하시는 이들을 파괴시키는 대가로 얻는 질서보다는 재앙을 받아들이고자 한다. 그리스도인은 그리스도처럼 비록 죄가 있고 악을 의도한 사람, 하나님을 거역할 가능성이 있다고 해도, 다른 사람들에게서 앗아가는 것보다는 학대, 난동, 부당함을 받아들이고자 한다.

그리스도의 제자가 된다는 것이 무엇인지를 우리가 물을 때, 우리는 다시 한 번 다른 용어로 같은 질문을 던진다. 만약 우리가 일반적으로 그리스도인은 그리스도를 따라야 한다고 말한다면 누구도 우리와 논쟁하지 않을 것이다. 하지만 만약 우리가 1세기 그리스도인이나 그리스도처럼, 그리스도의 제자가 된다는 것이 말하는 바는 그리스도인은 선천적으로 인간 정의의 필요를 다룰 수 없으며 동시에 국가는 존재할 권한이 없다고 말하기를 거부할 것이라는 것이라고 말한다면, 대부분의 평화주의자를 포함하여 모든 사람이 실제로 우리에게 동의하지 않을 것이다. 1세기 그리스도인은그리고 그들은 이런 점에서 신약성서 저자들과 그리스도 자신에게 신실했다고 우리가 말할 수 있다고 생각한다 만약 당신이 그리스도인이라면 당신은 인간의 정의에 책임이 없다는 방식으로 사랑에 의해 이끌리게 될 것이라고 말했다. 하지만 만약 당신이 예를 들어 시저 같은 그리스도인이 아니라면, 당신은 다른 규범, 더 낮은 규범을 가질 것이고 그것을 가져야만 할 것이다.[308]

이것은 충격적이며 스캔들이었다. 2세기의 켈수스Celsus에게 그것은

---

[308] [편집자 주] 여기서 요더는 하나님의 뜻을 거역하는 국가가 실행하는 작은 규범을 그리스도의 주되심에 순종하는 교회의 규범과 대조시킨다. 하지만, 이 선집의 사형에 관한 글들은 요더가 그리스도는 교회와 국가 모두를 위한 실제적 단일 기준이라고 믿음을 분명히 한다. 이것은 그가 "하나님의 진노와 하나님의 사랑"을 쓰기 이전에 요더가 믿었던 것으로, 미출판 된 글 "국가에 대한 기독교 증언의 신학적 기반"에 분명히 나타나는데,(다음의 책 속에 있는 같은 제목의 글과 혼동하지 말 것. *On Earth Peace*, ed. Donald F. Durnbaugh, 136-43) 이 글은 그가 1955년에 쓴 것이며 거의 10년 후에 그가 『국가에 대한 기독교의 증언』 이라는 책에서 꺼냈던 것이다. 국가가 실제로 더 낮은 규범을 "가질 것이며 가져야만 하는" 이유는 그리스도의 주되심을 거부함에서, 그리스도의 재림까지 국가는 계속 거부하여, 국가가 그리스도의 기준(회개와 용서, 거듭남을 포함하여)에 따라 살고자 하는 사람들에게 요구되는 신앙적 자원들을 결핍시킬 것이기 때문이다. 하지만, 신자들이 그런 자원들을 소유하므로, 칸트의 방식으로, 그들은 결코 모든 사람이 주어진 상황에서 할 수 있고 해야만 하는 것에 대한 그들의 기준을 낮추지 않을 것이다. 요더가 이런 신념을 굳게 잡고 있다는 것은 그가 새로운 상황 속에서 그것을 고쳐 말한 "당신이 초래한 인과응보"(You Have It Coming)의 1997년 부록 속에 분명히 나타난다.

스캔들이었다. 6세기에 아나뱁티스트들이 그것을 말했을 때 그것은 스캔들이었으며, 이후 폭스Fox와 바클레이Robert Barcley가 그것을 말했을 때도 그것은 스캔들이었다. 하지만 그것이 왜 스캔들인가? 사람들의 마음속에서 일어나는 비이성의 뿌리를 우리가 바라볼 때, 죄가 존재하는 한 정부는 반드시 존재해야만 한다고 우리가 시인할 때, 그렇지만 우리가 그리스도인으로서 정부의 어떤 기능을 수행하도록 부르심 받았다고 여길 수 없음을 시인할 때, 우리는 그 스캔들의 핵심은 무엇보다도 율법주의에 놓여 있다는 것을 발견한다. 율법주의는 누가 행동해야 하는지를 묻지 않고 도덕과 도덕적 원리들을 말하고자 한다. 율법주의는 그런 사람들이 하나님의 사랑을 알든지 모르든지 모든 사람에게 똑같은 윤리적 요구를 부여한다. 사람들이 용서를 받든 아니든, 율법주의는 그들에게 용서할 것을 요구한다. 그들이 회개했든 아니든, 율법주의는 그들의 삶을 바꾸라고 요구한다. 그들이 거듭났든 아니든, 율법주의는 그들에게 새로운 종류의 존재를 가질 것을 요구한다. 이것이 율법주의인 이유는 그것이 윤리적 대리자의 본질과 존재를 고려하지 않기 때문이다.

하지만 더욱 심오하게는, 우리는 그리스도인과 세상 사이의 구별을 만들어 내는 데 익숙하지 않기 때문에 그리스도인과 다른 사람들 사이의 차이를 만들어 내는 이런 신약의 "이원론"은 추악해 보인다. 우리는 그 거역 속에 하나님께서 주신 존엄성을 세상에 부여하는 데 익숙하지 않다. 하나님은 굳건히 서서 "아니"라고 말할 자유와 그의 사랑에 거역할 자유를 세상에 주셨고, 세상이 번개로 멸망하지 않고 여전히 존재하며 자급자족하는 생활을 지속할 수 있도록 하셨다. 추잡한 "종파적" 그리스도인이 하는 것처럼, 만약 우리가 그들의 권리를 존중할 인간 정부에 책임이 있는 사람들에게 말한다면, 그리고 사실상 그것이 인간의 정의를 구하는 그들의 임무라고 선언하며 동시에 그것이 세상의 일부라고 말한다면, 우리는 똑같은 일을 하는 것이다. 그러면 정당한 정치인, 정당한 경찰관, 그리고 정당한 사형집행인의 윤리는 하나님이 세상을 존중하시기 때문에 어떤 가치를 가지지만, 그것이 구체적인 기독교 윤리는 아니다. 그리스도에 속한 우리에게 그런 윤리는 궁극적으로 타당할 수 없다.

세상은 존재한다는 이런 유형의 인식은 중세 기독교국가와 콘스탄틴적 국가교회 기독교국가들이 수세기 동안 인식할 수 없었던 것이다. 현재 역사적 평화 교회로 알려진 교회들이 실제로 단순히 "역사적 자유 교회"로 불려야 한다는 것은 우연이 아닌데, 그들은 세상이라는 것도 있을 수 있다는 것을 가장 분명히, 그리고 가장 꾸준하게 인식하는 그룹이기 때문이다. 16세기의 아나뱁티스트와 17세기 조지 폭스는맥은 아주 어렵게 하려 하지는 않았을 것이다 스위스와 영국 곳곳을 돌며 복음화해야만 했는데기독교 유럽을 복음화함 그 이유는 잃어버린 국가에서는 세상이라는 것도 있을 수 있기 때문이다. 자유교회전통의 그리스도인으로서 우리는, 그리스도인으로서 우리가 궁극적으로 책임이 없지만, 그럼에도 모순되지 않고, 독선적이지 않으며, 무책임하지 않게, 하나님의 손 안에 있는 국가조직이 하나님의 손 안에서 존재할 수 있다고 여전히 시인한다는 인식이 바로 그 출발점이다.

따라서, 비록 이것이 우리가 처음부터 알았던 공통으로 배타적인 두 가지 시각이 하고자 하는 방식으로 이해되지는 않더라도, 하나님의 진노와 하나님의 사랑은 사회학과 윤리학의 범위에도 영향력을 가진다. 사랑과 진노는 평화주의와 군국주의에 관련 있지만, 만약 우리가 그 관계를 분명하게 이해한다면, 초기 그리스도인이 그랬던 것처럼 우리는 스캔들이 될 용기를 가지게 되며, 어떤 이들에게는 그것이 무책임하게 보이는 곳에서조차 우리를 위한 그리스도의 길을 최종적인 것으로 받아들일 용기를 지니게 될 것이라는 점에서 사랑과 진노의 관계는 명확해 질 것이다. 왜냐하면 그것은 그리스도인을 필요로 하지 않고, 교회를 필요로 하지 않으며, 인간을 하나님의 진노 아래 둘 그리스도를 필요로 하지 않기 때문이다. 그것은 자연히 해결된다. 만약 그리스도의 오심에 이유가 있었다면, 만약 기독교회에 이유가 있다면, 그리고 만약 우리가 그리스도인이 되는 데 이유가 있다면, 그것은 우리가 순전한 형태로, 중요한 형태로 아가페를 표현하도록 부르심 받았기 때문이며, 세상이 표현할 수 없는 방식으로 회개와 용서, 그리고 거듭남의 실재를 표현하도록 부르심 받았기 때문이다.

역사적 평화교회로서 우리의 구체적인 증언을 깊이 이해하는 것은, 우리 교회 내부 뿐만 아니라 교회연합의 상황 속에서도, 종종 우리의 평화증언을 우리가 망각할 때, 세상과 교회가 콘스탄틴적으로 타협하는 것을 지속적으로 거부하는 것을 소명으로 여기는 그런 사람들의 평화 증언의 배후에 있는 교회의 교리, 세상의 교리, 그리고 인간의 역사의 의미를 이해하는 것과 마지막 일들에 대한 교리, 그리스도인의 삶의 교리를 일깨우는 것이라고 나는 보고 있다. 정확히는 이런 세상과의 분리에 의해, 하나님의 분노, 개신교의 나머지와 기독교의 나머지가 전체로서 이해하지 못하는 관계의 전달자로서 세상에 특정한 존엄성과 하나님의 계획 속의 자리를 주는 것이 우리의 소명이 되고 있다.

비록 우리의 몇몇 종교단체의 설립자들이 이 문제에 대해서 아직 신학화하지 못했다고 해도, 역사적으로 말하자면, 이런 교회와 세상의 이해, 그리고 역사와 그리스도인의 삶의 이해는 우리의 세 가지 그룹에 공통된 다는 것이 나의 주장이다. 그리고 우리가 서로에게 가장 도움이 될 수 있는 점은 우리가 서로에게 혹은 교회들에게 혹은 세상에게 평화주의에 대해 말할 수 있는 것을 강구하는 것이 아니라 초기 아나뱁티스트와 초기 퀘이커Friends, 초기 형제교회Brethren가 지녔던 교회와 그 사역에서 공통되고 타당한 요소를 찾는 것이라는 것은 무리가 아니다. 우리의 연약함과 미지근함에도, 하나님의 은혜에 감사하는 것은 세상의 다른 교회들 속에서 그것이 다시 발생해 왔으며 계속하여 발생해 오는 것이다.

# 요더의 저서 (＊ 표는 대장간 요더 총서 )

- The Christian and Capital Punishment (1961)
- Christ and the Powers (translator) by Hendrik Berkhof 『그리스도와 권세』(대장간)＊
- The Christian Pacifism of Karl Barth (1964)
- The Christian Witness to the State 『국가에 대한 기독교의 증언』(대장간)＊
- Discipleship as Political Responsibility 『제자도, 그리스도인의 정치적 책임』(KAP역간)
- Reinhold Niebuhr and Christian Pacifism (1968)
- Karl Barth and the Problem of War (1970)
- The Original Revolution: Essays on Christian Pacifism 『근원적 혁명』(대장간)＊
- Nevertheless:The Varieties and Shortcomings of Religious Pacifism 『그럼에도 불구하고』(대장간)＊
- The Politics of Jesus 『예수의 정치학』(IVP역간)
- The Legacy of Michael Sattler, editor and translator (1973)
- The Schleitheim Confession, editor and translator (1977)
- Christian Attitudes to War, Peace, and Revolution: A Companion to Bainton (1983)
- What Would You Do? A Serious Answer to a Standard Question 『당신이라면?』(대장간)＊
- God's Revolution: The Witness of Eberhard Arnold, editor (1984)＊
- The Priestly Kingdom: Social Ethics as Gospel (1984)『제사장의 나라』＊
- When War Is Unjust: Being Honest In Just-War Thinking (1984)
- He Came Preaching Peace 『평화의 주 그리스도(가제)』(대장간)＊
- The Fullness of Christ:Paul's Revolutionary Vision of Universal Ministry 『그리스도의 충만함』(대장간)＊
- The Death Penalty Debate: Two Opposing Views of Capitol Punishment (1991)
- A Declaration of Peace: In God's People the World's Renewal Has Begun (with Douglas Gwyn, George Hunsinger, and Eugene F. Roop) (1991)
- Body Politics: Five Practices of the Christian Community Before the Watching World 『교회, 그 몸의 정치』(대장간)＊

- The Royal Priesthood: Essays Ecclesiological and Ecumenical (1994) 『왕 같은 제사장』(대장간)*
- Authentic Transformation: A New Vision of Christ and Culture (1996)
- For the Nations: Essays Evangelical and Public (1997)『열방을 향하여』(대장간)*
- To Hear the Word (2001)
- Preface to Theology: Christology and Theological Method (2002)
- Karl Barth and the Problem of War, and Other Essays on Barth (2003)
- The Jewish-Christian Schism Revisited (2003)
- Anabaptism and Reformation in Switzerland: An Historical and Theological Analysis of the Dialogues Between Anabaptists and Reformers (2004)*
- The War of the Lamb: The Ethics of Nonviolence and Peacemaking 『어린 양의 전쟁』(대장간)*
- Christian Attitudes to War, Peace and Revolution (2009)(대장간)*
- Nonviolence: A Brief History The Warsaw Lectures (2010)(대장간)*
- The End of Sacrifice:The Capital Punishment Writings 『희생의 종말』 (대장간, 2014)
- Radical Christian Discipleship , 2012
- Theology of Mission:A Believers Church Perspective , 2013

## Articles and book chapters
- (1988) The Evangelical Round Table: The Sanctity of Life (Volume 3)
- (1991) Declaration on Peace: In God's People the World's Renewal Has Begun
- (1997) God's Revolution: Justice, Community, and the Coming Kingdom